RUBÉN DARÍO

CARTA DEL PAÍS AZUL Y OCHENTA Y TRES CUENTOS

CARTA DEL PAÍS Y OCHENTA Y TRES CUENTOS
RUBÉN DARÍO

©Astria Ediciones
Diseño de portada: Andrea Rodríguez

Supervisión Editorial: Óscar Flores López
Administración: Tesla Rodas y Jessica Cordero
Director Ejecutivo: José Azcona Bocock

Primera edición
Tegucigalpa, Honduras—Octubre de 2024

CONTENIDO

EL REY BURGUÉS

¡Amigo! El cielo está opaco, el aire frío, el día triste. Un cuento alegre… así como para distraer las brumosas y grises melancolías, helo aquí:

Había en una ciudad inmensa y brillante un rey muy poderoso, que tenía trajes caprichosos y ricos, esclavas desnudas, blancas y negras, caballos de largas crines, armas flamantísimas, galgos rápidos, y monteros con cuernos de bronce que llenaban el viento con sus fanfarrias. ¿Era un rey poeta? No, amigo mío: era el Rey Burgués.

Era muy aficionado a las artes el soberano, y favorecía con gran largueza a sus músicos, a sus hacedores de ditirambos, pintores, escultores, boticarios, barberos y maestros de esgrima.

Cuando iba a la floresta, junto al corzo o jabalí herido y sangriento, hacía improvisar a sus profesores de retórica, canciones alusivas; los criados llenaban las copas del vino de oro que hierve, y las mujeres batían palmas con movimientos rítmicos y gallardos. Era un rey sol, en su Babilonia llena de músicas, de carcajadas y de ruido de festín. Cuando se hastiaba de la ciudad bullente, iba de caza atronando el bosque con sus tropeles; y hacía salir de sus nidos a las aves asustadas, y el vocerío repercutía en lo más escondido de las cavernas. Los perros de patas elásticas iban rompiendo la maleza en la carrera, y los cazadores inclinados sobre el pescuezo de los caballos, hacían ondear los mantos purpúreos y llevaban las caras encendidas y las cabelleras al viento.

El rey tenía un palacio soberbio donde había acumulado riquezas y objetos de arte maravillosos. Llegaba a él por entre grupos de lilas y extensos estanques, siendo saludado por los cisnes de cuellos blancos, antes que por los lacayos estirados. Buen gusto. Subía por una escalera llena de columnas de alabastro y de esmaragdita, que tenía a los lados leones de mármol como los de los tronos salomónicos. Refinamiento. A más de los cisnes, tenía una vasta pajarera, como amante de la armonía, del arrullo, del trino; y cerca de ella iba a ensanchar su espíritu, leyendo novelas de M. Ohnet, o bellos libros sobre cuestiones gramaticales, o críticas hermosillescas. Eso sí: defensor acérrimo de la corrección académica en letras, y del modo lamido en artes; ¡alma sublime amante de la lija y de la ortografía!

¡Japonerías! ¡Chinerías! Por moda y nada más. Bien podía darse el placer de un salón digno del gusto de un Goncourt y de los millones de un Creso: quimeras de bronce con las fauces abiertas y las colas enroscadas, en grupos fantásticos y maravillosos; lacas de Kioto con incrustaciones de hojas y ramas de una flora monstruosa, y animales de una fauna desconocida; mariposas de raros abanicos junto a las paredes; peces y gallos de colores; máscaras de gestos infernales y con ojos como si fuesen vivos; partesanas de hojas antiquísimas y empuñaduras con dragones devorando flores de loto; y en conchas de huevo, túnicas de seda amarilla, como tejidas con hilos de araña, sembradas de garzas rojas y de verdes matas de arroz; y tibores, porcelanas de muchos siglos, de aquellas en que hay guerreros tártaros con una piel que les cubre hasta los riñones, y que llevan arcos estirados y manojos de flechas.

Por lo demás, había el salón griego, lleno de mármoles: diosas, musas, ninfas y sátiros; el salón de los tiempos galantes, con cuadros del gran Watteau y de Chardin; dos, tres, cuatro, ¿cuántos salones?

Y Mecenas se paseaba por todos, con la cara inundada de cierta majestad, el vientre feliz y la corona en la cabeza, como un rey de naipe.

Un día le llevaron una rara especie de hombre ante su trono, donde se hallaba rodeado de cortesanos, de retóricos y de maestros de equitación y de baile.

—¿Qué es eso? —preguntó.

—Señor, es un poeta.

El rey tenía cisnes en el estanque, canarios, gorriones, senzontes en la pajarera: un poeta era algo nuevo y extraño.

—Dejadle aquí.

Y el poeta:

Señor, no he comido.

Y el rey:

—Habla y comerás.

Comenzó:

—Señor, ha tiempo que yo canto el verbo del porvenir. He tendido mis alas al huracán; he nacido en el tiempo de la aurora; busco la raza escogida que debe esperar con el himno en la boca y la lira en la mano, la salida del gran sol. He abandonado la inspiración de la ciudad malsana, la alcoba llena de perfumes, la musa de carne que llena el alma de pequeñez y el rostro de polvos de arroz. He roto el arpa adulona de las cuerdas débiles, contra las copas de Bohemia y las jarras donde espumea el vino que embriaga sin dar fortaleza; he arrojado el manto que me hacía parecer histrión, o mujer, y he vestido de modo salvaje y espléndido: mi harapo es de púrpura. He ido a la selva, donde he quedado vigoroso y ahíto de leche fecunda y licor de nueva vida; y en la ribera del mar áspero, sacudiendo la cabeza bajo la fuerte y negra tempestad, como un ángel soberbio, o como un semidiós olímpico, he ensayado el yambo dando al olvido el madrigal.

He acariciado a la gran naturaleza, y he buscado al calor del ideal, el verso que está en el astro en el fondo del cielo, y el que está en la perla en lo profundo del océano. ¡He querido ser pujante! Porque viene el tiempo de las grandes revoluciones, con un Mesías todo luz, todo agitación y potencia, y es preciso recibir su espíritu con el poema que sea arco triunfal, de estrofas de acero, de estrofas de oro, de estrofas de amor.

¡Señor, el arte no está en los fríos envoltorios de mármol, ni en los cuadros lamidos, ni en el excelente señor Ohnet! ¡Señor! El arte no viste pantalones, ni habla en burgués, ni pone los puntos en todas las íes. Él es augusto, tiene mantos de oro o de llamas, o anda desnudo, y amasa la greda con fiebre, y pinta con luz, y es opulento, y da golpes de ala como las águilas, o zarpazos como los leones. Señor, entre un Apolo y un ganso, preferid el Apolo, aunque el uno sea de tierra cocida y el otro de marfil.

¡Oh, la Poesía!

¡Y bien! Los ritmos se prostituyen, se cantan los lunares de la mujeres, y se fabrican jarabes poéticos. Además, señor, el zapatero critica mis endecasílabos, y el señor profesor de farmacia pone puntos y comas a mi inspiración. Señor, ¡y vos lo autorizáis todo esto!… El ideal, el ideal…

El rey interrumpió:

—Ya habéis oído. ¿Qué hacer?

Y un filósofo al uso:

—Si lo permitís, señor, puede ganarse la comida con una caja de música; podemos colocarle en el jardín, cerca de los cisnes, para cuando os paseéis.

—Sí —dijo el rey, y dirigiéndose al poeta:

—Daréis vueltas a un manubrio. Cerraréis la boca. Haréis sonar una caja de música que toca valses, cuadrillas y galopas, como no prefiráis moriros de hambre. Pieza de música por pedazo de pan. Nada de jerigonzas, ni de ideales. Id.

Y desde aquel día pudo verse a la orilla del estanque de los cisnes, al poeta hambriento que daba vueltas al manubrio: tiriririn, tiriririn… ¡avergonzado a las miradas del gran sol! ¿Pasaba el rey por las cercanías? ¡Tiriririn, tiriririn…! ¿Había que llenar el estómago? ¡Tiriririn! Todo entre las burlas de los pájaros libres, que llegaban a beber rocío en las lilas floridas; entre el zumbido de las abejas, que le picaban el rostro y le llenaban los ojos de lágrimas, ¡tiriririn...! ¡lágrimas amargas que rodaban por sus mejillas y que caían a la tierra negra!

Y llegó el invierno, y el pobre sintió frío en el cuerpo y en el alma. Y su cerebro estaba como petrificado, y los grandes himnos estaban en el olvido, y el poeta de la montaña coronada de águilas, no era sino un pobre diablo que daba vueltas al manubrio, tiriririn.

Y cuando cayó la nieve se olvidaron de él, el rey y sus vasallos; a los pájaros se les abrigó, y a él se le dejó al aire glacial que le mordía las carnes y le azotaba el rostro, ¡tiriririn!

Y una noche en que caía de lo alto la lluvia blanca de plumillas cristalizadas, en el palacio había festín, y la luz de las arañas reía alegre sobre los mármoles, sobre el oro y sobre las túnicas de los mandarines de las viejas porcelanas. Y se aplaudían hasta la locura los brindis del señor profesor de retórica, cuajados de dáctilos, de anapestos y de pirriquios, mientras en las copas cristalinas hervía el champaña con su burbujeo luminoso y fugaz. ¡Noche de invierno, noche de fiesta! Y el infeliz cubierto de nieve, cerca del estanque, daba vueltas al manubrio para calentarse ¡tiriririn, tiriririn! tembloroso y aterido, insultado por el cierzo, bajo la blancura implacable y helada, en la noche sombría, haciendo resonar entre los árboles sin hojas la música loca de las galopas y cuadrillas; y se quedó muerto, tiriririn... pensando en que nacería el sol del día venidero, y con él el ideal, tiriririn..., y en que el arte no vestiría pantalones sino manto de llamas, o de oro... Hasta que al día siguiente, lo hallaron el rey y sus cortesanos, al pobre diablo de poeta, como gorrión que mata el hielo, con una sonrisa amarga en los labios, y todavía con la mano en el manubrio.

¡Oh, mi amigo! el cielo está opaco, el aire frío, el día triste. Flotan brumosas y grises melancolías...

Pero ¡cuánto calienta el alma una frase, un apretón de manos a tiempo! ¡Hasta la vista!

LA MUERTE DE LA EMPERATRIZ DE LA CHINA

Delicada y fina como una joya humana, vivía aquella muchachita de carne rosada, en la pequeña casa que tenía un saloncito con los tapices de color azul desfalleciente. Era su estuche.

¿Quién era el dueño de aquel delicioso pájaro alegre, de ojos negros y boca roja? ¿Para quién cantaba su canción divina, cuando la señorita Primavera mostraba en el triunfo del sol su bello rostro riente, y abría las flores del campo, y alborotaba la nidada? Suzette se llamaba la avecita que había puesto en jaula de seda, peluches y encajes, un soñador artista cazador, que la había cazado una mañana de mayo en que había mucha luz en el aire y muchas rosas abiertas.

Recaredo —capricho paternal, él no tenía la culpa de llamarse Recaredo— se había casado hacía año y medio.

—¿Me amas?

—Te amo.

—¿Y tú?

—Con toda el alma.

Hermoso el día dorado, después de lo del cura. Habían ido luego al campo nuevo, a gozar libres del gozo del amor. Murmuraban allá en sus ventanas de hojas verdes, las campanillas y las violetas silvestres que olían cerca del riachuelo, cuando pasaban los dos amantes el brazo de él en la cintura de ella, el brazo de ella en la cintura de él, los rojos labios en flor dejando escapar los besos. Después, fue la vuelta a la gran ciudad, al nido lleno de perfume, de juventud y de calor dichoso.

¿Dije ya que Recaredo era escultor? Pues si no lo he dicho, sabedlo.

Era escultor. En la pequeña casa tenía su taller, con profusión de mármoles, yesos, bronces y terracotas. A veces, los que pasaban oían a través de las rejas y persianas una voz que cantaba y un martilleo vibrante y metálico. Suzette, Recaredo, la boca que emergía el cántico, y el golpe del cincel.

Luego el incesante idilio nupcial. En puntillas, llegar donde él trabajaba, e inundándole de cabellos la nuca, besarle rápidamente. Quieto, quietecito, llegar donde ella duerme en su *chaiselongue*, los piececitos calzados y con medias negras, uno sobre otro, el libro abierto sobre el regazo, medio dormida; y allí el beso es en los labios, beso que sorbe el aliento y hace que se abran los ojos inefablemente luminosos. Y a todo esto, las carcajadas del mirlo, un mirlo enjaulado que cuando

Suzette toca de Chopin, se pone triste y no canta. ¡Las carcajadas del mirlo! No era poca cosa.

—¿Me quieres?

—¿No lo sabes?

—¿Me amas?

—¡Te adoro!

Ya estaba el animalucho echando toda la risa del pico. Se le sacaba de la jaula, revolaba por el saloncito azulado, se detenía en la cabeza de un Apolo de yeso, o en la frámea de un viejo germano de bronce oscuro. Tiiiiiirit… rrrrrrich… fiii… ¡Vaya que a veces era malcriado e insolente en su algarabía! Pero era lindo sobre la mano de Suzette, que le mimaba, le apretaba el pico entre sus dientes hasta hacerlo desesperar, y le decía a veces con una voz severa que temblaba de terneza: ¡Señor mirlo, es usted un picarón!

Cuando los dos amados estaban juntos, se arreglaban uno al otro el cabello. "Canta", decía él. Y ella cantaba lentamente; y aunque no eran sino pobres muchachos enamorados, se veían hermosos, gloriosos y reales; él la miraba como a una Elsa, y ella le miraba como a un Lohengrin. Porque el Amor, ¡oh jóvenes llenos de sangre y de sueños!, pone un azul de cristal ante los ojos y da las infinitas alegrías.

¡Cómo se amaban! Él la contemplaba sobre las estrellas de Dios; su amor recorría toda la escala de la pasión, y era ya contenido, ya tempestuoso en su querer, y a veces casi místico. En ocasiones dijérase aquel artista un teósofo que veía en la amada mujer algo supremo y extrahumano como la Ayesha de Ridder Hagard; la aspiraba como una flor, le sonreía como a un astro y se sentía soberbiamente vencedor al estrechar contra su pecho aquella adorable cabeza, que cuando estaba pensativa y quieta era comparable al perfil hierático de la medalla de un emperatriz bizantina.

Recaredo amaba su arte. Tenía la pasión de la forma; hacía brotar del mármol gallardas diosas desnudas de ojos blancos, serenos y sin pupilas; su taller estaba poblado de un pueblo de estatuas silenciosas, animales de metal, gárgolas terroríficas, grifos de largas colas vegetales, creaciones góticas quizá inspiradas por el ocultismo. ¡Y, sobre todo, la gran afición! Japonerías y chinerías. Recaredo era en esto un original. No sé qué habría dado por hablar chino o japonés.

Conocía los mejores álbumes; había leído buenos exotistas, adoraba a Loti y a Judith Gautier, y hacía sacrificios por adquirir trabajos legítimos, de Yokohama, de Nagasaki, de Kioto o de Nankín o Pekín: los cuchillos, las pipas, las máscaras feas y misteriosas como las caras de los sueños hípnicos, los mandarinitos enanos con panzas de cucurbitáceos y ojos circunflejos, los monstruos de grandes bocas de batracios, abiertas y dentadas, y diminutos soldados de Tartaria, con faces foscas.

—¡Oh —le decía Suzette—, aborrezco tu casa de brujo, ese terrible taller, arca extraña que te roba a mis caricias!

Él sonreía, dejaba su lugar de labor, su templo de raras chucherías y corría al pequeño salón azul, a ver y mimar su gracioso dije vivo, y oír cantar y reír al loco mirlo jovial.

Aquella mañana cuando entró, vio que estaba su dulce Suzette, soñolienta y tendida, cerca de un tazón de rosas que sostenía un trípode. ¿Era la Bella del bosque durmiente? Medio dormida, el delicado cuerpo modelado bajo una bata blanca, la cabellera castaña apelotonada sobre uno de los hombros, toda ella exhalando un suave olor femenino, era como una deliciosa figura de los amables cuentos que empiezan: "Éste era un rey…".

La despertó:

—¡Suzette; mi bella!

Traía la cara alegre; le brillaban los ojos negros bajo su fez rojo de labor; llevaba una carta en la mano.

—Carta de Robert, Suzette. ¡El bribonazo está en China! "Hong Kong, 18 de enero…"—. Suzette, un tanto amodorrada, se había sentado y le había quitado el papel. ¡Conque aquel andariego había llegado tan lejos! "Hong Kong, 18 de enero…". Era gracioso. ¡Un excelente muchacho el tal Robert, con la manía de viajar! Llegaría al fin del mundo. ¡Robert, un grande amigo! Se veían como de la familia. Había partido hacía dos años para San Francisco de California. ¡Habríase visto loco igual!

Comenzó a leer.

"Hong Kong, 18 de enero de 1888.

Mi buen Recaredo:

Vine y vi. No he vencido aún.

En San Francisco supe vuestro matrimonio y me alegré. Di un salto y caí en la China. He venido como agente de una casa californiana, importadora de sedas, lacas, marfiles y demás chinerías. Junto con esta carta debes recibir un regalo mío que, dada tu afición por las cosas de este país amarillo, te llegará de perlas. Ponme a los pies de Suzette, y conserva el obsequio en memoria de tu

Robert".

Ni más, ni menos. Ambos soltaron la carcajada. El mirlo, a su vez, hizo estallar la jaula en una explosión de gritos musicales.

La caja había llegado, una caja de regular tamaño, llena de marchamos, de números y de letras negras que decían y daban a entender que el contenido era muy frágil. Cuando la caja se abrió, apareció el misterio. Era un fino busto de porcelana, un admirable busto de mujer sonriente, pálido y encantador. En la base tenía tres inscripciones, una en caracteres chinescos, otra en inglés y otra en francés. La emperatriz de la China. ¡La emperatriz de la China! ¿Qué manos de artista asiático habían modelado aquellas formas atrayentes de misterio? Era una cabellera recogida y apretada, una faz enigmática, ojos bajos y extraños, de princesa celeste, sonrisa de esfinge, cuello erguido sobre los hombros columbinos, cubiertos por una honda de seda bordada de dragones, todo dando magia a la porcelana blanca, con tonos de cera, inmaculada y cándida. ¡La emperatiz de la China! Suzette pasaba sus dedos de rosa sobre los ojos de aquella graciosa soberana, un tanto inclinados, con sus curvos epicantus bajo los puros y nobles arcos de las cejas. Estaba contenta. Y Recaredo sentía orgullo de poseer su porcelana. Le haría un gabinete especial, para que viviese y reinase sola, como en el Louvre la Venus de Milo, triunfadora, cobijada imperialmente por el plafón de su recinto sagrado.

Así lo hizo. En un extremo del taller formó un gabinete minúsculo, con biombos cubiertos de arrozales y de grullas. Predominaba la nota amarilla. Toda la gama, oro, fuego, ocre de Oriente, hoja de otoño, hasta el pálido que agoniza fundido en la blancura. En el centro, sobre un pedestal dorado y negro, se alzaba riendo la exótica imperial. Alrededor de ella había colocado Recaredo todas sus japonerías y curiosidades chinas. La cubría un gran quitasol nipón, pintado de camelias y de anchas rosas sangrientas. Era cosa de risa, cuando el artista soñador, después de dejar la pipa y los cinceles, llegaba frente a la emperatriz, con las manos cruzadas sobre el pecho, a hacer zalemas. Una, dos, diez, veinte veces la visitaba. Era una pasión. En un plato de laca yokohamesa le ponía flores frescas todos los días.

Tenía, en momentos, verdaderos arrobos delante del busto asiático que le conmovía en su deleitable e inmóvil majestad. Estudiaba sus menores detalles, el caracol de la oreja, el arco del labio, la nariz pulida, el epicantus del párpado. ¡Un ídolo, la famosa emperatriz! Suzette le llamaba de lejos:

—¡Recaredo!

—¡Voy!

Y seguía en la contemplación de su obra de arte. Hasta que Suzette llegaba a llevárselo a rastras y a besos.

Un día, las flores del plato de laca desaparecieron como por encanto.

—¿Quién ha quitado las flores? —gritó el artista desde el taller.

Yo —dijo una voz vibradora.

Era Suzette, que entreabría una cortina, toda sonrosada y haciendo relampaguear sus ojos negros.

Allá en lo hondo de su cerebro se decía el señor Recaredo, artista escultor:

—¿Qué tendrá mi mujercita? No comía casi. Aquellos buenos libros desflorados por su espátula de marfil estaban en el pequeño estante negro, con sus hojas cerradas sufriendo la nostalgia de las blandas manos de rosa y del tibio regazo perfumado. El señor Recaredo la veía triste. ¿Qué tendrá mi mujercita? En la mesa no quería comer. Estaba seria. ¡Qué sería! Le mirada a veces con el rabo del ojo y el marido veía aquellas pupilas oscuras, húmedas, como que querían llorar. Y ella al responder, hablaba como los niños a quienes se ha negado un dulce. ¿Qué tendrá mi mujercita? ¡Nada! Aquel "nada" lo decía ella con voz de queja, y entre sílaba y sílaba había lágrimas.

¡Oh, señor Recaredo! Lo que tiene vuestra mujercita es que sois un hombre abominable. ¿No habéis notado que desde que esa buena de la emperatriz de la China ha llegado a vuestra casa, el saloncito azul se ha entristecido, y el mirlo no canta ni ríe con su risa perlada? Suzette despierta a Chopin, y lentamente hace brotar la melodía enferma y melancólica del negro piano sonoro. ¡Tiene celos, señor Recaredo! Tiene el mal de los celos, ahogador y quemante, como una serpiente encendida que aprieta el alma ¡Celos!

Quizá él lo comprendía, porque una tarde dijo a la muchachita de su corazón estas palabras, frente a frente, a través del mundo de una taza de café:

—Eres demasiado injusta. ¿Acaso no te amo con toda mi alma? ¿Acaso no sabes leer en mis ojos lo que hay dentro de mi corazón?

Suzette rompió a llorar. ¡Que la amaba! No, ya no la amaba. Habían huido las buenas y radiantes horas, y los besos que chasqueaban también eran idos, como pájaros en fuga. Ya no la quería. Y a ella, a la que en él veía su religión, su delicia, su sueño, su rey, a ella, a Suzette, la había dejado por la otra.

¡La otra! Recaredo dio un salto. Estaba engañada. ¿Lo diría por la rubia Eulogia, a quien en un tiempo había dirigido madrigales?

Ella movió la cabeza:

—No. ¿Por la ricachona Gabriela, de largos cabellos negros, blanca como un alabastro y cuyo busto había hecho? ¿O por aquella Luisa, la danzarina, que tenía una cintura de avispa, un seno de buena nodriza y unos ojos incendiarios? ¿O por la viudita Andrea, que al reír sacaba la punta de la lengua, roja y felina, entre sus dientes brillantes y marfilados?

No, no era ninguna de ésas. Recaredo se quedó con asombro.

—Mira, chiquilla, dime la verdad. ¿Quién es ella? Sabes cuánto te adoro, mi Elsa, mi Julieta, alma, amor mío…

Temblaba tanta verdad de amor en aquellas palabras entrecortadas y trémulas, que Suzette, con los ojos enrojecidos, secos ya de lágrimas, se levantó irguiendo su linda cabeza heráldica.

—¿Me amas?

—¡Bien lo sabes!

—Deja, pues, que me vengue de mi rival. Ella o yo, escoge. Si es cierto que me adoras, ¿querrás permitir que la aparte para siempre de tu camino, que quede yo sola, confiada en tu pasión?

—Sea —dijo Recaredo.

Y viendo irse a su avecita celosa y terca, prosiguió sorbiendo el café tan negro como la tinta.

No había tomado tres sorbos cuando oyó un gran ruido de fracaso en el recinto de su taller.

Fue: ¿Qué miraron sus ojos? El busto había desaparecido del pedestal de negro y oro, y entre minúsculos mandarines caídos y descolgados abanicos, se veían por el suelo pedazos de porcelana que crujían bajo los pequeños zapatos de Suzette, quien toda encendida y con el cabello suelto, aguardando los besos, decía entre carcajadas argentinas al maridito asustado:

Estoy vengada. ¡Ha muerto ya para ti la emperatriz de la China!

Y cuando comenzó la ardiente reconciliación de los labios, en el saloncito azul, todo lleno de regocijo, el mirlo, en su jaula, se moría de risa.

AGUAFUERTE

De una casa cercana salía un ruido metálico y acompasado.

En un recinto estrecho, entre paredes llenas de hollín, negras, muy negras, trabajaban unos hombres en la forja. Uno movía el fuelle que resoplaba, haciendo crepitar el carbón, lanzando torbellinos de chispas y llamas como lenguas pálidas, áureas, azulejas, resplandecientes. Al brillo del fuego en que se enrojecían largas barras de hierro, se miraban los rostros de los obreros con un reflejo trémulo. Tres yunques ensamblados en toscas armazones resistían el batir de los machos que aplastaban el metal candente, haciendo saltar una lluvia enrojecida. Los forjadores vestían camisas de lana de cuellos abiertos y largos delantales de cuero. Acanzábaseles a ver el pescuezo gordo y el principio del pecho velludo, y salían de las mangas holgadas los brazos gigantescos, donde, como en los de Anteo, parecían los músculos redondas piedras de las que deslavan y pulen los torrentes. En aquella negrura de caverna, al resplandor de las llamaradas, tenían tallas de cíclopes. A un lado, una ventanilla dejaba pasar apenas un haz de rayos de sol. A la entrada de la forja, como en un marco oscuro, una muchacha blanca comía uvas. Y sobre aquel fondo de hollín y de carbón, sus hombros delicados y tersos que estaban desnudos hacían resaltar su bello color de lis, con un casi imperceptible tono dorado.

LAS ALBÓNDIGAS DEL CORONEL

Cuando y cuando que se me antoja he de escribir lo que me dé mi real gana; porque a mí nadie me manda, y es muy mía mi cabeza y muy mías mis manos. Y no lo digo porque se me quiera dar de atrevido por meterme a espigar en el fertilísimo campo del maestro Ricardo Palma; ni lo digo tampoco porque espere pullas del maestro Ricardo Contreras. Lo digo sólo porque soy seguidor de la Ciencia del buen Ricardo. Y el que quiera saber cuál es, busque el libro; que yo no he de irla enseñando así no más, después que me costó trabajillo el aprenderla. Todas estas advertencias se encierran en dos; conviene a saber: que por escribir tradiciones no se paga alcabala; y que el que quiera leerme que me lea; y el que no, no; pues yo no me he de disgustar con nadie porque tome mis escritos y envuelva en ellos un pedazo de salchichón. ¡Conque a Contreras, que me ha dicho hasta loco, no le guardo inquina! Vamos, pues, a que voy a comenzar la narración siguiente:

Allá por aquellos años, en que ya estaba para concluir el régimen colonial, era gobernador de León el famoso coronel Arrechavala4, cuyo nombre no hay vieja que no lo sepa, y cuyas riquezas son proverbiales; que cuentan que tenía árboles de oro.

El coronel Arrechavala era apreciado en la capitanía general de la muy noble y muy leal ciudad de Santiago de los Caballeros de Guatemala.

Así es que en estas tierras era un reicito sin corona. Aún pueden mis lectores conocer los restos de sus posesiones pasando por la hacienda Los Arcos, cercana a León.

Todas las mañanitas montaba el coronel uno de sus muchos caballos, que eran muy buenos, y como la echaba de magnífico jinete daba una vuelta a la gran ciudad, luciendo los escarceos de su cabalgadura.

El coronel no tenía nada de campechano; al contrario, era hombre seco y duro; pero así y todo tenía sus preferencias y distinguía con su confianza a algunas gentes de la metrópoli.

Una de ellas era doña María de..., viuda de un capitán español que había muerto en San Miguel de la Frontera.

Pues, señor, vamos a que todas las mañanitas a hora de paseo se acercaba a la casa de doña María el coronel Arrechavala, y la buena señora le ofrecía dádivas, que, a decir verdad, él recompensaba con largueza. Dijéralo, si no, la buena ración de onzas españolas del tiempo de nuestro rey don Carlos IV que la viuda tenía amontonaditas en el fondo de su baúl.

El coronel, como dije, llegaba a la puerta, y de allí le daba su morralito doña María; morralito repleto de bizcoletas, rosquillas y exquisitos bollos con bastante yema de huevo. Y con todo lo cual se iba el coronel a tomar su chocolate. Ahora va lo bueno de la tradición.

Se chupaba los dedos el coronel cuando comía albóndigas, y, a las vegadas, la buena doña María le hacía sus platos del consabido manjar, cosa que él le agradecía con alma, vida y estómago.

Y vaya que por cada plato de albóndigas una saya de buriel, unas ajorcas de fino taraceo, una sortija, o un rollito de relumbrantes peluconas, con lo cual ella era para él afable y contentadiza.

He pecado al olvidarme de decir que doña María era una de esas viuditas de linda cara y de decir ¡Rey Dios! Sin embargo, aunque digo esto, no diré que el coronel anduviese en trapicheos con ella. Hecha esta salvedad, prosigo mi narración, que nada tiene de amorosa aunque tiene mucho de culinaria.

Una mañana llegó el coronel a la casa de la viudita.

—Buenos días le dé Dios, mi doña María.

—¡El señor coronel! Dios lo trae. Aquí tiene unos marquesotes que se deshacen en la boca; y para el almuerzo le mandaré... ¿qué le parece?

—¿Qué, mi doña María?

—Albóndigas de excelente picadillo, con tomate y chile y buen caldo, señor coronel.

—¡Bravísimo! —dijo riendo el rico militar—. No deje usted de remitírmelas a la hora del almuerzo.

Amarró el morralito de marquesotes en el pretal de la silla, se despidió de la viuda, dio un espolonazo a su caballería y ésta tomó el camino de la casa con el zangoloteo de un rápido pasitrote.

Doña María buscó la mejor de sus soperas, la rellenó de albóndigas en caldillo y la cubrió con la más limpia de sus servilletas, enviando en seguida a un muchacho, hijo suyo, de edad de diez años, con el regalo, a la morada del coronel Arrechavala.

Al día siguiente, el trap trap del caballo del coronel se oía en la calle en que vivía doña María, y ésta con cara de risa asomada a la puerta en espera de su regalado visitador.

Llegóse él cerca y así le dijo con un airecillo de seriedad rayano de la burla:

—Mi señora doña María: para en otra, no se olvide de poner las albóndigas en el caldo.

La señora, sin entender ni gota, se puso en jarras y le respondió:

—Vamos a ver, ¿por qué me dice usted eso y me habla con ese modo y me mira con tanta sorna?

El coronel le contó el caso; éste era que cuando iba con tamaño apetito a regodearse comiéndose las albóndigas, se encontró con que en la sopera ¡sólo había caldo!

—¡Blas! Ve que malhaya el al...

—Cálmese usted —le dijo Arrechavala—; no es para tanto.

Blas, el hijo de la viuda, apareció todo cariacontecido y gimoteando, con el dedo en la boca y rozándose al andar despaciosamente contra la pared.

—Ven acá —le dijo la madre—. Dice el señor coronel que ayer llevaste sólo el caldo en la sopera de las albóndigas. ¿Es cierto?

El coronel contenía la risa al ver la aflicción del rapazuelo.

—Es —dijo éste— que... que... en el camino un hombre... que se me cayó la sopera en la calle... y entonces... me puse a recoger lo que sé había caído... y no llevé las albóndigas porque solamente pude recoger el caldo...

—Ah, tunante —rugió doña María—, ya verás la paliza que te voy a dar...

El coronel, echando todo su buen humor fuera, se puso a reír de manera tan desacompasada que por poco revienta.

—No le pegue usted, mi doña María —dijo—. Esto merece premio.

Y al decir así se sacaba una amarilla y se la tiraba al perillán.

—Hágame usted albóndigas para mañana, y no sacuda usted los lomos del pobre Blas.

El generoso militar tomó la calle, y fuese, y tuvo para reír por mucho tiempo. Tanto, que poco antes de morir refería el cuento entre carcajada y carcajada.

Y a fe que desde entonces se hicieron famosas las albóndigas del coronel Arrechavala.

AMAR HASTA FRACASAR
(Trazada para la A)

Hablábamos varios hombres de letras de las cosas curiosas que, desde griegos y latinos, han hecho ingenios risueños, pacientes o desocupados, con el lenguaje. Versos que se pueden leer al revés tanto como al derecho, guardando siempre el mismo sentido, acrósticos arrevesados, en losange; y luego, prosas en que se suprimiera una de las vocales, en largos cuentos castellanos.

Entonces yo les hablé de una curiosidad, en verdad de las más peregrinas, que hice insertar, siendo muy joven, en una revista que dirigía, allá en la lejana Nicaragua, un mi íntimo amigo. Es un cuento corto, en el cual no se suprime una vocal, sino cuatro. Vais a leerlo. No encontraréis otra vocal más que la a. Y os mantendrá con la boca abierta. ¿Su autor?, sudamericano, seguramente, quizás antillano, posiblemente de Colombia. Ignoro e ignoré siempre su nombre. He aquí la lucubración a que me refiero:

La Habana aclamaba a Ana, la dama más agarbada, más afamada. Amaba a Ana Blas, galán asaz cabal, tal amaba Chactas a Atala.

Ya pasaban largas albas para Ana, para Blas; mas nada alcanzaban. Casar trataban; mas hallaban avaras a las hadas, para dar grata andanza a tal plan.

La plaza, llamada Armas, daba casa a la dama; Blas la hablaba cada mañana; mas la mamá, llamada Marta Albar, nada alcanzaba. La tal mamá trataba jamás casar a Ana hasta hallar gran galán, casa alta, ancha arca para apañar larga plata, para agarrar adahalas1. ¡Bravas agallas! ¿Mas bastaba tal cábala?. Nada ¡ca! ¡nada basta a tajar la llamada aflamada!

Ana alzaba la cama al aclarar; Blas la hallaba ya parada a la bajada. Las gradas callaban las alharacas adaptadas a almas tan abrasadas. Allá, halagadas faz a faz, pactaban hasta la parca amar Blas a Ana, Ana a Blas. ¡Ah ráfagas claras bajadas a las almas arrastradas a amar!. Gratas pasan para apalambrarlas2 más, para clavar la azagaya al alma. ¡Ya nada habrá capaz a arrancarla!.

Pasaban las añadas4. Acabada la marcada para dar Blas a Ana las sagradas arras, trataban hablar a Marta para afrancar5 a Ana, hablar al abad, abastar saya, manta, sábanas, cama, alhajar casa ¡ca! ¡nada faltaba para andar al altar!

Mas la mañana marcada, trata Marta ¡mala andanza! pasar a Santa Clara al alba, para clamar a la santa adaptada al galán para Ana. Agarrada bajaba ya las gradas; mas ¡caramba! halla a Ana abrazada a Blas, cara a cara. ¡Ah! la a nada basta para trazar la zambra armada. Marta araña a Ana, tal arañan las gatas a las ratas; Blas la ampara; para parar las brazadas a Marta, agárrala la saya. Marta lanza las palabras más malas a más alta garganta. Al azar pasan atalayas, alarmadas a tal algazara, atalantadas a las palabras:

—¡Acá! ¡Acá! ¡Atrapad al canalla mata—damas! ¡Amarrad al rapaz!

Van a la casa: Blas arranca tablas a las gradas para lanzar a la armada; mas nada hará para tantas armas blancas. Clama, apalabra, aclara ¡vanas palabras! Nada alcanza. Amarran a Blas. Marta manda a Ana para Santa Clara; Blas va a la cabaña. ¡Ah! ¡Mañana fatal!

¡Bárbara Marta! Avara bajasa al atrancar a Ana tras las barbacanas sagradas (algar fatal para damas blandas). ¿Trataba alcanzar paz a Ana? ¡Ca! ¡Asparla, alafagarla, matarla! Tal trataba la malvada Marta. Ana, cada alba, amaba más a Blas; cada alba más aflatada, aflacaba más. Blas, a la banda allá la mar, tras Casa Blanca, asayaba a la par gran mal; a la par balaba allanar las barras para atacar la alfana, sacar la amada, hablarla, abrazarla…

Ha ya largas mañanas trama Blas la alcaldada: para tal, habla. Al rayar la alba al atalaya, da plata, saltan las barras, avanza a la playa. La lancha, ya aparada pasa al galán a La Habana. ¡Ya la has amanada gran Blas; ya vas a agarrar la aldaba para llamar a Ana! ¡Ah! ¡Avanza, galán, avanza! Clama alas al alcatraz, patas al alazán ¡avanza, galán, avanza!

Mas para nada alcanzará la llamada: atafagarán más la tapada, taparanla más. Aplaza la hazaña.

Blas la aplaza; para apartar malandanza, trata hablar a Ana para Ana nada más. Para tal alcanzar, canta a garganta baja:

La barca lanzada
allá al ancha mar
arrastra a La Habana
canalla rapaz.

Al tal, mata—damas
llamaban asaz,
mas jamás las mata,
las ha para amar.

Fallas las amarras
hará tal galán,
ca, brava alabarda
llaman a la mar.

Las alas, la aljaba,
la azagaya…¡Bah!
nada, nada basta
a tal batallar.

Ah, marcha, alma Atala
a dar grata paz,
a dar grata andanza
a Chactas acá.

Acabada la cantata Blas anda para acá, para allá, para nada alarmar al adra. Ana agradada a las palabras cantadas salta la cama. La dama la da al galán. Afanada llama a ña Blas, aya parda. Ña Blasa, zampada a la larga, nada alcanza la tal llamada; para alzarla, Ana la jala las pasas. La aya habla, Ana la acalla; habla más; la da alhajas para ablandarla. Blasa las agarra. Blanda ya, para acabar, la parda da franca bajada a Ana para la sala magna. Ya allá, Ana zafa aldaba tras aldaba hasta dar a la plaza. Allá anda Blas. ¡Para, para, Blas!

Atrás va Ana. ¡Ya llama! ¡Avanza, galán avanza! Clama alas al alcatraz, patas al alazán. ¡Avanza, galán, avanza!

—¡Amada Ana!..

—¡Blas!…

—¡Ya jamás apartarán a Blas para Ana!

—¡Ah! ¡Jamás!

—¡Alma amada!

—¡Abraza a Ana hasta matarla!

—¡¡Abraza a Blas hasta lanzar la alma!!…

A la mañana tras la pasada, alzaba ancla para Málaga la fragata Atlas. La cámara daba lar para Blas, para Ana…

Faltaba ya nada para anclar; mas la mar brava, brava, lanza a la playa la fragata: la vara.

La mar trabaja las bandas: mas brava, arranca tablas al tajamar; nada basta a salvar la fragata. ¡Ah tantas almas lanzadas al mar, ya agarradas a tablas claman, ya nadan para ganar la playa! Blas nada para acá, para allá, para hallar a Ana, para salvarla. ¡Ah tantas brazadas, tan gran afán para nada, hállala, mas la halla ya matada! ¡¡¡Matada!!!… Al palpar tan gran mal nada bala ya, nada trata alcanzar. Abraza a la ama:

—¡Amar hasta fracasar! —clama…

—Ambas almas abrazadas bajan a la nada17. La mar traga a Ana, traga a Blas, traga más…¡Ca! ya Ana hablaba a Blas para pañal, para fajas, para zarandajas. ¡Mamá, ya, acababa Ana. Papá, ya, acababa Blas!…

—Nada habla La Habana para sacar a la plaza a Marta, tras las pasadas; mas la palma canta hartas hazañas para cardarla la lana.

Et voilà. ¿Quién me dirá el nombre del autor?

A LAS ORILLAS DEL RHIN

A las orillas del Rhin, bajo el brumoso cielo de Alemania, existen aún las ruinas de un viejo castillo feudal. Unas cuantas paredes grietosas han quedado de los macizos torreones; ahí está el foso también cerrado, y aún se advierten vestigios de la ventana por donde salió la linda Marta de los ojos azules.

¡Ah!, ésta es una historia muy bonita. Estáme atenta, Adela, tú que eres tan amiga de los cuentos preciosos; sobre todo de aquellos en que resplandece el amor y refrescan el espíritu con la dulzura de sus encantos.

El blasón del caballero Armando luce una mano de hierro y un castillo en campo de azur; la razón de esto es que, andando de caza el rey Othón cabalgando en un briosísimo potro, desbocósele la caballería y en carrera veloz llevólo hasta la orilla de un precipicio, y habría seguramente perecido el monarca si el brazo nervudo del caballero Armando, que a buena sazón cercano se encontraba, no le da apoyo dominando al bruto y sacando al poderoso señor del peligro de una muerte segura.

Es, pues, el caballero Armando la flor de los valientes y la nata de los nobles mancebos de su país. Joven aún, se ha ajustado la armadura y ha empuñado la lanza y se ha arrojado a reñidísimos combates.

Bello es su rostro delicado al par que varonil; y a esa envidiable gallardía reúne un corazón de fuego y una inteligencia singular. Que es de verle, sobre los lomos de su caballo, fuerte como un roble y airoso y elegante con la lanza en la cuja y al escudo en el brazo siniestro, mientras que el corcel, crespando las espesas crines, caracolea como orgulloso de la carga que lleva, que tan preciada es.

Presea de la corte de Othón es la garrida Marta, ante cuya belleza rinden tributos de admiración todos los que llegan a mirarla. En su cabellera, rubia como la aurora, dejan los amorcillos exquisitas gracias prendidas de los bucles; en sus azules ojos chispean llamas misteriosas que denuncian la hoguera de un corazón ardiente; en sus mejillas hicieron consorcio las rosas y los jazmines, y de su boca, clavel entreabierto, manan deliciosos aromas y palabras de miel.

Su padre, viejo de setenta años, es uno de los que componen el Consejo de doce ancianos que deliberan en el palacio de Othón. Grande es la influencia que este antiguo ejerce en el ánimo del rey; y siempre su palabra fue oída con respecto por todos, que al par de su experiencia se levantaba su sabiduría. Había dado muerte en tiempos pasados, y en duelo terrible, a un noble germano con quien rivalidades especiales le pusieron en discordia. Este noble germano que sucumbió en lucha con el padre de Marta, éralo del caballero Armando.

La linda Marta vio una vez en la corte al caballero Armando y quedó prendada de su gallardía. El mancebo por su parte, al contemplar las singulares gracias de la hermosa, adamado quedó de la altiva rica fembra.

Cayóse del pecho de la dama una flor que prendida llevaba, y, viéndola el caballero, corre, toma la flor, y en un arrebato y locura incomprensibles la besa antes de ponerla en manos de su elevada dueña. Toda ruborosa y confundida, Marta no se dio cuenta de aquel percance y, bajando los ojos, las tintas de la flor de granada tiñeron su faz. Arrugo el entrecejo el anciano padre de la doncella y lanzó al joven una mirada terrible. Al día siguiente Marta había desaparecido de la corte. El viejo se la había llevado a un castillo que tenía en un feudo de las riberas del Rhin.

Desesperado el caballero Armando no se daba un punto de descanso y por todas partes inquiría el paradero de su dulce amor. Llegóse a las gradas del trono del soberano y le dijo así:

—Señor, vos sois poderoso y conocéis mi afecto para vos; he defendido vuestros reinos, os he servido como bueno y creo merecer vuestras gracias y tener derecho a demandaros favores . Habéis de saber, señor, que yo amo a la hija del matador de mi padre, ella me ama también, porque, aunque sus labios no me lo han dicho, sus ojos no me han mentido. Pero su padre se opone a esta pasión; y con la más ligera muestra que de mi amor he dado a la doncella, y que él ha visto, hásela llevado no se sabe adónde para que a mis miradas esté escondida. Haced, señor, que el duro acero de la voluntad del anciano se doble al peso de vuestra palabra; y si lograseis darme la posesión de mi amada, imaginaros cómo sería para vos mi gratitud; que soy, no lo dudéis, el más fiel de todos vuestros numerosísimos vasallos.

—Larga pieza estuvo el rey silencioso y pensativo, después de escuchar el discurso de Armando; pero, rompiendo la valla de su silencio, respondió al joven de esta manera:

—Yo os aseguro ¡oh valiente y noble caballero! que es empresa difícil el domeñar los sentimientos de ese anciano funesto para vos. Yo propio le hablaré, y si mi poderío no alcanza a doblegar su firmeza, abandonad el seguimiento de vuestro propósito. Mil mujeres hermosas son gala de mi corte; escoged entre todas una que os haga olvidar a la que os ha tomado esclavo de sus bellezas; pues juzgo inquebrantable la resolución del primer anciano de mi Consejo.

Desconsolado se retiró el caballero Armando, y el rey meditabundo quedóse en su trono.

Al siguiente día volvió el joven donde Othón; y éste, pesaroso, le dijo que la voluntad inquebrantable del viejo era impedir de todos modos el amor de Armando y de su hija. Armando aparejó su caballería, y sin rumbo lanzó su corcel a todo escape, hiriéndole los ijares con las agudas espuelas.

En un castillo que en su barbacana ostenta el blasón del dueño cuyo es, hay una ventana que da al río caudaloso, y a la que se asoma la linda Marta, cautiva de su padre, a llorar todas las tardes su perdido amor, cuando el sol pinta de vivos colores la nieve que corona las altas montañas, y refleja sus opacas luces en la corriente ancha del Rhin. Apoyada en el alféizar, brota lágrimas la dolorida enamorada y piensa en el caballero que le robó el corazón, interrumpida sólo por el ruido de las barcas de los pescadores que al son del remo echan sus redes a la luz de la tarde. En una muy apacible, estaba la doncella triste mirando las aguas y derramando lloro, cuando dióle un vuelco el corazón al ver aparecer entre los árboles de la opuesta orilla un caballero armado de todas armas, al parecer errante y a la ventura, que al mirar en la ventana a la bella joven dio muestras del más vivo gusto, y alzándose la visera que le cubría el rostro, lanzó un grito de intenso placer.

Poco faltó para que presa de un desmayo se viese Marta, pues reconoció en aquel caballero al gentil y valeroso Armando. Fuese éste a la choza cercana de un pescador y pidióle hospedaje, que le fue concedido; y a los últimos rayos del sol, escribió con la punta de un puñal en la corteza de un árbol ciertas palabras. Ajustó a una flecha la corteza en que había escrito, y poniendo en comba el arco, lanzó el hierro, que fue a clavarse en la madera de la ventana. Una mano blanca y delicada tomó la flecha, y unos ojos azules y húmedos leyeron en la corteza algo que era un anuncio de libertad.

Más de la medianoche sería cuando de la choza del pescador en que estaba el caballero Armando salieron dos personas; se dirigieron a una barca, y ya en ella, moviendo los remos silenciosamente, surcaron las aguas del río y llegaron hasta tocar el grueso y mojado paredón de la fortaleza feudal. Irguióse uno de los que iban en la barca y dio un silbido que imitó el de un pájaro. Inmediatamente se abrió la ventana del castillo, y a lo largo del muro se extendió una escala de seda; por ella subió el que había silbado y después bajó con una carga preciosa que depositó en la embarcación.

—¡Armando!

—¡Marta!

Se oyó el ruido de un beso; y, siguiendo la corriente del caudaloso Rhin, se deslizó la barca ligera y silenciosa.

Ya comprenderás, Adela, que los tres que van a merced de las aguas no son otros que el caballero Armando, la linda Marta y el pescador.

Poco después de la fuga de los amantes, turbó el silencio del castillo una algazara espantosa; los halconeros enanos y rechonchos gritaban; los siervos de la mesnada corrían de un lugar a otro, y el guardián del recinto, viejo escudero del padre de Marta, buscando por todas partes a la doncella, repartía a todos ellos sendos golpes.

Viendo que no se hallaba en el castillo, y habiendo advertido en la ventana la escala de seda, mandó echar embarcaciones al río; y él y todos los guardas de las torres se lanzaron en persecución del raptor y de la dama.

La aurora rubicunda empezaba a abrir sus párpados sonrosados y a enseñar el encanto de su lindo rostro, y a vestir de luz la copa de los altos pinos de los bosques. ¡Allá va el esquife de los amantes! Boga, boga, remero, que a los lejos se distinguen unas barcas, y quizá son perseguidores de los enamorados.

En dulce coloquio embriagador y radiantes de pasión iban Marta y Armando el caballero, cuando se miraron de pronto rodeados de las gentes del castillo que en su busca iban.

—¡Tenéos! —gritó el celoso guardián alzando un venablo y apuntando al caballero.

—¡Boga! ¡Boga, remero! —decía aquél apretando contra su pecho a la hermosa joven, que, toda asustada, temblaba como una hoja al soplo del viento.

Lanzó el hierro el guardián furioso contra el valiente joven, con gran fuerza; mas resbalando por la fina coraza del armado caballero, fue a clavarse en el blanco seno de la linda Marta.

Un grito de horror salió de todos los pechos.

De la roja herida brotó un chorro purpúreo; y pálida y moribunda, abrazándose al mancebo, sólo pudo decir la desgraciada doncella:

—¡Amor mío!...

Ciego, loco y arrebatado, el joven Armando la estrechó fuertemente, le dio un beso en la boca y dijole así:

—Ya que nuestro amor no pudo ser en la tierra, yo te seguiré para que sea en el cielo.

Después la alzó en sus brazos y se precipitó con ella en el río. Las aguas tranquilas recibieron a los amantes, se tiñeron de sangre, luego... no se vio nada más.

Algún tiempo después murió el anciano padre de Marta encerrado en su castillo; y los trovadores hallaron buen asunto en el suceso para cantar baladas a las lindas mujeres.

Sólo quedan ruinosos vestigios de la feudal mansión; y el recuerdo de aquellos hechos corre de boca en boca entre los habitantes de la brumosa Germania.

Este es, graciosa Adela, el cuento que te había ofrecido; vago y nebuloso como las orillas del Rhin.

BOUQUET

La linda Stela, en la frescura de sus quince abriles, pícara y risueña, huelga por el jardín acompañada de una caterva bulliciosa.

Se oye entre las verduras y los follajes trisca y algazara. Querubines de tres, de cuatro, de cinco años, chillan aturden y cortan ramos florecidos. Suena en el jardín como un tropel de mariposas o una alegre bandada de gorriones.

De pronto se dispersan. Cada chiquilla busca su regazo. Stela da a cada cual un dulce y una caricia; besa a su madre, y luego viene a mostrarme, toda encendida y agitada, el manojo de flores que ha cogido.

Sentada cerca de mí, tiene en las faldas una confusión de pétalos y de hojas. Allí hay un pedazo de iris hecho trizas. Es una muchedumbre de colores y una dulce mezcla de perfumes.

Aquella falda es una primavera.

Stela, flor viva, tiene en los labios una rosa diminuta. La púrpura de la rosa se avergüenza de la sangre de la boca.

Por fin me dijo:

—Y bien, amigo mío, usted me ha ofrecido acompañarme en mi revista de flores. Cumpla usted. Aquí hay muchas; son preciosas. ¿Qué me dice de esta azucena? ¡Vaya! ¡Sirva usted de algo!..

Empezamos por esa reina, la rosa. ¡Viejo Aquiles Tacio! Bien dices que si Jove hubiera de elegir un soberano de las flores, ella sería la preferida, como hermosura de las plantas, honra del campo y ojo de Flora.

Hela aquí. Sus pétalos aterciopelados tienen la forma del ala de un amorcillo. En los banquetes de los antiguos griegos, esos pétalos se mezclaban en las ánforas con el vino. ¡Aquí Anacreonte, el dulce cantor de la vejez alegre! Ámbar de los labios, le dice, gozo de las almas. Las Gracias la prefieren, y se adornan con ella en el tiempo del amor. Venus y las Musas la buscan por valiosa y por garrida. La rosa es como la luz en las mesas. De rosa son hechos los brazos de las ninfas y los dedos de la aurora. A Venus, la llaman los poetas rósea.

Luego, el origen de la reina de las flores.

Cuando Venus nació en las espumas, cuando Minerva salió del cerebro del padre de los dioses, Cibeles hizo brotar el rosal primitivo.

Además ¡oh Stela! Has de convencerte de que es ella la mejor urna del rocío, la mejor copa del pájaro y la rival más orgullosa de tus mejillas rosadas.

Esa que has apartado y que tanto te gusta vino de Bengala, lugar de sueños, de perlas, de ojos ardientes y de tigres formidables. De allí fue traída a Europa por el muy noble lord Mac—Artenny, un gran señor amigo de las flores —como tú y como yo.

Junto a la rosa has puesto a la hortensia, que se diría recortada de un trozo de seda, y cuyo color se asemeja al que tienes en las yemas de tus dedos de ninfa.

La hortensia lleva el nombre de la hija de aquella pobre emperatriz Josefina, por razón de que esta gran señora tuvo la primera flor de tal especie que hubo en Francia.

La hortensia es hoy europea, por obra del mismo lord galante de la rosa de Bengala.

Ahí está el lirio, blanco, casi pálido; ¡graciosa flor de la pureza!

Los bienaventurados, ante el fuego divino que emerge el trono de Dios, están extáticos, con su corona de luceros y su rama de lirio.

Es la melancólica flor de las noches de luna. ¡Dícese, Stela, que hay pájaros románticos que en las calladas arboledas cantan amores misteriosos de estrellas y de lirios!...

¡Está aquí la no—me—olvides!

Flor triste, amiga, que es cantada en las lieder alemanas.

Es una vieja y enternecedora leyenda,

Ella y él, amada y amado, van por la orilla de un río, llenos de ilusiones y de dicha.

De pronto, ella ve una flor a la ribera, y la desea. Él va, y al cortarla, resbala y se hunde en la corriente. Se siente morir, pero logra arrojar la flor a su querida, y exclama:

—¡No me olvides!

Ahí las lieder.

Es el dulce vergiss mein nicht de los rubios alemanes.

Déjame colocar enseguida la azucena. De su cáliz parece que exhala el aliento de Flora.

¡Flor santa y antigua! La Biblia está sembrada de azucenas. El Cantar de los cantares tiene su aroma halagador.

Se me figura que ella era la reina del Paraíso. En la puerta del Edén, debe de haberse respirado fragancia de azucenas.

Suiza tiene la ribera de sus lagos bordada de tan preciadas flores. Es la tierra donde más abundan.

Aquí la camelia ¡oh, Margarita! blanca y bella y avara de perfume.

Está su cuna allá en Oriente, en las tierras de China. Nació junta al melati perfumado. Sus pétalos son inodoros. Es la flor de aquella pobre María Duplessys, que murió de muerte, y que se apellidó La dama de las camelias.

A principios de este siglo un viejo religioso predicaba el Evangelio en China. Por santidad y ciencia, aquel sacerdote era querido y respetado. Pudo internarse en incultas regiones desconocidas. Allí predicó su doctrina y ensanchó su ciencia. Allí descubrió la camelia, flor que ha perpetuado su nombre.

El religioso se llamaba el reverendo Padre Camelín.

¿También azahares?

Es la flor de la castidad. Es la corona de las vírgenes desposadas. Hay una bendición divina en la frente que luce esa guirnalda de las felices bodas.

La santa dicha del hogar recibe a sus favorecidos en el dintel de su templo con una sonrisa del cielo y un ramo de azahares.

Debes gustar de las lilas, Stela. Tienen algo de apacible, con su leve color morado y su agradable aroma, casi enervador.

Las lilas son de Persia, el lejano país de los cuentos de hadas.

Su nombre viene del persa lilang, que significa azulado.

Fue llevada la bella flor a Turquía, y allí se llamó lilae.

En tiempo del rey cristianismo Luis decimocuarto, Noite, su embajador, llevó a Francia la lila.

¡Es una dulce y simpática flor!

Veo que me miras entre celosa y extrañada, por haber echado en olvido a tu preferida.

Deja, deja de celos y de temores; que, en verdad te digo, niña hermosa, desdeñaría todas las rosas y azucenas del mundo por una sola violeta.

Pon a un lado, pues, todas las otras flores, y hablemos de esta amada poderosa.

Bajo su tupido manto de hojas, la besa el aire a escondidas. Ella tiembla, se oculta, y el aire, y la mariposa, y el rayo de sol, se cuelan por ramajes y verdores y la acarician en secreto.

Al primer rumoreo de la aurora, al primer vagido del amanecer, la violeta púdica y sencilla da al viento que pasa su perfume de flor virgen, su contingente de vida en el despertamiento universal.

Hay una flor que la ama.

El pensamiento es el donoso enamorado de la violeta.

Si está lejos, le envía su aroma; si cerca, confunde sus ramas con las de ella.

Y luego, amiga mía, juntas van ¡flores del amor y del recuerdo! en el ojal de la levita, frescas y nuevas, acabadas de cortar, o van secas, entre las hojas santinadas del devocionario que abren blancas y finas manos, y leen ojos azules como los de Minerva, o negros y ardientes, Stela, ¡como esos ojos con que me miras!...

PRIMERA IMPRESIÓN

Yo caminaba por este mundo con el alma virgen de toda ilusión.

Era un niño que ni siquiera sospechaba existiera el amor.

Oía a mis compañeros contar sus conquistas amorosas, pero jamás prestaba impresión a lo que decían y no comprendía nada.

Nunca mi corazón había palpitado amorosamente. Jamás mujer alguna había conmovido mi corazón, y mi existencia se deslizaba suavemente como cristalino arroyuelo en verde y florida pradera, sin que ninguna contrariedad viniera a turbar la tranquilidad de que gozaba.

Mi dicha se cifraba en el cariño de mi madre; cariño desinteresado, puro como el amor divino.

¡Ah, no hay amor que pueda semejarse al amor de una madre!

Yo quería a mi madre y pensaba que ése era el único amor que existía.

Los días, los meses, los años transcurrían y mi vida siempre era feliz, y ninguna decepción venía a trastornar la paz de mi espíritu.

Todo me sonreía: todo era placer y ventura en torno mío.

Así pasaba el tiempo y cumplí quince años.

Una noche tuve un sueño. Sueño que tengo grabado en el corazón, y cuyo recuerdo jamás he podido apartarlo de mi mente.

Soñé que me encontraba en un hermoso campo. El sol iba a ocultarse en el horizonte, y la hora del crepúsculo vespertino se acercaba.

Por doquiera se veían frondosos árboles de verde ramaje, que parecía envidiaban su último adiós al astro que desaparecía.

Las flores inclinaban su último su corola tristes y melancólicas.

Allá a lo lejos, detrás de un pintoresco matorral, se oía el dulce susurrar de una fuente apacible, en cuyas límpidas aguas se reflejaban mil pintadas flores que se alzaban en su orilla y que parecía se contemplaban orgullosas de su hermosura.

Todo allí era tranquilo y sereno. Todo estaba risueño.

Yo me hallaba recostado en un árbol, admirando la naturaleza y recordando las inocentes pláticas que cuando niño había sostenido con mi madre, en las que ella con un lenguaje sencillo y convincente, con el lenguaje de la virtud y de la fe, me hacía comprender los grandes beneficios que constantemente recibimos del Omnipotente, cuando vi aparecer de entre un bosquecillo de palmeras una mujer encantadora.

Era una joven hermosa

Sus formas eran bellísimas

Sus ojos negros y relucientes, semejaban dos luceros

Su cabellera larga y negra caía sobre sus blancas espaldas formando gruesos y brillantes tirabuzones, haciendo realzar más su color alabastrino.

Su boca pequeña y de labios de carmín guardaba dentro unos dientes de perla.

Yo quedé estático al verla.

Ella llegóse junto a mí y púsome una mano sobre la frente.

A su contacto me estremecí. Sentí en mi corazón una cosa inexplicable. Me parecía que mi rostro abrasaba.

Estuvo mirándome un momento y después con una voz armoniosa, voz de hadas, voz de ángel, me dijo:

—¡Ernesto!...

Un temblor nervioso agitó todo mi cuerpo al oír su voz. Cómo sabía mi nombre? Quién se lo había dicho? Yo no podía explicarme nada de esto. Ella continúo.

—¡Ernesto!...

Un temblor nervioso agitó todo mi cuerpo al oír su voz. Cómo sabía mi nombre? Quién se lo había dicho? Yo no podía explicarme nada de esto. Ella continuó.

Ernesto, has sentido alguna vez dentro de tu pecho el fuego misterioso del amor? Tu corazón ha palpitado por alguna mujer?

Yo la miraba con arrobamiento y no pude contestar; la voz expiró en la garganta y por más esfuerzos que hacía no me fue posible hablar.

—Contestadme, prosiguió ella, decidme una palabra siquiera. Has amado alguna vez.

Hice otro nuevo esfuerzo y por fin articulé una palabra.

—¿Qué es el amor? —dije.

¡El amor! Ah! No hay quien pueda explicar el amor. Es necesario sentirlo para saber lo que es. Es necesario haber experimentado en el corazón su influencia para adivinarlo. El amor es unas veces un fuego que nos abrasa el corazón, que nos quema las entrañas, pero que sin embargo nos abrasa el corazón, que nos quema las entrañas, pero que sin embargo nos agrada; otras un bálsamo reparador que nos anima y nos eleva a las regiones ideales mostrándonos en el porvenir mi halagüeñas esperanzas. El amor es una mezcla de dolor y de placer; pero en ese dolor hay un algo dulce y en ese placer nada de amargo. El amor es una necesidad del alma; es el alma misma.

Al pronunciar estas palabras su rostro había adquirido una belleza angelical. Sus ojos eran más brillantes aún y despedían rayos que penetraban en mi corazón y me hacían despertar sensaciones desconocidas hasta entonces para mí.

Miróme nuevamente y yo extasiado ante su hermosura, subyugado por su belleza, iba a echarme a sus plantas para decirle que en ese momento empezaba a sentir todo lo que había dicho, que amaba por la primera vez de su vida, cuando ella lanzó un grito y se alejó apresuradamente yendo a perderse en el bosquecillo de palmeras de donde la había visto salir momentos antes.

El sol ya se había ocultado completamente, y la noche extendía sus negras alas sobre el mundo.

La luna se levantaba majestuosa en Oriente y su luz venía a iluminar mi frente.

Yo quise seguir a la joven, pero al dar un paso caí al suelo, y al caer me encontré con la cabeza entre las almohadas, mientras que un rayo de sol que penetraba en la ventana hería mis pupilas, haciéndome comprender toda la realidad.

¡Todo había sido una alucinación de mi fantasía!

Esta fue la primera impresión que recibí y nunca se ha borrado de mi corazón.

Desde entonces yo camino por este mundo en busca de la mujer de mi sueño y aún no la he encontrado. Esta es la causa por que me ves, amigo Jaime, siempre triste y sombrío. Pero yo no desespero; ha de llegar un día en que se presentará ante mi paso. Ese día será el más feliz de mi vida: más feliz que aquellos que pasaba al lado de mi madre y en medio de la inocencia.

Esta fue la relación que una vez me hizo mi amigo Ernesto y yo la publico hoy, seguro de que no disgustará a las simpáticas lectoras ni a los bondadosos lectores de El Ensayo.

MIS PRIMEROS VERSOS

Tenía yo catorce años y estudiaba humanidades.

Un día sentí unos deseos rabiosos de hacer versos, y de enviárselos a una muchacha muy linda, que se había permitido darme calabazas.

Me encerré en mi cuarto, y allí en la soledad, después de inauditos esfuerzos, condensé como pude, en unas cuantas estrofas, todas las amarguras de mi alma.

Cuando vi, en una cuartilla de papel, aquellos rengloncitos cortos tan simpáticos, cuando los leí en alta voz y consideré que mi cacumen los había producido, se apoderó de mí una sensación deliciosa de vanidad y orgullo.

Inmediatamente pensé en publicarlos en La Calavera, único periódico que entonces había, y se los envié al redactor, bajo una cubierta y sin firma.

Mi objeto era saborear las muchas alabanzas de que sin duda serían objeto, y decir modestamente quién era el autor, cuando mi amor propio se hallara satisfecho.

Eso fue mi salvación.

Pocos días después sale el número 5 de La Calavera, y mis versos no aparecen en sus columnas.

Los publicarán inmediatamente en el número 6, dije para mi capote, y me resigné a esperar porque no había otro remedio.

Pero ni en el número 6, ni en el 7, ni en el 8, ni en los que siguieron había nada que tuviera apariencias de versos.

Casi desesperaba ya de que mi primera poesía saliera en letra de molde, cuando caten ustedes que el número 13 de La Calavera puso colmo a mis deseos.

Los que no creen en Dios, creen a puño cerrado en cualquier barbaridad, por ejemplo, en que el número 13 es fatídico, precursor de desgracias y mensajero de muerte.

Apenas llegó a mis manos La Calavera, me puse de veinticinco alfileres, y me lancé a la calle, con el objeto de recoger elogios, llevando conmigo el famoso número 13.

A los pocos pasos encuentro a un amigo, con quien entablé el diálogo siguiente:

—¿Qué tal, Pepe?

—Bien, ¿y tú?

—Perfectamente. Dime, ¿has visto el número 13 de La Calavera?

—No creo nunca en ese periódico.

Un jarro de agua fría en la espalda o un buen pisotón en un callo no me hubieran producido una impresión tan desagradable como la que experimenté al oír esas seis palabras.

Mis ilusiones disminuyeron un cincuenta por ciento, porque a mí se me había figurado que todo el mundo tenía la obligación de leer por lo menos el número 13, como era de estricta justicia.

—Pues, bien, —repliqué algo amostazado—, aquí tengo el último número y quiero que me des tu opinión cerca de estos versos que a mí me han parecido muy buenos

Mi amigo Pepe leyó los versos y el infame se atrevió a decirme que no podían ser peores.

Tuve impulsos de pegarle una bofetada al insolente que así desconocía el mérito de mi obra; pero me contuve y me tragué la píldora.

Otro tanto me sucedió con todos aquellos a quienes interrogué sobre el mismo asunto, y no tuve más remedio que confesar de plano... que todos eran unos estúpidos.

Cansado de probar fortuna en la calle, fui a una casa donde encontré a diez o doce personas de visita. Después del saludo, hice por milésima vez esta pregunta:

—¿Han visto ustedes el número 13 de La Calavera?

—No lo he visto —contestó uno de tantos—, ¿qué tiene de bueno?

—Tiene, entre otras cosas, unos versos que según dicen no son malos.

—¿Sería usted tan amable que nos hiciera el favor de leerlos?

—Con gusto.

Saqué La Calavera del bolsillo, lo desdoblé lentamente, y lleno de emoción, pero con todo el fuego de mi entusiasmo, leí las estrofas.

Enseguida pregunté:

—¿Qué piensan ustedes sobre el mérito de esta pieza literaria?

Las respuestas no se hicieron esperar y llovieron en esta forma:

—No me gustan esos versos.

—Son malos.

—Son pésimos.

—Si continúan publicando tantas necedades en La Calavera, pediré que me borren de la lista de suscriptores.

—El público debe exigir que emplumen al autor.

—Y al periodista.

—¡Qué atrocidad!

—¡Qué barbaridad!

—¡Qué necedad!

—¡Qué monstruosidad!

Me despedí de la casa hecho un energúmeno, y poniendo a aquella gente tan incivil en la categoría de los tontos: "Stultorum plena sunt Omnia", decía ya para consolarme.

Todos esos que no han sabido apreciar las bellezas de mis versos, pensaba yo, son personas ignorantes que no han estudiado humanidades, y que, por consiguiente, carecen de los conocimientos necesarios para juzgar como es debido en materia de bella literatura.

Lo mejor es que yo vaya a hablar con el redactor de La Calavera, que es hombre de letras y que por algo publicó mis versos.

Efectivamente: llego a la oficina de la redacción del periódico, y digo al jefe, para entrar en materia:

—He visto el número 13 de La Calavera.

—¿Está usted suscrito a mi periódico?

—Sí, señor.

—¿Viene usted a darme algo para el número siguiente?

—No es eso lo que me trae: es que he visto unos versos...

—Malditos versos: ya me tiene frito el público a fuerza de reclamaciones. Tiene usted muchísima razón, caballero, porque son, de los malos, lo peor; pero ¿qué quiere usted?, el tiempo era muy escaso, me faltaba media columna y eché mano a esos condenados versos, que me envió algún quídam para fastidiarme.

Estas últimas palabras las oí en la calle, y salí sin despedirme, resuelto a poner fin a mis días.

Me pegaré un tiro, pensaba, me ahorcaré, tomaré un veneno, me arrojaré desde un campanario a la calle, me echaré al río con una piedra al cuello, o me dejaré morir de hambre, porque no hay fuerzas humanas para resistir tanto.

Pero eso de morir tan joven... Y, además, nadie sabía que yo era el autor de los versos.

Por último, lector, te juro que no me maté, pero quedé curado, por mucho tiempo, de la manía de hacer versos. En cuanto al número 13 y a las calaveras, otra vez que esté de buen humor te he de contar algo tan terrible, que se te van a poner pelos de punta.

LA CANCIÓN DEL ORO

Aquel día, un harapiento, por las trazas un mendigo, tal vez un peregrino, quizá un poeta, llegó, bajo la sombra de los altos álamos, a la gran calle de los palacios, donde hay desafíos de soberbia entre el ónix y el pórfido, el ágata y el mármol, en donde las altas columnas, los hermosos frisos, las cúpulas doradas, reciben la caricia pálida del sol moribundo.

Había tras los vidrios de las ventanas, en los vastos edificios de la riqueza, rostros de mujeres gallardas y de niños encantadores. Tras las rejas se adivinaban extensos jardines, grandes verdores salpicados de rosas y ramas que se balanceaban acompasada y blandamente como bajo la ley de un ritmo. Y allá en los grandes salones, debía de estar el tapiz purpurado y lleno de oro, la blanca estatua, el bronce chino, el tibor cubierto de campos azules y de arrozales tupidos, la gran cortina recogida como una falda, ornada de flores opulentas, donde el ocre oriental hace vibrar la luz en la seda que resplandece. Luego, las lunas venecianas, los palisandros y los cedros, los nácares y los ébanos, y el piano negro y abierto que ríe mostrando sus teclas como una linda dentadura; y las arañas cristalinas, donde alzan las velas profusas la aristocracia de su blanca cera. ¡Oh, y más allá! Más allá el cuadro valioso, dorado por el tiempo, el retrato que firma Durand o Bounat, y las preciosas acuarelas en que el tono rosado parece que emerge de un cielo puro y envuelve la hiedra en una onda dulce desde el lejano horizonte hasta la hiedra trémula y humilde. Y más allá…

Muere la tarde.

Llega a las puertas del palacio un carruaje flamante y charolado. Baja una pareja y entra con tal soberbia en la mansión, que el mendigo piensa: decididamente, el aguilucho y su hembra van al nido. El tronco, ruidoso y azogado, a un golpe de látigo, arrastra el carruaje haciendo relampaguear las piedras. Noche.

Entonces en aquel cerebro de loco, que ocultaba un sombrero raído, brotó como el germen de una idea que pasó al pecho y fue opresión, y llegó a la boca hecho himno que le encendía la lengua y hacía entrechocar los dientes. Fue la visión de todos los mendigos, de todos los suicidas, de todos los borrachos, del harapo y de la llaga, de todos los que viven —¡Dios mío!— en perpetua noche, tanteando la sombra, cayendo al abismo, por no tener un mendrugo para llenar el estómago. Y después la turba feliz, el lecho blando, la trufa y el áureo vino que hierve, el raso y el muaré que con su roce ríen; el novio rubio y la novia morena cubierta de pedrería y blonda; y el gran reloj que la suerte tiene para medir la vida de los felices opulentos, que, en vez de granos de arena deja caer escudos de oro.

Aquella especie de poeta sonrió; pero su faz tenía aire dantesco. Sacó de su bolsillo un pan moreno, comió y dio al viento su himno. Nada más cruel que aquel canto tras el mordisco.

¡Cantemos el oro!

Cantemos el oro, rey del mundo que lleva dicha y luz por donde va, como los fragmentos de un sol despedazado.

Cantemos el oro, que nace del vientre fecundo de la madre tierra; inmenso tesoro, leche rubia de esa ubre gigantesca.

Cantemos el oro, río caudaloso, fuente de la vida, que hace jóvenes y bellos a los que se bañan en sus corrientes maravillosas, y envejece a aquellos que no gozan de sus raudales.

Cantemos el oro, porque de él se hacen las tiaras de los pontífices, las coronas de los reyes y los cetros imperiales; y porque se derrama por los mantos como un fuego sólido, e inunda las capas de los arzobispos, y refulge en los altares y sostiene al Dios eterno en las custodias radiantes.

Cantemos el oro, porque podemos ser unos perdidos, y él nos pone mamparas para cubrir las locuras abyectas de la taberna y las vergüenzas de las alcobas adúlteras.

Cantemos el oro, porque al saltar del cuño lleva en su disco el perfil soberbio de los césares; y va a repletar las cajas de sus vastos templos, los bancos, y mueve las máquinas, y da la vida, y hace engordar los tocinos privilegiados.

Cantemos el oro, porque él da los palacios y los carruajes, los vestidos a la moda, y los frescos senos de las mujeres garridas; y las genuflexiones de espinazos aduladores y las muecas de los labios eternamente sonrientes.

Cantemos el oro, padre del pan.

Cantemos el oro, porque es, en las orejas de las lindas damas, sostenedor del rocío del diamante, al extremo de tan sonrosado y bello caracol; porque en los pechos siente el latido de los corazones, y en las manos a veces es símbolo de amor y de santa promesa.

Cantemos el oro, porque tapa las bocas que nos insultan; detiene las manos que nos amenazan, y pone vendas a los pillos que nos sirven.

Cantemos el oro, porque su voz es música encantada; porque es heroico y luce en las corazas de los héroes homéricos y en las sandalias de las diosas y en los coturnos trágicos y en las manzanas del Jardín de las Hespérides.

Cantemos el oro, porque de él son las cuerdas de las grandes liras, la cabellera de las más tiernas amadas, los granos de la espiga y el peplo que al levantarse viste la olímpica aurora.

Cantemos el oro premio y gloria del trabajador y pasto del bandido.

Cantemos el oro, que cruza por el carnaval del mundo, disfrazado de papel de plata, de cobre y hasta de plomo.

Cantemos al oro, amarillo como la muerte.

Cantemos el oro, calificado de vil por los hambrientos; hermano del carbón, oro negro, que incuba el diamante; rey de la mina, donde el hombre lucha y la roca se desgarra; poderoso en el Poniente, donde se tiñe en sangre; carne de ídolo, tela de que Fidias hace el traje de Minerva.

Cantemos el oro, en el arnés del caballo, en el carro de guerra, en el puño de la espada, en el lauro que ciñe cabezas luminosas, en la copa del festín dionisíaco, en el alfiler que hiere el seno de la esclava, en el rayo del astro y en el champaña que burbujea como una, disolución de topacios hirvientes.

Cantemos el oro, porque nos hace gentiles, educados y pulcros.

Cantemos el oro, porque es la piedra de toque de toda amistad.

Cantemos el oro, purificado por el fuego, como el hombre por el sufrimiento; mordido por la lima, como el hombre por la envidia; golpeado por el martirio como el hombre por la necesidad; realzado por el estuche de seda como el hombre por el palacio de mármol.

Cantemos al oro, esclavo, despreciado por Jerónimo, arrojado por Antonio, vilipendiado por Macario, humillado por Hilarión, maldecido por Pablo el Ermitaño, quien tenía por alcázar una cueva bronca, y por amigos las estrellas de la noche, los pájaros del alba y las fieras hirsutas y salvajes del yermo.

Cantemos el oro, dios becerro, tuétano de roca misterioso y callado en su entraña, y bullicioso cuando brota a pleno sol y a toda vida, sonante como un coro de tímpanos; feto de astros, residuo de luz, encarnación de éter.

Cantemos el oro, hecho sol, enamorado de la noche, cuya camisa de crespón riega de estrellas brillantes, después del último beso, como con una gran muchedumbre de libras esterlinas.

¡Eh, miserables beodos, pobres de solemnidad, prostitutas, mendigos, vagos, rateros, bandidos, pordioseros, peregrinos, y vosotros los desterrados, y vosotros los holgazanes, y sobre todo, vosotros, oh poetas!

¡Unámonos a los felices, a los poderosos, a los banqueros, a los semidioses de la Tierra!

¡Cantemos el oro!

Y el eco se llevó aquel himno, mezcla de gemido, ditirambo y carcajada; y como ya la noche oscura y fría había entrado, el eco resonaba en las tinieblas.

Pasó una vieja y pidió limosna.

Y aquella especie de harapiento, por las trazas un mendigo, tal vez un peregrino, quizá un poeta, le dio su último mendrugo de pan petrificado, y se marchó por la terrible sombra, rezongando entre dientes..

LA HISTORIA DE UN PICAFLOR

…Ah!, si, mi amable señorita. Tal como usted lo oye: tras un jarrón de paulonias y a eso de ponerse el sol. Garlaban como niños vivarachos, no se daban punto de reposo yendo y viniendo de un álamo vecino a una higuera deshojada y escueta, que está más allá de donde usted ve aquel rosalito, un poco más allá.

¿Qué quiere usted saber la manera, el cómo y el por qué entendemos esas cosas los poetas?… Fácil cuestión.

Ya lo sabrá Usted después que le refiera eso, eso que le ha infundido ligeras dudas, y que pasó tal como lo cuento; una cosa muy sencilla: la confidencia de un ave bajo el limpio cielo azul.

Hacía frío. La cordillera estaba de novia, con su inmensa corona blanca y su velo de bruma; soplaba un airecito que calaba hasta los huesos; en las calles se oía ruido de caballos piafando, de coches, de pitos, de rapaces pregoneros que venden periódicos, de transeúntes, ruido de gran ciudad, y pasaban haciendo resonar los adoquines y las aceras, con los trabajadores de toscos zapatones, que venían del taller, los caballeritos enfundados en luengos paletots, y las damas envueltas en sus abrigos, en sus mantos, con las manos metidas en hirsutos cilindros de pieles para calentarse. Porque hacía frío, mi amable señorita.

Pues vamos a que yo estaba allí donde usted se ha reclinado, en este mismo jardín, cerca de ese sátiro de mármol cuyos pies henchidos están cubiertos por las hojas de la madreselva. Veía caer los chorros brillantes del surtidor, sobre la gran taza, y el cielo que se arrebolaba por la parte del occidente.

De pronto empezaron ellos a garlar. Y lo hacían de lo lindo, como que no sabían que yo les comprendía su parloteo. Ambos eran tornasolados, pequeñitos, lindos ornis. Dieron una vuelta por el jardín, chillando casi imperceptiblemente, y luego en sendas ramas principiaron su conversación.

—¿Sabes que me gusta —le dijo el uno al otro—tu modo de proceder?

No es poco el haberte sorprendido esta mañana cortejando a la hermosa dueña del jardín vecino, a riesgo de romperte el pico y quebrarte la cabeza contra los vidrios de su ventana. ¡Oh!, ¿habráse visto mayor incauto? Como sigas dejando las flores por las mujeres, te pasará lo mismo que a Plumas de Oro, un primo mío más gallardo que tú, de ojos azules, y que tenía un traje de un tornasol amarillo que cuando el sol le arrebolaba le hacía parecer llama con alas.

—¿Y qué le pasó a tu primo? —repuso el otro un tanto amostazado.

—Escucha —siguió el consejero, tomando un aire muy grave y ladeando la cabecita–. Escucha, y echa en tu saco. Era Plumas de Oro remono, monísimo. ¡Qué mono que era! ¡Y su historia!

En esas bellas ciudades llamadas jardines, no había otro más preferido por las flores. En los días de primavera, cuando las rosas lucían sus mejores galas, ¡con cuánto placer no recibían en sus pétalos, rojos como una boca fresca, el pico del pajarito juguetón y bullicioso! Las no—me—olvides se asomaban por las verdes ventanas de sus palacios de follaje y le tiraban a escondidas besos perfumados, con la punta de sus estambres; los claveles se estremecían si un ala del galán al paso les movía con su roce; y las violetas, las violetas pudorosas, apartaban un tanto su velo y enseñaban el lindo rostro al mimado picaflor que volaba rápido luciendo su fraquecito de plumas pálidas, cortadas, por las tijeras de la naturaleza. Pinaud de los elegantes del bosque. Plumas de Oro era un gran picaronazo… ¡Vaya si se sabía cosas!

Bajo las enramadas, en las noches de luna, cuentan auras maliciosas que ellas mismas llevaron en sus giros quejas tenues y apacibles aromas súbitos y vagarosos aleteos.

A ver, ¿quién dice que Plumas de Oro no era un tunante?

¡Ay, cuánto lo amaban las flores!

Pues ya verás tú, imprudente, lo que le sucedió, que es lo que te puede suceder, como sigas con malas inclinaciones.

Avino que una mañana de primavera Plumas de Oro estaba tomando el sol. En aquella sazón bajo el jardín una de esas, una de esas mujeres que parecen flores y que por eso nos encantan. Tenía ojos azules como campánulas, frente como azucena, labios como copihues, cabellos como húmedas espigas, y, en conclusión, ¿para qué decir que Plumas de Oro perdió el seso?

¡Qué continuo revolar; qué ir y venir de un lugar a otro para ser visto por la dama rubia!

¡Ah! Plumas de Oro, no sabes lo que estás haciendo…

Desde aquel día las flores se quejaron de olvido; algunas se marchitaron angustiadas; y no sentían placer en que otros de nuestros compañeros llegaran a besarles las corolas. Y mientras tanto, el redomado pícaro toca que te toca las rejas de la casa en que vivía la hermosura; no se acordaba de los jardines, ni de sus olorosas enamoradas... ¿No es cierto que era un sujeto asaz perdidizo? Ganas tenía de llegarme a las rejas por donde él vagueaba y decirle a pico lleno: Caballero primo, es usted un trapalón. ¿Estamos?

Llegó un día fatal. Ello había de suceder. Yo, yo lo vi, con mis propios ojos. Mientras Plumas de oro revolaba, la ventana se abrió y apareció riendo la joven rubia. En una de sus manos blancas como jazmines, con las palmas rosadas, en la siniestra, tenía una copa de miel, ¿y en la otra? ¡Ay!, en la otra no tenía nada. Plumas de Oro voló y aleteando se puso a chupar la miel de aquella copa, como lo hacía en los lirios recién abiertos. Mi primo, no tomes eso, que estás bebiendo tu muerte... Yo chilla y chilla, y Plumas de Oro siempre en la copa. De repente la rubia aprisionó al desgraciado, con su mano derecha... Entonces él chillaba más que yo. Pero ya era tarde... ¡Ah, Plumas de Oro, Plumas de Oro! ¿No te lo decía?

La ventana se volvió a cerrar, y yo, afligido, me acerqué para ver por los vidrios qué era de mi pobre primo. Entonces escuché... ¡Dios de las aves! Entonces escuché que la dama decía a otra como ella:

—¡Mira, mira, le atrapé; qué lindo, disecado para el sombrero!...

¡Horror!... Comprendí la espantosa realidad... Volé a referírselo a las rosas, y entonces las espinosas vengativas exclamaron en coro, mecidas por el viento:

—¡Bravo, que coja por bribón!

Días después la tirana que asesinó al infeliz se paseaba a nuestra vista por los jardines, llevando en su sombrero el cadáver frío de Plumas de Oro... Ya lo creo, como que estábamos de moda, ¡como que estamos todavía!...

Vamos, ¿has escuchado tú, imprudente, la historia de mi cuitado primo? Pues no eches en saco roto mis advertencias.

¡Oh, qué triste la historia del picaflor!

Y luego, mi amable señorita, se fueron volando, volando, aquellos dos picaflores, del álamo a la higuera, de la higuera al rosal y del rosal al espacio...

Y oí que decían las flores en voz queda, tan queda que yo sólo la oí en aquellos instantes:

—Entre las estrellas y las mujeres, son éstas las más terribles rivales. ¡Aquéllas están tan lejos!

Ahora bien, mi amable señorita, si quiere usted saber el cómo y el por qué soy sabidor de lenguas de pájaros y de flores, míreme usted, míreme usted, que ya se lo dirán mis ojos...

EL PÁJARO AZUL

París es teatro divertido y terrible. Entre los concurrentes al café Plombier, buenos y decididos muchachos —pintores, escultores, poetas— sí, ¡todos buscando el viejo laurel verde!, ninguno más querido que aquel pobre Garcín, triste casi siempre, buen bebedor de ajenjo, soñador que nunca se emborrachaba, y, como bohemio intachable, bravo improvisador.

En el cuartucho destartalado de nuestras alegres reuniones, guardaba el yeso de las paredes, entre los esbozos y rasgos de futuros Clays, versos, estrofas enteras escritas en la letra echada y gruesa de nuestro amado pájaro azul.

El pájaro azul era el pobre Garcín. ¿No sabéis por qué se llamaba así? Nosotros le bautizamos con ese nombre.

Ello no fue un simple capricho. Aquel excelente muchacho tenía el vino triste. Cuando le preguntábamos por qué cuando todos reíamos como insensatos o como chicuelos, él arrugaba el ceño y miraba fijamente el cielo raso, nos respondía sonriendo con cierta amargura...

—Camaradas: habéis de saber que tengo un pájaro azul en el cerebro, por consiguiente...

Sucedía también que gustaba de ir a las campiñas nuevas, al entrar la primavera. El aire del bosque hacía bien a sus pulmones, según nos decía el poeta.

De sus excursiones solía traer ramos de violetas y gruesos cuadernillos de madrigales, escritos al ruido de las hojas y bajo el ancho cielo sin nubes. Las violetas eran para Nini, su vecina, una muchacha fresca y rosada que tenía los ojos muy azules.

Los versos eran para nosotros. Nosotros los leíamos y los aplaudíamos. Todos teníamos una alabanza para Garcín. Era un ingenuo que debía brillar. El tiempo vendría. Oh, el pájaro azul volaría muy alto. ¡Bravo! ¡bien! ¡Eh, mozo, más ajenjo!

Principios de Garcín:

De las flores, las lindas campánulas.

Entre las piedras preciosas, el zafiro. De las inmensidades, el cielo y el amor: es decir, las pupilas de Nini.

Y repetía el poeta: Creo que siempre es preferible la neurosis a la imbecilidad.

A veces Garcín estaba más triste que de costumbre.

Andaba por los bulevares; veía pasar indiferente los lujosos carruajes, los elegantes, las hermosas mujeres. Frente al escaparate de un joyero sonreía; pero cuando pasaba cerca de un almacén de libros, se llegaba a las vidrieras, husmeaba, y al ver las lujosas ediciones, se declaraba decididamente envidioso, arrugaba la frente; para desahogarse volvía el rostro hacia el cielo y suspiraba. Corría al café en busca de nosotros, conmovido, exaltado, casi llorando, pedía un vaso de ajenjo y nos decía:

—Sí, dentro de la jaula de mi cerebro está preso un pájaro azul que quiere su libertad…

Hubo algunos que llegaron a creer en un descalabro de razón.

Un alienista a quien se le dio noticias de lo que pasaba, calificó el caso como una monomanía especial. Sus estudios patológicos no dejaban lugar a duda.

Decididamente, el desgraciado Garcín estaba loco.

Un día recibió de su padre, un viejo provinciano de Normandía, comerciante en trapos, una carta que decía lo siguiente, poco más o menos:

"Sé tus locuras en París. Mientras permanezcas de ese modo, no tendrás de mí un solo sou. Ven a llevar los libros de mi almacén, y cuando hayas quemado, gandul, tus manuscritos de tonterías, tendrás mi dinero".

Esta carta se leyó en el Café Plombier.

—¿Y te irás?

— ¿No te irás?

—¿Aceptas?

—¿Desdeñas?

¡Bravo Garcín! Rompió la carta y soltando el trapo a la vena, improvisó unas cuantas estrofas, que acababan, si mal no recuerdo:

¡Sí, seré siempre un gandul,
lo cual aplaudo y celebro,
mientras sea mi cerebro
jaula del pájaro azul!

Desde entonces Garcín cambió de carácter. Se volvió charlador, se dio un baño de alegría, compró levita nueva, y comenzó un poema en tercetos titulados, pues es claro: El pájaro azul.

Cada noche se leía en nuestra tertulia algo nuevo de la obra. Aquello era excelente, sublime, disparatado.

Allí había un cielo muy hermoso, una campiña muy fresca, países brotados como por la magia del pincel de Corot, rostros de niños asomados entre flores; los ojos de Nini húmedos y grandes; y por añadidura, el buen Dios que envía volando, volando, sobre todo aquello, un pájaro azul que sin saber cómo ni cuándo anida dentro del cerebro del poeta, en donde queda aprisionado. Cuando el pájaro canta, se hacen versos alegres y rosados. Cuando el pájaro quiere volar abre las alas y se da contra las paredes del cráneo, se alzan los ojos al cielo, se arruga la frente y se bebe ajenjo con poca agua, fumando además, por remate, un cigarrillo de papel.

He ahí el poema.

Una noche llegó Garcín riendo mucho y, sin embargo, muy triste.

La bella vecina había sido conducida al cementerio.

—¡Una noticia! ¡una noticia! Canto último de mi poema. Nini ha muerto. Viene la primavera y Nini se va. Ahorro de violetas para la campiña. Ahora falta el epílogo del poema. Los editores no se dignan siquiera leer mis versos. Vosotros muy pronto tendréis que dispersaros. Ley del tiempo. El epílogo debe titularse así: "De cómo el pájaro azul alza el vuelo al cielo azul".

¡Plena primavera! Los árboles florecidos, las nubes rosadas en el alba y pálidas por la tarde; el aire suave que mueve las hojas y hace aletear las cintas de los sombreros de paja con especial ruido! Garcín no ha ido al campo.

Hele ahí, viene con traje nuevo, a nuestro amado Café Plombier, pálido, con una sonrisa triste.

—¡Amigos míos, un abrazo! Abrazadme todos, así, fuerte; decidme adiós con todo el corazón, con toda el alma… El pájaro azul vuela.

Y el pobre Garcín lloró, nos estrechó, nos apretó las manos con todas sus fuerzas y se fue.

Todos dijimos: Garcín, el hijo pródigo, busca a su padre, el viejo normando. Musas, adiós; adiós, gracias. ¡Nuestro poeta se decide a medir trapos! ¡Eh! ¡Una copa por Garcín!

Pálidos, asustados, entristecidos, al día siguiente, todos los parroquianos del Café Plombier que metíamos tanta bulla en aquel cuartucho destartalado, nos hallábamos en la habitación de Garcín. Él estaba en su lecho, sobre las sábanas ensangrentadas, con el cráneo roto de un balazo. Sobre la almohada había fragmentos de masa cerebral. ¡Qué horrible!

Cuando, repuestos de la primera impresión, pudimos llorar ante el cadáver de nuestro amigo, encontramos que tenía consigo el famoso poema. En la última página había escritas estas palabras: Hoy, en plena primavera, dejó abierta la puerta de la jaula al pobre pájaro azul.

¡Ay, Garcín, cuántos llevan en el cerebro tu misma enfermedad!

EL FARDO

Allá lejos, en la línea, como trazada por un lápiz azul, que separa las aguas y los cielos, se iba hundiendo el sol, con sus polvos de oro y sus torbellinos de chispas purpuradas, como un gran disco de hierro candente. Ya el muelle fiscal iba quedando en quietud; los guardas paseaban de un punto a otro, las gorras metidas hasta las cejas, dando aquí y allá sus vistazos. Inmóvil el enorme brazo de los pescantes, los jornaleros se encaminaban a las casas. El agua murmuraba debajo del muelle, y el húmedo viento salado, que sopla de mar afuera a la hora en que la noche sube, mantenía las lanchas cercanas en un continuo cabeceo.

Todos los lancheros se habían ido ya; solamente el viejo tío Lucas, que por la mañana se estropeara un pie al subir una barrica a un carretón, y que, aunque cojín cojeando, había trabajado todo el día, estaba sentado en una piedra y, con la pipa en la boca, veía triste el mar.

—¡Eh, tío Lucas! ¿Se descansa?

—Sí, pues, patroncito.

Y empezó la charla, esa charla agradable y suelta que me place entablar con los bravos hombres toscos que viven la vida del trabajo fortificante, la que da la buena salud y la fuerza del músculo, y se nutre con el grano del poroto y la sangre hirviente de la viña.

Yo veía con cariño a aquel viejo, y le oía con interés sus relaciones, así todas cortadas, todas como de hombre basto, pero de pecho ingenuo. ¡Ah, conque fue militar! ¡Conque de mozo fue soldado de Bulnes! ¡Conque todavía tuvo resistencias para ir con su rifle hasta Miraflores! Y es casado, y tuvo un hijo y…

Y aquí el tío Lucas:

—¡Sí, patrón, hace dos años que se me murió!

Aquellos ojos chicos y relumbrantes bajo las cejas grises y peludas, se humedecieron entonces.

—¿Que cómo se murió? En el oficio, por darnos de comer a todos: a mi mujer, a los chiquitos y a mí, patrón, que entonces me hallaba enfermo.

Y todo me lo refirió al comenzar aquella noche, mientras las olas se cubrían de brumas y la ciudad encendía sus luces; él, en la piedra que le servía de asiento, después de apagar su negra pipa y de colocársela en la oreja, y de estirar y cruzar sus piernas flacas y musculosas, cubiertas por los sucios pantalones arremangados hasta el tobillo.

El muchacho era muy honrado y muy de trabajo. Se quiso ponerlo a la escuela desde grandecito; pero ¡los miserables no deben aprender a leer cuando se llora de hambre en el cuartucho!

El tío Lucas era casado, tenía muchos hijos.

Su mujer llevaba la maldición del vientre de los pobres: la fecundidad. Había, pues, mucha boca abierta que pedía pan, mucho chico sucio que se revolcaba en la basura, mucho cuerpo magro que temblaba de frío; era preciso ir a llevar qué comer, a buscar harapos, y para eso, quedar sin alientos y trabajar como un buey.

Cuando el hijo creció, ayudó al padre. Un vecino, el herrero, quiso enseñarle su industria; pero como entonces era tan débil, casi un armazón de huesos, y en el fuelle tenía que echar el bofe, se puso enfermo y volvió al conventillo. ¡Ah, estuvo muy enfermo! Pero no murió. ¡No murió! Y eso que vivían en uno de esos hacinamientos humanos, entre cuatro paredes destartaladas, viejas, feas, en la callejuela inmunda de las mujeres perdidas, hedionda a todas horas, alumbrada de noche por escasos faroles, y donde resuenan en perpetua llamada a las zambras de echacorvería, las arpas y los acordeones, y en ruido de los marineros que llegan al burdel, desesperados con la castidad de las largas travesías, a emborracharse como cubas y a gritar y patalear como condenados. ¡Sí! entre la podredumbre, al estrépito de las fiestas tunantescas; el chico vivió, y pronto estuvo sano y en pie.

Luego llegaron sus quince años.

El tío Lucas había logrado, tras mil privaciones, comprar una canoa. Se hizo pescador.

Al venir el alba, iba con su mocetón al agua, llevando los enseres de la pesca. El uno remaba, el otro ponía en los anzuelos la carnada. Volvían a la costa con buena esperanza de vender lo hallado, entre la brisa fría y las opacidades de la neblina, cantando en baja voz alguna "triste", y enhiesto el remo triunfante que chorreaba espuma.

Si había buena venta, otra salida por la tarde.

Una de invierno había temporal. Padre e hijo, en la pequeña embarcación, sufrían en el mar la locura de la ola y del viento. Difícil era llegar a tierra. Pesca y todo se fue al agua, y se pensó en librar el pellejo. Luchaban como desesperados por ganar la playa. Cerca de ella estaban; pero una racha maldita les empujó contra una roca, y la canoa se hizo astillas. Ellos salieron sólo magullados, ¡gracias a Dios! como decía el tío Lucas al narrarlo. Después, ya son ambos lancheros.

¡Sí! lancheros; sobre las grandes embarcaciones chatas y negras; colgándose de la cadena que rechina pendiente como una sierpe de hierro del macizo pescante que semeja una horca; remando de pie y a compás; yendo con la lancha del muelle al vapor y del vapor al muelle; gritando: ¡hiiooeep! cuando se empujan los pesados bultos para engancharlos en la uña potente que los levanta balanceándolos como un péndulo. ¡Sí! lancheros; el viejo y el muchacho, el padre y el hijo; ambos a horcajadas sobre un cajón, ambos forcejeando, ambos ganando su jornal, para ellos y para sus queridas sanguijuelas del conventillo.

Íbanse todos los días al trabajo, vestidos de viejo, fajadas las cinturas con sendas bandas coloradas, y haciendo sonar a una sus zapatos groseros y pesados que se quitaban al comenzar la tarea, tirándolos en un rincón de la lancha.

Esperaba el trajín, el cargar y el descargar. El padre era cuidadoso:

—¡Muchacho, que te rompes la cabeza! ¡Que te coge la mano el chicote! ¡Que te vas a perder una canilla!

Y enseñaba, adiestraba, dirigía al hijo, con su modo, con sus bruscas palabras de obrero viejo y de padre encariñado.

Hasta que un día el tío Lucas no pudo moverse de la casa, porque el reumatismo le hinchaba las coyunturas y le taladraba los huesos.

¡Oh! Y había que comprar medicinas y alimentos; eso, sí.

—Hijo, al trabajo, a buscar plata; hoy es sábado.

Y se fue el hijo, solo, casi corriendo, sin desmayarse, a la faena diaria.

Era un bello día de luz clara, de sol de oro. En el muelle rodaban los carros sobre sus rieles, crujían las poleas, chocaban las cadenas. Era la gran confusión del trabajo que da vértigo; el son del hierro, traqueteos por doquiera, y el viento pasando por el bosque de árboles y jarcias de los navíos en grupo.

Debajo de uno de los pescantes del muelle estaba el hijo del tío Lucas con otros lancheros, descargando a toda prisa. Había que vaciar la lancha repleta de fardos. De tiempo en tiempo bajaba la larga cadena que remata en un garfio, sonando como una matraca al correr con la roldana; los mozos amarraban los bultos con una cuerda doblada en dos, los enganchaban en el garfio, y entonces éstos subían a la manera de un pez en un anzuelo, o del plomo de una sonda, ya quietos, ya agitándose de un lado a otro, como un badajo, en el vacío.

La carga estaba amontonada. La ola movía pausadamente de cuando en cuando la embarcación colmada de fardos. Éstos formaban una a modo de pirámide en el centro. Había uno muy pesado, muy pesado. Era el más grande de todos, ancho, gordo y oloroso a brea. Venía en el fondo de la lancha. Un hombre de pie sobre él, era pequeña figura para el grueso zócalo.

Era algo como todos los prosaísmos de la importación envueltos en lona y fajados con correas de hierro. Sobre sus costados, en medio de líneas y triángulos negros, había letras que miraban como ojos. —Letras en "diamante" —decía el tío Lucas. Sus cintas de hierro estaban apretadas con clavos cabezudos y ásperos; y en las entrañas tendría el monstruo, cuando menos, linones y percales.

Solo él faltaba.

—¡Se va el bruto! —dijo uno de los lancheros.

—¡El barrigón! —agregó otro.

Y el hijo de Lucas, que estaba ansioso de acabar pronto, se alistaba para ir a cobrar y desayunarse, anudándose un pañuelo de cuadros al pescuezo.

Bajó la cadena danzando en el aire. Se amarró un gran lazo al fardo, se probó si estaba bien seguro, y se gritó:

—¡Iza! —mientras la cadena tiraba de la masa chirriando y levantándola en vilo.

Los lancheros, de pie, miraban subir el enorme peso, y se preparaban para ir a tierra, cuando se vio una cosa horrible. El fardo, el grueso fardo, se zafó del lazo, como de un collar holgado saca el perro la cabeza; y cayó sobre el hijo del tío Lucas, que entre el filo de la lancha y el gran bulto quedó con los riñones rotos, el espinazo desencajado y echando sangre negra por la boca.

Aquel día no hubo pan ni medicinas en casa del tío Lucas, sino el muchacho destrozado, al que se abrazaba llorando el reumático, entre la gritería de la mujer y de los chicos, cuando llevaban el cadáver al cementerio.

Me despedí del viejo lanchero, y a pasos elásticos dejé el muelle, tomando el camino de la casa, y haciendo filosofía con toda la cachaza de un poeta, en tanto que una brisa glacial, que venía de mar afuera, pellizcaba tenazmente las narices y las orejas.

EL PALACIO DEL SOL

Vosotras, madres de las muchachas anémicas, va esta historia, la historia de Berta, la niña de los ojos color de aceituna, fresca como una rama de durazno en flor, luminosa como un alba, gentil como la princesa de un cuento azul.

Ya veréis, sanas y respetables señoras, que hay algo mejor que el arsénico y el fierro, para encender la púrpura de las lindas mejillas virginales; y que es preciso abrir la puerta de su jaula a vuestras avecitas encantadoras, sobre todo, cuando llega el tiempo de la primavera y hay ardor en las venas y en las savias, y mil átomos de sol abejean, en los jardines, como un enjambre de oro sobre las rosas entreabiertas.

Cumplidos sus quince años, Berta empezó a entristecer, en tanto que sus ojos llameantes se rodeaban de ojeras melancólicas.

—Berta, te he comprado dos muñecas…

—No las quiero, mamá…

—He hecho traer los Nocturnos…

—Me duelen los dedos, mamá…

—Entonces…

—Estoy triste, mamá…

—Pues que se llame al doctor…

Y llegaron las antiparras de aros de carey, los guantes negros, la calva ilustre y el cruzado levitón.

Ello era natural. El desarrollo, la edad…síntomas claros, falta de apetito, algo como opresión en el pecho… Ya sabéis; dad a vuestra niña glóbulos de ácido arsenioso, luego, duchas. ¡El tratamiento!…

Y empezó a curar su melancolía, con glóbulos y duchas al comenzar la primavera, Berta, la niña de los ojos color de aceituna, que llegó a estar fresca como una rama de durazno en flor, luminosa como un alba, gentil como la princesa de un cuento azul.

A pesar de todo las ojeras persistieron, la tristeza continuó, y Berta, pálida como un precioso marfil, llegó un día a las puertas de la muerte. Todos lloraban por ella en el palacio, y la sana y sentimental mamá hubo de pensar en las palmas blancas del ataúd de las doncellas. Hasta que una mañana la lánguida anémica bajó al jardín, sola, y siempre con su vaga atonía melancólica, a la hora en que el alba ríe. Suspirando erraba sin rumbo, aquí, allá; y las flores estaban tristes de verla. Se apoyó en el zócalo de un fauno soberbio y bizarro que, húmedos de rocío sus cabellos

de mármol, bañaba en luz su torso espléndido y desnudo. Vio un lirio que
erguía al azul la pureza de su cáliz blanco, y estiró la mano para cogerlo.
No bien había... (Sí, un cuento de hadas, señoras mías, pero ya veréis
sus aplicaciones en una querida realidad), no bien había tocado el cáliz
de la flor, cuando de él surgió de súbito una hada, en su carro áureo y
diminuto, vestida de hilos brillantísimos e impalpables, son su aderezo
de rocío, su diadema de perlas y su varita de plata.

¿Creéis que Berta se amedrentó? Nada de eso. Batió palmas alegres,
se reanimó como por encanto, y dijo al hada:

—¿Tú eres la que me quieres tanto en sueños?

—Sube, respondió el hada.

Y como si Berta se hubiese empequeñecido, de tal modo cupo en la
concha del carro de oro, que hubiera estado holgada sobre el ala corva
de un cisne a flor de agua. Y las flores, el fauno orgulloso, la luz del día,
vieron cómo en el carro del hada iba por el viento, plácida y sonriendo
al sol, Berta, la niña de los ojos color de aceituna, fresca como un alba,
gentil como la princesa de un cuento azul.

Cuando Berta, ya alto el divino cochero, subió a los salones, por las
gradas del jardín que imitaban esmaragdita, todos, la mamá, la prima, los
criados, pusieron la boca en forma de O. Venía ella saltando como un
pájaro, con el rostro lleno de vida y de púrpura, el seno hermoso y
henchido, recibiendo las caricias de una crencha castaña, libre y al
desgaire, los brazos desnudos hasta el codo, medio mostrando la malla
de sus casi imperceptibles venas azules, los labios entreabiertos por la
sonrisa, como para emitir una canción.

Todos exclamaron:

—¡Aleluya! ¡Gloria! ¡Hosanna al rey de los Esculapios! ¡Fama
eterna a los glóbulos de ácido arsenioso y a las duchas triunfales.

Y mientras Berta corrió a su retrete a vestir sus más ricos brocados,
se enviaron presentes al viejo de las antiparras de aros de carey, de los
guantes negros, de la calva ilustre y del cruzado levitón. Y ahora, oíd
vosotras, madres de las muchachas anémicas, cómo hay algo mejor que
el arsénico y el fierro, para eso de encender la púrpura de las lindas
mejillas virginales. Y sabréis, ¿cómo no?, que no fueran los glóbulos, no;
no fueron las duchas, no; no fue el farmacéutico, quien devolvió salud y
vida a Berta, la niña de los ojos color de aceituna, alegre y fresca como
un alba, gentil como la princesa de un cuento azul.

Así que Berta se vio en el carro del hada, le preguntó:

—¿Y adónde me llevas?

—Al palacio del sol.

Y desde luego sintió la niña que sus manos se tornaban ardientes, y que su corazoncito le saltaba como henchido de sangre impetuosa.

—Oye —siguió el hada—, yo soy la buena hada de los sueños de la niñas adolescentes; yo soy la que cura a las cloróticas con sólo llevarlas en mi carro de oro al palacio del sol, adonde vas tú. Cuida de no beber tanto el néctar de la danza, y de no desvanecerte en las primeras rápidas alegrías. Ya llegamos. Pronto volverás a tu morada. Un minuto en el palacio del sol deja en los cuerpos y en las almas años de fuego, niña mía.

En verdad estaban en un lindo palacio encantado, donde parecía sentirse el sol en el ambiente. ¡Oh, qué luz, qué incendios! Sintió Berta que se le llenaron los pulmones de aire de campo y de mar, y las venas de fuego; sintió en el cerebro esparcimientos de armonía, y cómo que el alma se le ensanchaba, y como que se ponía más elástica y tersa su delicada carne de mujer. Luego vio, vio sueños reales, y oyó músicas embriagantes. En vastas galerías deslumbradoras, llenas de claridades y de aromas, de sederías y de mármoles, vio un torbellino de parejas, arrebatadas por las ondas invisibles y dominantes de un vals. Vio que otras tantas anémicas como ella, llegaban pálidas y entristecidas, respiraban aquel aire, y luego se arrojaban en brazos de jóvenes vigorosos y esbeltos, cuyos bozos de oro y finos cabellos brillaban a la luz; y danzaban, y danzaban, con ellos, en una ardiente estrechez, oyendo requiebros misteriosos que iban al alma, respirando de tanto en tanto como hálitos impregnados de vainilla, de haba de Tonka, de violeta, de canela, hasta que con fiebre, jadeantes, rendidas, como palomas fatigadas de un largo vuelo, caían sobre cojines de seda, los senos palpitantes, las gargantas sonrosadas, y así soñando en cosas embriagadoras…

Y ella también cayó al remolino, al maelstrón atrayente, y bailó, giró, pasó, entre los espasmos de un placer agitado; y recordaba entonces que no debía embriagarse tanto con el vino de la danza, aunque no cesaba de mirar al hermoso compañero, con sus grandes ojos de mirada primaveral. Y él la arrastraba por las vastas galerías, ciñendo su talle, y hablándole al oído, en la lengua amorosa y rítmica de los vocablos apacibles, de las frases irisadas y olorosas, de los períodos cristalinos y orientales.

Y entonces ella sintió que su cuerpo y su alma se llenaban de sol, de efluvios poderosos y de vida. ¡No, no esperéis más!

El hada la volvió al jardín de su palacio, al jardín donde cortaba flores envueltas en una oleada de perfumes, que subía místicamente a las ramas trémulas para flotar como el alma errante de los cálices muertos.

¡Madres de las muchachas anémicas! Os felicito por la victoria de los arseniatos e hipofosfitos del señor doctor. Pero, en verdad os digo: es preciso, en provecho de las lindas mejillas virginales, abrir la puerta de su jaula a vuestras avecitas encantadoras, sobre todo, en el tiempo de la primavera, cuando hay ardor en las venas y en las savias, y mil átomos de sol abejean en los jardines como un enjambre de oro sobre las rosas entreabiertas. Para vuestras cloróticas, el sol en los cuerpos y en las almas. Sí, al palacio del sol, de donde vuelven las niñas como Berta, la de los ojos color de aceituna, frescas como una rama de durazno en flor; luminosas como un alba, gentiles como la princesa de un cuento azul.

LA EXTRAÑA MUERTE DE FRAY PEDRO

Visitando el convento de una ciudad española, no ha mucho tiempo, el amable religioso que nos servía de cicerone, al pasar por el cementerio, me señaló una lápida en que leí, únicamente: Hic iacet frater Petrus.

—Este —me dijo— fue uno de los vencidos por el Diablo.

—Por el viejo Diablo que ya chochea —le dije.

—No —me contestó—. Por el demonio moderno que se escuda con la ciencia.

Y me narró el sucedido.

Fray Pedro de la Pasión era un espíritu perturbado por el maligno espíritu que infunde el ansia de saber. Flaco, anguloso, nervioso, pálido, dividía sus horas conventuales entre la oración, las disciplinas y el laboratorio que le era permitido, por los bienes que atraía a la comunidad. Había estudiado, desde muy joven, las ciencias ocultas. Nombraba, con cierto énfasis, en las horas de conversación, a Paracelsus, a Alberto el Grande; y admiraba profundamente a ese otro fraile Schwartz, que nos hizo el diabólico favor de mezclar el salitre con el azufre.

Por la ciencia había llegado hasta penetrar en ciertas iniciaciones astrológicas y quirománticas; ella le desviaba de la contemplación y del espíritu de la Escritura. En su alma se había anidado el mal de la curiosidad, que perdió a nuestros primeros padres. La oración misma era olvidada con frecuencia, cuando algún experimento le mantenía cauteloso y febril.

Como toda lectura le era concedida, y tenía a su disposición la rica biblioteca del convento, sus autores no fueron siempre los menos equívocos. Así llegó hasta pretender probar sus facultades de zahorí, y a poner a prueba los efectos de la magia blanca. No había duda de que estaba en gran peligro su alma, a causa de su sed de saber y de su olvido de que la ciencia constituye, en el principio, el arma de la Serpiente que ha de ser la esencial potencia del Anticristo, y que, para el verdadero varón de fe, initium sapientiae est timor Domini.

¡Oh ignorancia feliz, santa ignorancia! ¡Fray Pedro de la Pasión no comprendía tu celeste virtud, que ha hecho a los ciertos Celestinos! Huysmans se ha extendido sobre todo ello. Virtud que pone un especial nimbo a algunos mínimos de Dios queridos, entre los esplendores místicos y milagrosos de las hagiografías.

Los doctores explican y comentan altamente cómo, ante los ojos del Espíritu Santo, las almas de amor son de mayor manera glorificadas que las almas de entendimiento. Ernest Hello ha pintado, en los sublimes vitraux de sus Fisonomías de santos, a esos beneméritos de la caridad, a esos favorecidos de la humildad, a esos seres columbinos, simples y blancos como los lirios, limpios de corazón, pobres de espíritu, bienaventurados hermanos de los pajaritos del Señor, mirados con ojos cariñosos y sororales por las puras estrellas del firmamento. Joris—Karl, el merecido beato, quizá más tarde consagrado, a pesar de la literatura, en el maravilloso libro en que Durtal se convierte, viste de resplandores paradisiacos al lego guardapuercos que hace bajar a la pocilga la admiración de los coros arcangélicos, y el aplauso de las potestades de los cielos. Y fray Pedro de la Pasión no comprendía eso…

Él, desde luego, creía, creía con la fe de un indiscutible creyente. Mas el ansia de saber le azuzaba el espíritu, le lanzaba a la averiguación de secretos de la naturaleza y de la vida, a tal punto, que no se daba cuenta de cómo esa sed de saber, ese deseo indominable de penetrar en lo vedado y en lo arcano del universo, era obra del pecado, y añagaza del Bajísimo, para impedirle de esa manera su consagración absoluta a la adoración del Eterno Padre. Y la última tentación sería fatal.

Acaeció el caso no hace muchos años. Llegó a manos de fray Pedro un periódico en que se hablaba detalladamente de todos los progresos realizados en radiografía, gracias al descubrimiento del alemán Roentgen, quien lograra encontrar el modo de fotografiar a través de los cuerpos opacos. Supo lo que se comprendía en el tubo Crookes, de la luz catódica, del rayo X. Vio el facsímil de una mano cuya anatomía se transparentaba claramente, y la patente figura de objetos retratados entre cajas y bultos bien cerrados.

No pudo desde ese instante estar tranquilo, pues algo que era un ansia de su querer de creyente, aunque no viese lo sacrílego que en ello se contenía, punzaba sus anhelos… ¿Cómo podría él encontrar un aparato como los aparatos de aquellos sabios, y que le permitiera llevar a cabo un oculto pensamiento, en que se mezclaban su teología y sus ciencias físicas?… ¿Cómo podría realizar en su convento las mil cosas que se amontonaban en su encendida imaginación?

En las horas litúrgicas, de los rezos y de los cánticos, notábanlo todos los otros miembros de la comunidad, ya meditabundo, ya agitado como por súbitos sobresaltos, ya con la faz encendida por repentina llama de sangre, ya con la mirada como extática, fija en lo alto, o clavada en la tierra. Y era la obra de la culpa que se afianzaba en el fondo de aquel combatido pecho, el pecado bíblico de la curiosidad, el pecado omnitrascendente de Adán, junto al árbol de la ciencia del bien y del mal. Y era mucho más que una tempestad bajo un cráneo… Múltiples y raras ideas se agolpaban en la mente del religioso, que no encontraba la manera de adquirir los preciosos aparatos. ¡Cuánto de su vida no daría él, por ver los peregrinos instrumentos de los sabios nuevos en su pobre laboratorio de fraile aficionado, y poder sacar las anheladas pruebas, hacer los mágicos ensayos que abrirían una nueva era en la sabiduría y en la convicción humanas!… Él ofrecería más de lo que se ofreció a Santo Tomás… Si se fotografiaba ya lo interior de nuestro cuerpo, bien podría pronto el hombre llegar a descubrir visiblemente la naturaleza y origen del alma; y, aplicando la ciencia a las cosas divinas, como debía permitirlo el Espíritu Santo, ¿por qué no aprisionar en las visiones de los éxtasis, y en las manifestaciones de los espíritus celestiales, sus formas exactas y verdaderas?

¡Si en Lourdes hubiese habido un kodak, durante el tiempo de las visiones de Bernardetta! ¡Si en los momentos en que Jesús, o su Santa Madre, favorecen con su presencia corporal a señalados fieles, se aplicase convenientemente la cámara oscura!… ¡Oh, cómo se convencerían los impíos, cómo triunfaría la religión!

Así cavilaba, así se estrujaba el cerebro el pobre fraile, tentado por uno de los más encarnizados príncipes de las tinieblas.

Y avino que, en uno de esos momentos, en uno de los instantes en que su deseo era más vivo, en hora en que debía estar entregado a la disciplina y a la oración, en su celda, se presentó a su vista uno de los hermanos de la comunidad, llevándole un envoltorio bajo el hábito.

—Hermano —le dijo—, os he oído decir que deseabais una de esas máquinas, como ésas con que los sabios están maravillando al mundo. Os la he podido conseguir. Aquí la tenéis.

Y, depositando el envoltorio en manos del asombrado fray Pedro, desapareció, sin que éste tuviese tiempo de advertir que debajo del hábito se habían mostrado, en el momento de la desaparición, dos patas de chivo.

Fray Pedro, desde el día del misterioso regalo, consagrose a sus experimentos. Faltaba a maitines, no asistía a la misa, excusándose como enfermo. El padre provincial solía amonestarle; y todos le veían pasar, extraño y misterioso, y temían por la salud de su cuerpo y por la de su alma.

Él perseguía su idea dominante. Probó la máquina en sí mismo, en frutos, llaves dentro de libros, y demás cosas usuales. Hasta que un día…

O más bien, una noche, el desventurado se atrevió, por fin, a realizar su pensamiento. Dirigióse al templo, receloso, a pasos callados. Penetró en la nave principal y se dirigió al altar en que, en el tabernáculo, se hallaba expuesto el Santísimo Sacramento. Sacó el copón. Tomó una sagrada forma. Salió veloz para su celda.

Al día siguiente, en la celda de fray Pedro, se hallaba el señor arzobispo delante del padre provincial.

—Ilustrísimo señor —decía éste—, a fray Pedro le hemos encontrado muerto. No andaba muy bien de la cabeza. Esos sus estudios creo que le causaron daño.

—¿Ha visto su reverencia esto? —dijo su señoría ilustrísima, mostrándole una revelada placa fotográfica que recogió del suelo, y en la cual se hallaba, con los brazos desclavados y una dulce mirada en los divinos ojos, la imagen de Nuestro Señor Jesucristo.

EL VELO DE LA REINA MAB

La reina Mab, en su carro hecho de una sola perla, tirado por cuatro coleópteros de petos dorados y alas de pedrería, caminando sobre un rayo de sol, se coló por la ventana de una buhardilla donde estaban cuatro hombres flacos, barbudos e impertinentes, lamentándose como unos desdichados.

Por aquel tiempo, las hadas habían repartido sus dones a los mortales. A unos habían dado las varitas misteriosas que llenan de oro las pesadas cajas del comercio; a otros unas espigas maravillosas que al desgranarlas colmaban las trojes de riqueza; a otros unos cristales que hacían ver en el riñón de la madre tierra, oro y piedras preciosas; a quiénes cabelleras espesas y músculos de Goliat, y mazas enormes para machacar el hierro encendido; y a quiénes talones fuertes y piernas ágiles para montar en las rápidas caballerías que se beben el viento y que tienen las crines en la carrera.

Los cuatro hombres se quejaban. Al uno le había tocado en suerte una cantera, al otro el iris, al otro el ritmo, al otro el cielo azul.

La reina Mab oyó sus palabras. Decía el primero:

—¡Y bien! ¡Heme aquí en la gran lucha de mis sueños de mármol! Yo he arrancado el bloque y tengo el cincel. Todos tenéis, unos el oro, otros la armonía, otros la luz; yo pienso en la blanca y divina Venus que muestra su desnudez bajo el plafond color de cielo. Yo quiero dar a la masa la línea y la hermosura plástica; y que circule por las venas de la estatua una sangre incolora como la de los dioses. Yo tengo el espíritu de Grecia en el cerebro, y amo los desnudos en que la ninfa huye y el fauno tiende los brazos. ¡Oh Fidias! Tú eres para mí soberbio y augusto como un semidios, en el recinto de la eterna belleza, rey ante un ejército de hermosuras que a tus ojos arrojan el magnífico chitón, mostrando la esplendidez de la forma, en sus cuerpos de rosa y de nieve. Tú golpeas, hieres y domas el mármol, y suena el golpe armónico como un verso, y te adula la cigarra, amante del sol, oculta entre los pámpanos de la viña virgen. Para ti son los Apolos rubios y luminosos, las Minervas severas y soberanas. Tú, como un mago, conviertes la roca en simulacro y el colmillo del elefante en copa del festín. Y al ver tu grandeza siento el martirio de mi pequeñez. Porque pasaron los tiempos gloriosos. Porque tiemblo ante las miradas de hoy. Porque contemplo el ideal inmenso y las fuerzas exhaustas. Porque a medida que cincelo el bloque me ataraza el desaliento.

Y decía el otro:

—Lo que es hoy romperé mis pinceles. ¿Para qué quiero el iris, y esta gran paleta del campo florido, si a la postre mi cuadro no será admitido en el salón? ¿Qué abordaré? He recorrido todas las escuelas, todas las inspiraciones artísticas. He pintado el torso de Diana y el rostro de la Madona. He pedido a las campiñas sus colores, sus matices; he adulado a la luz como a una amada, y la he abrazado como a una querida. He sido adorador del desnudo, con sus magnificencias, con los tonos de sus carnaciones y con sus fugaces medias tintas. He trazado en mis lienzos los nimbos de los santos y las alas de los querubines. ¡Ah, pero siempre el terrible desencanto! ¡El porvenir! ¡Vender una Cleopatra en dos pesetas para poder almorzar!

¡Y yo, que podría en el estremecimiento de mi inspiración, trazar el gran cuadro que tengo aquí adentro…!

Y decía el otro:

—Perdida mi alma en la gran ilusión de mis sinfonías, temo todas las decepciones. Yo escucho todas las armonías, desde la lira de Terpandro hasta las fantasías orquestales de Wagner. Mis ideales, brillan en medio de mis audacias de inspirado. Yo tengo la percepción del filósofo que oyó la música de los astros. Todos los ruidos pueden aprisionarse, todos los ecos son susceptibles de combinaciones. Todo cabe en la línea de mis escalas cromáticas.

La luz vibrante es himno, y la melodía de la selva halla un eco en mi corazón. Desde el ruido de la tempestad hasta el canto del pájaro, todo se confunde y enlaza en la infinita cadencia. Entre tanto, no diviso sino la muchedumbre que befa y la celda del manicomio.

Y el último:

—Todos bebemos del agua clara de la fuente de Jonia. Pero el ideal flota en el azul; y para que los espíritus gocen de su luz suprema, es preciso que asciendan. Yo tengo el verso que es de miel y el que es de oro, y el que es de hierro candente. Yo soy el ánfora del celeste perfume: tengo el amor. Paloma, estrella, nido, lirio, vosotros conocéis mi morada. Para los vuelos inconmensurables tengo alas de águila que parten a golpes mágicos el huracán. Y para hallar consonantes, los busco en dos bocas que se juntan; y estalla el beso, y escribo la estrofa, y entonces si veis mi alma, conoceréis a mi Musa. Amo las epopeyas, porque de ellas brota el soplo heroico que agita las banderas que ondean sobre las lanzas y los penachos que tiemblan sobre los cascos; los cantos líricos, porque hablan de las diosas y de los amores; y las églogas, porque son olorosas a verbena y a tomillo, y al sano aliento del buey coronado de rosas. Yo escribiría algo inmortal; mas me abruma un porvenir de miseria y de hambre...

Entonces la reina Mab, del fondo de su carro hecho de una sola perla, tomó un velo azul, casi impalpable, como formado de suspiros, o de miradas de ángeles rubios y pensativos. Y aquel velo era el velo de los sueños, de los dulces sueños que hacen ver la vida de color de rosa. Y con él envolvió a los cuatro hombres flacos, barbudos e impertinentes. Los cuales cesaron de estar tristes, porque penetró en su pecho la esperanza, y en su cabeza el sol alegre, con el diablillo de la vanidad, que consuela en sus profundas decepciones a los pobres artistas.

Y desde entonces, en las buhardillas de los brillantes infelices, donde flota el sueño azul, se piensa en el porvenir como en la aurora, y se oyen risas que quitan la tristeza, y se bailan extrañas farándolas alrededor de un blanco Apolo, de un lindo paisaje, de un violín viejo, de un amarillento manuscrito.

LA NINFA

En el castillo que últimamente acaba de adquirir Lesbia, esta actriz caprichosa y endiablada que tanto ha dado que decir al mundo por sus extravagancias, nos hallábamos a la mesa hasta seis amigos. Presidía nuestra Aspasia, quien a la sazón se entretenía en chupar como niña golosa un terrón de azúcar húmedo, blanco entre las yemas sonrosadas. Era la hora del chartreuse. Se veía en los cristales de la mesa como una disolución de piedras preciosas, y la luz de los candelabros se descomponía en las copas medio vacías, donde quedaba algo de la púrpura del borgoña, del oro hirviente del champaña, de las líquidas esmeraldas de la menta.

Se hablaba con el entusiasmo de artista de buena pasta, tras una buena comida. Éramos todos artistas, quién más, quién menos, y aun había un sabio obeso que ostentaba en la albura de una pechera inmaculada el gran nudo de una corbata monstruosa.

Alguien dijo:

—¡Ah, sí, Fremiet!

Y de Fremiet se pasó a sus animales, a su cincel maestro, a dos perros de bronce que, cerca de nosotros, uno buscaba la pista de la pieza, otro, como mirando al cazador, alzaba el pescuezo y arbolaba la delgadez de su cola tiesa y erecta. ¿Quién habló de Mirón? El sabio, que recitó en griego el epigrama de Anacreonte: Pastor, lleva a pastar más lejos tu boyada no sea que creyendo que respira la vaca de Mirón, la quieras llevar contigo.

Lesbia acabó de chupar su azúcar, y con una carcajada argentina:

—¡Bah! Para mí, los sátiros. Yo quisiera dar vida a mis bronces, y si esto fuese posible, mi amante sería uno de esos velludos semidioses. Os advierto que más que a los sátiros adoro a los centauros; y que me dejaría robar por uno de esos monstruos robustos, sólo por oír las quejas del engañado, que tocaría su flauta lleno de tristeza.

El sabio interrumpió:

—¡Bien! Los sátiros y los faunos, los hipocentauros y las sirenas han existido, como las salamandras y el ave Fénix.

Todos reíamos; pero entre el coro de carcajadas, se oía irresistible, encantadora, la de Lesbia, cuyo rostro encendido, de mujer hermosa, estaba como resplandeciente de placer.

—Si —continuó el sabio—: ¿con qué derecho negamos los modernos, hechos que afirman los antiguos? El perro gigantesco que vio

Alejandro, alto como un hombre, es tan real, como la araña Kreken que vive en el fondo de los mares. San Antonio Abad, de edad de noventa años, fue en busca del viejo ermitaño Pablo que vivía en una cueva. Lesbia, no te rías. Iba el santo por el yermo, apoyado en su báculo, sin saber dónde encontrar a quien buscaba. A mucho andar, ¿sabéis quién le dio las señas del camino que debía seguir? Un centauro, medio hombre y medio caballo —dice un autor—: hablaba como enojado; huyó tan velozmente que presto le perdió de vista el santo; así iba galopando el monstruo, cabellos al aire y vientre a tierra.

En ese mismo viaje San Antonio vio un sátiro, "hombrecillo de extraña figura, estaba junto a un arroyuelo, tenía las narices corvas, frente áspera y arrugada, y la última parte de su contrahecho cuerpo remataba con pies de cabra".

—Ni más ni menos —dijo Lesbia—. ¡M. de Cocureau, futuro miembro del Instituto!

Siguió el sabio:

—Afirma San Jerónimo que en tiempos de Constantino Magno se condujo a Alejandría un sátiro vivo, siendo conservado su cuerpo cuando murió.

Además, vióle el emperador de Antioquía.

Lesbia había vuelto a llenar su copa de menta, y humedecía la lengua en el licor verde como lo haría un animal felino.

Dice Alberto Magno que en su tiempo cogieron a dos sátiros en los montes de Sajonia. Enrico Zormano asegura que en tierras de Tartaria había hombres con sólo un pie y sólo un brazo en el pecho. Vincencio vio en su época un monstruo que trajeron al rey de Francia, tenía cabeza de perro (Lesbia reía). Los muslos, brazos y manos tan sin vello como los nuestros (Lesbia se agitaba como una chicuela a quien hiciesen cosquillas); comía carne cocida y bebía vino con todas ganas.

¡Colombine! —grito Lesbia. Y llegó Colombine, una falderilla que parecía un copo de algodón. Tomóla su ama, y entre las explosiones de risa de todos:

—¡Toma, el monstruo que tenía tu cara!

Y le dio un beso en la boca, mientras el animal se estremecía e inflaba las naricitas como lleno de voluptuosidad.

—Y Filegón Traliano —concluyó el sabio elegantemente— afirma la existencia de dos clases de hipocentauros: una de ellas como elefantes. Además...

—Basta de sabiduría —dijo Lesbia. Y acabó de beber la menta.

Yo estaba feliz. No había desplegado mis labios

—¡Oh!, exclamé, ¡para mí las ninfas! Yo desearía contemplar esas desnudeces de los bosques y de las fuentes, aunque, como Acteón, fuese despedazado por los perros. Pero las ninfas no existen.

Concluyó aquel concierto alegre, con una gran fuga de risas y de personas.

—¡Y qué! —me dijo Lesbia, quemándome con sus ojos de faunesa y con voz callada como para que sólo yo la oyera.

—¡Las ninfas existen, tú las veras!

Eran un día primaveral. Yo vagaba por el parque del castillo, con el aire de un soñador empedernido. Los gorriones chillaban sobre las lilas nuevas y atacaban a los escarabajos que se defendían de los picotazos con sus corazas de esmeralda, con sus petos de oro y acero. En las rosas el carmín, el bermellón, la onda penetrante de perfumes dulces: más allá las violetas, en grandes grupos, con su color apacible y su olor a virgen. Después, los altos árboles, los ramajes tupidos llenos de mil abejas, las estatuas en la penumbra, los discóbolos de bronce, los gladiadores musculosos en sus soberbias posturas gímnicas, las glorietas perfumadas, cubiertas de enredaderas, los pórticos, bellas imitaciones jónicas, cariátides todas blancas y lascivas, y vigorosos telamones del orden atlántico, con anchas espaldas y muslos gigantescos. Vagaba por el laberinto de tales encantos cuando oí un ruido, allá en lo obscuro de la arboleda, en el estanque donde hay cisnes blancos como cincelados en alabastro y otros que tienen la mitad del cuello del color del ébano, como una pierna alba con media negra.

Llegué más cerca. ¿Soñaba? ¡Oh, nunca! Yo sentí lo que tú, cuando viste en su gruta por primera vez a Egeria.

Estaba en el centro del estanque, entre la inquietud de los cisnes espantados, una ninfa, una verdadera ninfa, que hundía su carne de rosa en el agua cristalina. La cadera a flor de espuma parecía a veces como dorada por la luz opaca que alcanzaba a llegar por las brechas de las hojas. ¡Ah!, yo vi lirios, rosas, nieve, oro; vi un ideal con vida y forma y oí entre el burbujeo sonoro de la ninfa herida, como una risa burlesca y armoniosa, que me encendía la sangre.

De pronto huyó la visión, surgió la ninfa del estanque, semejante a Citerea en su onda, y recogiendo sus cabellos que goteaban brillantes, corrió por los rosales tras las lilas y violetas, más allá de los tupidos arbolares, hasta perderse, ¡ay!, por un recodo; y quedé yo, poeta lírico, fauno burlado, viendo a las grandes aves alabastrinas como mofándose de mí, tendiéndome sus largos cuellos en cuyo extremo brillaba bruñida el ágata de sus picos.

Después, almorzábamos juntos aquellos amigos de la noche pasada, entre todos, triunfante, con su pechera y su gran corbata obscura, el sabio obeso, futuro miembro del Instituto.

Y de repente, mientras todos charlaban de la última obra de Fremiet, en el salón, exclamó Lesbia con su alegre voz parisiense:

—¡Té!, como dice Tartarín: ¡el poeta ha visto ninfas!…

La contemplaron todos asombrados, y ella me miraba, me miraba como una gata, y se reía, se reía como una chicuela a quien se le hiciesen cosquillas.

EL RUBÍ

—¡Ah! ¡Conque es cierto! Conque ese sabio parisiense ha logrado sacar del fondo de sus retortas, de sus matraces, la púrpura cristalina de que están incrustados los muros de mi palacio!

Y al decir esto el pequeño gnomo[1] iba y venía, de un lugar a otro, a cortos saltos, por la honda cueva que le servía de morada; y hacía temblar su larga barba y el cascabel de su gorro azul y puntiagudo.

En efecto, un amigo del centenario Chevreul —cuasi Althotas—, el químico Fremy, acababa de descubrir la manera de hacer rubíes y zafiros.

Agitado, conmovido, el gnomo —que era sabidor y de genio harto vivaz— seguía monologando.

—¡Ah , sabios de la edad media! ¡Ah Alberto el Grande, Averroes, Raimundo Lulio! Vosotros no pudisteis ver brillar el gran sol de la piedra filosofal, y he aquí que sin estudiar las fórmulas aristotélicas, sin saber cábala y nigromancia, llega un hombre del siglo décimo nono a formar a la luz del día lo que nosotros fabricamos en nuestros subterráneos! ¡Pues el conjuro! Fusión por veinte días, de una mezcla de sílice y de aluminato de plomo: coloración con bicromato de potasa, o con óxido de cobalto. Palabras en verdad, que parecen lengua diabólica.

Risa.

Luego se detuvo.

El cuerpo del delito estaba ahí, en el centro de la gruta, sobre una gran roca de oro; un pequeño rubí, redondo, un tanto reluciente, como un grano de granada al sol.

El gnomo tocó un cuerno, el que llevaba a su cintura, y el eco resonó por las vastas concavidades. Al rato, un bullicio, un tropel, una algazara. Todos los gnomos habían llegado.

Era la cueva ancha, y había en ella una claridad extraña y blanca. Era la claridad de los carbunclos[2] que en el techo de piedra centelleaban, incrustados, hundidos, apiñados, en focos múltiples; una dulce luz lo iluminaba todo.

A aquellos resplandores, podía verse la maravillosa mansión en todo su esplendor. En los muros, sobre pedazos de plata y oro, entre venas de lapislázuli, formaban caprichosos dibujos, como los arabescos de una mezquita, gran muchedumbre de piedras preciosas. Los diamantes, blancos y limpios como gotas de agua, emergían los iris de sus cristalizaciones; cerca de calcedonias colgantes en estalactitas, las esmeraldas esparcían sus resplandores verdes, y los zafiros, en amontonamientos raros, en ramilletes que pendían del cuarzo, semejaban grandes flores azules y temblorosas.

Los topacios dorados, las amatistas, circundaban en franjas el recinto; y en el pavimento, cuajado de ópalos, sobre la pulida crisofasia y el ágata, brotaba de trecho en trecho un hilo de agua, que caía con una dulzura musical, a gotas armónicas, como las de una flauta metálica soplada muy levemente.

Puck se había entrometido en el asunto, ¡el pícaro Puck! Él había llevado el cuerpo del delito, el rubí falsificado, el que estaba ahí, sobre la roca de oro, como una profanación entre el centelleo de todo aquel encanto.

Cuando los gnomos estuvieron juntos, unos con sus martillos y cortas hachas en las manos, otros de gala, con caperuzas flamantes y encarnadas, llenas de pedrería, todos curiosos, Puck dijo así:

—Me habéis pedido que os trajese una muestra de la nueva falsificación humana, y he satisfecho esos deseos.

Los gnomos, sentados a la turca, se tiraban de los bigotes; daban las gracias a Puck, con una pausada inclinación de cabeza; y los más cercanos a él examinaban con gesto de asombro, las lindas alas, semejantes a las de un hipsipilo.

Continuó:

—¡Oh Tierra! ¡Oh Mujer! Desde el tiempo en que veía a Titania no he sido sino un esclavo de la una, un adorador casi místico de la otra.

Y luego, como si hablase en el placer de un sueño:

—¡Esos rubíes! En la gran ciudad de París, volando invisible, los vi por todas partes. Brillaban en los collares de las cortesanas, en las condecoraciones exóticas de los rastaquers, en los anillos de los príncipes italianos y en los brazaletes de las primadonas.

Y con pícara sonrisa siempre:

—Yo me colé hasta cierto gabinete rosado muy en boga… Había una hermosa mujer dormida. Del cuello le arranqué un medallón y del medallón el rubí. Ahí lo tenéis.

Todos soltaron la carcajada. ¡Qué cascabeleo!

—¡Eh, amigo Puck!

¡Y dieron su opinión después, acerca de aquella piedra falsa, obra de hombre o de sabio, que es peor!

—¡Vidrio!

—¡Maleficio!

—¡Ponzoña y cábala!

—¡Química!

—¡Pretender imitar un fragmento del iris!

—¡El tesoro rubicundo de lo hondo del globo!

—¡Hecho de rayos del poniente solidificados!

El gnomo más viejo, andando con sus piernas torcidas, su gran barba nevada, su aspecto de patriarca, su cara llena de arrugas:

—¡Señores! —dijo—, ¡que no sabéis lo que habláis!

Todos escucharon.

—Yo, yo que soy el más viejo de vosotros, puesto que apenas sirvo ya para martillar las facetas de los diamantes; yo, que he visto formarse estos hondos alcázares; que he cincelado los huesos de la tierra, que he amasado el oro, que he dado un día un puñetazo a un muro de piedra, y caí a un lago donde violé a una ninfa; yo, el viejo, os referiré de cómo se hizo el rubí.

Oíd:

Puck sonreía curioso. Todos los gnomos rodearon al anciano cuyas canas palidecían a los resplandores de la pedrería, y cuyas manos extendían su movible sombra en los muros, cubiertos de piedras preciosas, como un lienzo lleno de miel donde se arrojasen granos de arroz.

—Un día, nosotros, los escuadrones que tenemos a nuestro cargo las minas de diamantes, tuvimos una huelga que conmovió toda la tierra, y salimos en fuga por los cráteres de los volcanes.

El mundo estaba alegre, todo era vigor y juventud; y las rosas, y las hojas verdes y frescas, y los pájaros en cuyos buches entra el grano y brota el gorjeo, y el campo todo, saludaban al sol y a la primavera fragante.

Estaba el monte armónico y florido, lleno de trinos y de abejas; era una grande y santa nupcia la que celebraba la luz; y en el árbol la savia ardía profundamente, y en el animal todo era estremecimiento o balido o cántico, y en el gnomo había risa y placer.

Yo había salido por un cráter apagado. Ante mis ojos había un campo extenso. De un salto me puse sobre un gran árbol, una encina añeja. Luego, bajé al tronco, y me hallé cerca de un arroyo, un río pequeño y claro donde las aguas charlaban diciéndose bromas cristalinas. Yo tenía sed. Quise beber ahí… Ahora, oíd mejor.

Brazos, espaldas, senos desnudos, azucenas, rosas, panecillos de marfil coronados de cerezas; ecos de risas áureas, festivas; y allá, entre las espumas, entre las linfas rotas, bajo las verdes ramas...

—¿Ninfas?

—No, mujeres.

—Yo sabía cuál era mi gruta. Con dar una patada en el suelo, abría la arena negra y llegaba a mi dominio. Vosotros, pobrecillos, gnomos jóvenes, tenéis mucho que aprender!

Bajo los retoños de unos helechos nuevos me escurrí, sobre unas piedras deslavadas por la corriente espumosa y parlante; y a ella, a la hermosa, a la mujer la agarré de la cintura, con este brazo antes tan musculoso; gritó, golpeé el suelo; descendimos. Arriba quedó el asombro; abajo el gnomo soberbio y vencedor.

Un día yo martillaba un trozo de diamante inmenso que brillaba como un astro y que al golpe de mi maza se hacía pedazos.

El pavimento de mi taller se asemejaba a los restos de un sol hecho trizas. La mujer amada descansaba a un lado, rosa de carne entre maceteros de zafir, emperatriz del oro, en un lecho de cristal de roca, toda desnuda y espléndida como una diosa.

Pero en el fondo de mis dominios, mi reina, mi querida, mi bella, me engañaba. Cuando el hombre ama de veras, su pasión lo penetra todo y es capaz de traspasar la tierra.

Ella amaba a un hombre, y desde su prisión le enviaba sus suspiros. Éstos pasaban los poros de la corteza terrestre y llegaban a él; y él, amándola también, besaba las rosas de cierto jardín; y ella, la enamorada, tenía —yo lo notaba— convulsiones súbitas en que estiraba sus labios rosados y frescos como pétalos de centifolia. ¿Cómo ambos así se sentían? Con ser quien soy, no lo sé.

Había acabado yo mi trabajo; un gran montón de diamantes hechos en un día; la tierra abría sus grietas de granito como labios con sed, esperando el brillante despedazamiento del rico cristal. Al fin de la faena, cansado, di un martillazo que rompió una roca y me dormí.

Desperté al rato al oír algo como un gemido.

De su lecho, de su mansión más luminosa y rica que las de todas las reinas de Oriente, había volado fugitiva, desesperada, la amada mía, la mujer robada. ¡Ay! Y queriendo huir por el agujero abierto por mi masa de granito, desnuda y bella, destrozó su cuerpo blanco y suave como de azahar y mármol y rosa, en los filos de los diamantes rotos. Heridos sus costados, chorreaba la sangre; los quejidos eran conmovedores hasta las lágrimas. ¡Oh, dolor!

Yo desperté, la tomé en mis brazos, le di mis besos más ardientes; mas la sangre corría inundando el recinto, y la gran masa diamantina se teñía de grana. Me pareció que sentía, al darle un beso, un perfume salido de aquella boca encendida: el alma; el cuerpo quedó inerte.

Cuando el gran patriarca nuestro, el centenario semidiós de las entrañas terrestres, pasó por allí, encontró aquella muchedumbre de diamantes rojos…

Pausa.

—¿Habéis comprendido?

Los gnomos muy graves se levantaron. Examinaron más de cerca la piedra falsa, hechura del sabio.

—¡Mirad, no tiene facetas!

—¡Brilla pálidamente!

—¡Impostura!

—¡Es redonda como la coraza de un escarabajo!

Y en ronda, uno por aquí, otro por allá, fueron a arrancar de los muros pedazos de arabesco, rubíes grandes como una naranja, rojos y chispeantes como un diamante hecho sangre; y decían:

—¡He aquí! ¡He aquí lo nuestro, oh madre Tierra!

Aquello era una orgía de brillo y de color.

Y lanzaban al aire las gigantescas piedras luminosas y reían.

De pronto, con toda la dignidad de un gnomo:

—¡Y bien! El desprecio.

Se comprendieron todos. Tomaron el rubí falso, lo despedazaron y arrojaron los fragmentos, —con desdén terrible— a un hoyo que abajo daba a una antiquísima selva carbonizada.

Después, sobre sus rubíes, sobre sus ópalos, entre aquellas paredes resplandecientes, empezaron a bailar asidos de las manos una farandola loca y sonora.

¡Y celebraban con risas, el verse grandes en la sombra!

Ya Puck volaba afuera, en el abejeo del alba recién nacida, camino de una pradera en flor. Y murmuraba, siempre con su sonrisa sonrosada!:

—Tierra… Mujer…

Porque tú, ¡oh madre Tierra!, eres grande, fecunda, de seno inextinguible y sacro; y de tu vientre moreno brota la savia de los troncos robustos, y el oro y el agua diamantina, y la casta flor de lis. ¡Lo puro, lo fuerte, lo infalsificable! ¡Y tú, mujer, eres espíritu y carne, toda Amor!

PALOMAS BLANCAS Y GARZAS MORENAS

—Mi prima Inés era rubia como una alemana. Fuimos criados juntos, desde muy niños, en casa de la buena abuelita que nos amaba mucho y nos hacía vernos como hermanos, vigilándonos cuidadosamente, viendo que no riñésemos. ¡Adorable, la viejecita, con sus trajes a grandes flores, y sus cabellos crespos y recogidos como una vieja marquesa de Boucher!

Inés era un poco mayor que yo. No obstante, yo aprendí a leer antes que ella; y comprendía —lo recuerdo muy bien— lo que ella recitaba de memoria, maquinalmente, en una pastorela, donde bailaba y cantaba delante del niño Jesús, la hermosa María y el señor San José; todo con el gozo de las sencillas personas mayores de la familia, que reían con risa de miel, alabando el talento de la actrizuela.

Inés creía. Yo también; pero no tanto como ella. Yo debía entrar a un colegio, en internado terrible y triste, a dedicarme a los áridos estudios del bachillerato, a comer los platos clásicos de los estudiantes, a no ver el mundo —¡mi mundo de mozo! — y mi casa, mi abuela, mi prima, mi gato, un excelente romano que se restregaba cariñosamente en mis piernas y me llenaba los trajes negros de pelos blancos.

Partí.

Allá en el colegio mi adolescencia se despertó por completo. Mi voz tomó timbres aflautados y roncos; llegué al período ridículo del niño que pasa a joven. Entonces, por un fenómeno especial, en vez de preocuparme de mi profesor de matemáticas, que no logró nunca hacer que yo comprendiese el binomio de Newton, pensé —todavía vaga y misteriosamente— en mi prima Inés.

Luego tuve revelaciones profundas. Supe muchas cosas. Entre ellas, que los besos eran un placer exquisito.

Tiempo.

Leí Pablo y Virginia. Llegó un fin de año escolar, y salí, en vacaciones, rápido como una saeta, camino de mi casa. ¡Libertad!

—Mi prima —¡pero, Dios santo, en tan poco tiempo!— se había hecho una mujer completa. Yo delante de ella me hallaba como avergonzado, un tanto serio. Cuando me dirigía la palabra, me ponía a sonreírle con una sonrisa simple.

Ya tenía quince años y medio Inés. La cabellera, dorada y luminosa al sol, era un tesoro. Blanca y levemente amapolada, su cara era una creación murillesca, si veía de frente. A veces, contemplando su perfil, pensaba en una soberbia medalla siracusana, en un rostro de princesa. El traje, corto antes, había descendido. El seno, firme y esponjado, era un ensueño oculto y supremo; la voz clara y vibrante, las pupilas azules, inefables; la boca llena de fragancia de vida y de color de púrpura. ¡Sana y virginal primavera!

La abuelita me recibió con los brazos abiertos. Inés se negó a abrazarme, me tendió la mano. Después, no me atreví a invitarla a los juegos de antes. Me sentía tímido. ¡Y qué! Ella debía sentir algo de lo que yo. ¡Yo amaba a mi prima!

Inés los domingos iba con la abuela a misa, muy de mañana.

Mi dormitorio estaba vecino al de ellas. Cuando cantaban los campanarios su sonora llamada matinal, ya estaba yo despierto.

Oía, oreja atenta, el ruido de las ropas. Por la puerta entreabierta veía salir la pareja que hablaba en voz alta. Cerca de mí pasaba el frufrú de las polleras antiguas de mi abuela, y del traje de Inés, coqueto, ajustado, para mí siempre revelador.

¡Oh, Eros!

—Inés...

—¿...?

Y estábamos solos a la luz de una luna argentina, dulce, una bella luna de aquellas del país de Nicaragua.

Le dije todo lo que sentía, suplicante, balbuciente, febril y temeroso. ¡Sí! Se lo dije todo: las agitaciones sordas y extrañas que en mí experimentaba cerca de ella; el amor, el ansia; los tristes insomnios del deseo; mis ideas fijas en ella, allá en mis meditaciones del colegio; y repetía como una oración sagrada la gran palabra: ¡el amor! Oh, ella debía recibir gozosa mi adoración. Creceríamos más. Seríamos marido y mujer...

Esperé.

La pálida claridad celeste nos iluminaba. El ambiente nos llevaba perfumes tibios que a mí se me imaginaban propicios para los fogosos amores. ¡Cabellos áureos, ojos paradisíacos, labios encendidos y entreabiertos!

De repente, y con un mohín:

—¡Ve! La tontería...

Y corrió, como una gata alegre adonde se hallaba la buena abuela, rezando a la callada sus rosarios y responsorios.

Con risa descocada de educanda maliciosa, con un aire de locuela:

—¡Eh, abuelita, ya me dijo...

Ellas, pues, ya sabían que yo debía "decir".

Con su reír interrumpía el rezo de la anciana que se quedó pensativa acariciando las cuentas de su camándula. Y yo que todo lo veía, a la husma, de lejos, lloraba, sí, lloraba lágrimas amargas, ¡las primeras de mis desengaños de hombre!

Los cambios fisiológicos que en mí se sucedían y las agitaciones de mi espíritu me conmovían hondamente. ¡Dios mío! Soñador, un pequeño poeta como me creía, al comenzarme el bozo, sentía llena de ilusiones la cabeza, de versos los labios, y mi alma y mi cuerpo de púber tenían sed de amor. ¿Cuándo llegaría el momento soberano en que alumbraría una celeste mirada el fondo de mi ser, y aquel en que se rasgaría el velo del enigma atrayente?

Un día, a pleno sol, Inés estaba en el jardín, regando trigo, entre los arbustos y las flores, a las que llamaba sus amigas: unas palomas albas, arrulladoras, con sus buches níveos y amorosamente musicales. Llevaba un traje —siempre que con ella he soñado la he visto con el mismo— gris azulado, de anchas mangas, que dejaban ver casi por entero los satinados brazos alabastrinos; los cabellos los tenía recogidos y húmedos y el vello alborotado de su nuca blanca y rosa era para mí como luz crespa. Las aves andaban a su alrededor e imprimían en el suelo oscuro la estrella acarminada de sus patas.

Hacía calor. Yo estaba oculto tras los ramajes de unos jazmineros. La devoraba con los ojos. ¡Por fin se acercó por mi escondite, la prima gentil! Me vio trémulo, enrojecida la faz, en mis ojos una llama viva y rara, y acariciante, y se puso a reír cruelmente, terriblemente. ¡Y bien! Oh, aquello no era posible. Me lancé con rapidez frente a ella. Audaz, formidable debía de estar, cuando ella retrocedió como asustada, un paso.

—¡Te amo!

Entonces tornó a reír. Una paloma voló a uno de sus brazos. Ella la mimó dándole granos de trigo entre las perlas de su boca fresca y sensual. Me acerqué más. Mi rostro estaba junto al suyo. Los cándidos animales nos rodeaban. Me turbaba el cerebro una onda invisible y fuerte de aroma femenil. Se me antojaba Inés una paloma hermosa y humana, blanca y sublime: y al propio tiempo llena de fuego, de ardor. ¡Un tesoro de dichas! No dije más. Le tomé la cabeza y le di un beso en una mejilla, un beso rápido, quemante de pasión furiosa. Ella, un tanto enojada, salió en fuga. Las palomas se asustaron y alzaron el vuelo, formando un opaco ruido de alas sobre los arbustos temblorosos. Yo, abrumado, quedé inmóvil.

Al poco tiempo partía a otra ciudad. La paloma blanca y rubia no había ¡ay! mostrado a mis ojos el soñado paraíso del misterioso deleite.

¡Musa ardiente y sacra para mi alma, el día había de llegar! Elena la graciosa, la alegre, ella fue el nuevo amor. ¡Bendita sea aquella boca, que murmuró por primera vez cerca de mí las inefables palabras!

Era allá, en una ciudad que está a la orilla de un lago de mi tierra, un lago encantador, lleno de islas floridas, con pájaros de colores.

Los dos solos estábamos cogidos de las manos, sentados en el viejo muelle, debajo del cual el agua glauca y oscura chapoteaba musicalmente. Había un crepúsculo acariciador, de aquellos que son la delicia de los enamorados tropicales. En el cielo opalino se veía una diafanidad apacible que disminuía hasta cambiarse en tonos de violeta oscuro, por la parte del oriente, y aumentaba convirtiéndose en oro sonrosado en el horizonte profundo, donde vibraban oblicuos, rojos y desfallecientes los últimos rayos solares. Arrastrada por el deseo, me miraba la adorada mía y nuestros ojos se decían cosas ardorosas y extrañas. En el fondo de nuestras almas cantaban un unísono embriagador como dos invisibles y divinas filomelas.

Yo extasiado veía a la mujer tierna y ardiente; con su cabellera castaña que acariciaba con mis manos, su rostro color de canela y rosa, su boca cleopatrina, su cuerpo gallardo y virginal; y oía su voz queda, muy queda, que me decía frases cariñosas, tan bajo, como que sólo eran para mí, temerosa quizás de que se las llevase el viento vespertino. Fija en mí, me inundaban de felicidad sus ojos de Minerva, ojos verdes, ojos que deben siempre gustar a los poetas. Luego, erraban nuestras miradas por el lago, todavía lleno de vaga claridad. Cerca de la orilla, se detuvo un gran grupo de garzas. Garzas blancas, garzas morenas de esas que cuando el día calienta, llegan a las riberas a espantar a los cocodrilos, que con las anchas mandíbulas abiertas beben sol sobre las rocas negras. ¡Bellas garzas! Algunas ocultaban los largos cuellos en la onda o bajo el ala, y semejaban manchas de flores vivas y sonrosadas, móviles y apacibles. A veces una, sobre una pata, se alisaba con el pico las plumas, o permanecía inmóvil, escultural o hieráticamente, o varias daban un corto vuelo, formando en el fondo de la ribera llena de verde, o en el cielo, caprichosos dibujos, como las bandadas de grullas de un parasol chino.

Me imaginaba junto a mi amada, que de aquel país de la altura me traerían las garzas muchos versos desconocidos y soñadores. Las garzas blancas las encontraba más puras y más voluptuosas, con la pureza de la paloma y la voluptuosidad del cisne; garridas con sus cuellos reales, parecidos a los de las damas inglesas que junto a los pajecillos rizados se ven en aquel cuadro en que Shakespeare recita en la corte de Londres. Sus alas, delicadas y albas, hacen pensar en desfallecientes sueños nupciales; todas —bien dice un poeta— como cinceladas en jaspe.

¡Ah, pero las otras, tenían algo de más encantador para mí! Mi Elena se me antojaba como semejante a ellas, con su color de canela y de rosa, gallarda y gentil.

Ya el sol desaparecía, arrastrando toda su púrpura opulenta de rey oriental. Yo había halagado a la amada tiernamente con mis juramentos y frases melifluas y cálidas, y juntos seguíamos en un lánguido dúo de pasión inmensa. Habíamos sido hasta ahí dos amantes soñadores, consagrados místicamente uno a otro.

De pronto, y como atraídos por una fuerza secreta, en un momento inexplicable, nos besamos en la boca, todos trémulos, con un beso para mí sacratísimo y supremo: el primer beso recibido de labios de mujer. ¡Oh, Salomón, bíblico y real poeta! Tú lo dijiste como nadie: "Mel et lac sub lingua tua".

Aquel día no soñamos más.

¡Ah, mi adorable, mi bella, mi querida garza morena! Tú tienes en los recuerdos profundos que en mi alma forman lo más alto y sublime, una luz inmortal.

¡Porque tú me revelaste el secreto de las delicias divinas, en el inefable primer instante del amor!

EL PERRO DEL CIEGO

El perro del ciego no muerde, no hace daño. Es triste y humilde; amable, niños. No le procuréis nunca mal, y cuando pase por la puerta de vuestra casa, dadle algo de comer. Yo sé una historia conmovedora que voy a contaros ahora.

Cuando yo era chico tuve un amiguito muy cruel. No le quería bien ninguno de los compañeros porque con todos era áspero y malo. A los menores les pellizcaba y daba golpes; con los grandes se las entendía a pedradas. Cuando el profesor le castigaba no lloraba nunca. A veces, iracundo, se hacía sangre en los labios y se arrancaba el pelo a puños. Niño odioso.

Con los animales no era menos cruel que con los muchachos. ¿Os gustan a vosotros los pajaritos? Pues él los que encontraba en los nidos los aprisionaba, les quitaba las plumas, les rompía los huevos, y les sacaba los ojos: tal como hizo Casilda en unos versos de Campoamor, un poeta de España que ha inventado unas composiciones muy sabias y muy lindas que se llaman doloras.

En casa del niño malo había un gato. Un día al pobre animal le cortó la cola, como hizo con su perro el griego Alcibíades, aquel de quien habéis oído hablar al señor profesor en la clase de historia.

Paco —así se llamaba aquel pillín— se burlaba de los cojos, de los tuertos, de los jorobados, de los limosneros que andaban pidiendo a veces en nombre de su negra miseria ridícula. Como sabéis, es una acción indigna de todo niño de buen corazón, y vosotros, estoy seguro de que nunca haréis igual cosa de la que él hacía.

Por aquellos días llegaba a la puerta del colegio un pobre ciego viejo, con su alforja, su escudilla y su perro. Se le daba pan; en la cocina se le llenaba su escudilla, y nunca faltaba un hueso para el buen lazarillo de cuatro patas que tenía por nombre León.

León era manso; todos le acariciábamos; y él, al sentir la mano de un niño que le tocaba el lomo o le sobaba la cabeza, cerraba los ojos y devolvía halagos con la lengua. El ciego agradecía el amor a su guía, y en pago de él contaba cuentos o cantaba canciones.

Paco llegó una tarde a la hora de recreo, riendo con todas ganas. Había hecho una cosa muy divertida. Vosotros debéis saber lo que son los alacranes, unos animales feos, asquerosos, negros, que tienen una especie de rabo que remata en un garfio. Este garfio les sirve para picar. Cuando un alacrán pica, envenena la herida, y uno se enferma.

Paco había encontrado un alacrán vivo; lo puso entre dos rebanadas de pan y se lo llevó al ciego para que comiese. El animal le picó en la boca al pobrecito, que estuvo casi a las puertas de la muerte. Como veis, un niño de esta naturaleza no puede ser sino un miserable.

Cuando un niño hace una buena acción los ángeles de alas rosadas se alegran. Si la acción es mala, hay también unas alas negras que se estremecen de gozo. Niños, amad las alas rosadas. En medio de vuestro sueño ellas se os aparecerán siempre acariciantes, dulces, bellas. Ellas dan los ensueños divinos, y ahuyentan los rostros amenazadores de gigantes horribles o de enanos rechonchos que llegan cerca del lecho, en las pesadillas. Amad las alas rosadas.

Las negras estaban siempre, no hay duda, regocijadas con Paco, el de mi historia.

Imaginaos un sujeto que se portaba como sabéis con nosotros, que era descorazonado con los animales de Dios, y que hacía llorar a su madre en ocasiones, con sus terriblezas.

El Padre Eterno mueve a veces sonriendo su buena barba blanca cuando los querubines que aguaitan por las rendijas de oro del azul le dan cuenta de los pequeños que van bien aquí abajo, que saben sus lecciones, que obedecen a papá y a mamá, que no rompen muchos zapatos, y muestran buen corazón y manos limpias. Sí, niños míos; pero si vierais cómo se frunce aquel ceño, con susto de los coros y de las potestades, si oyeseis cómo regaña en su divina lengua misteriosa, y se enoja, y dice que no quiere más a los niñitos, cuando sabe que éstos hacen picardías, o son mal educados, o lo que es peor ¡perversos!

Entonces ¡ah!, le dice a Gabriel que desate las pestes, y vienen las mortandades, y los chicos se mueren y son llevados al cementerio, a que se queden estos con los otros muertos, de día y de noche.

Por eso hay que ser buenos, para que el buen Dios sonría, y lluevan los dulces, y se inventen los velocípedos y vengan muchos míster Ross y condes Patrizio.

Un día no llegó el ciego a las puertas del colegio, y en el recreo no tuvimos cuentos ni canciones. Ya estábamos pensando que estuviese enfermo el viejecito, cuando, apoyado en su bordón, tropezando y cayendo, le vimos aparecer. León no venía con él.

—¿Y León?

—¡Ay! Mi León, mi hijo, mi compañero, mi perro ¡ha muerto!

Y el ciego lloraba a lágrima viva, con su dolor inmenso, crudo, hondo.

¿Quién le guiaría ahora? Perros había muchos, pero iguales al suyo, imposible. Podría encontrar otro; pero habría que enseñarle a servir de lazarillo, y de todas maneras no sería lo mismo. Y entre sollozos:

—¡Ah! Mi León, mi querido León…

Era una crueldad, un crimen. Mejor lo hubieran muerto a él. Él era un desgraciado y se le quería hacer sufrir más.

—¡Oh Dios mío!

Ya veis, niños, que esto era de partir el alma.

No quiso comer.

—No; ¿cómo voy a comer solo?

Y triste, triste, sentado en una grada, se puso a derramar las lágrimas de sus ojos ciegos, con un parpadeo doloroso, la frente contraída, y en los labios esa tirantez de las comisuras que producen ciertas angustias y sufrimientos.

El niño que siente las penas de sus semejantes es un niño excelente que el Señor bendice. Yo he visto algunos que son así, y todos les quieren mucho y dicen de ellos: ¡Qué niños tan buenos! Y les hacen cariños y les regalan cosas bonitas y libros como Las mil y una noches. Yo creo que vosotros debéis ser así, y por eso para vosotros tengo de escribir cuentos, y os deseo que seáis felices. Pero vamos adelante.

Mientras el ciego lloraba y todos los niños le rodeaban compadeciéndole, llegó Paco cascabeleando sus carcajadas. ¿Se reía? Alguna maldad debía haber hecho. Era una señal. Su risa sólo indicaba eso. ¡Pícaro! ¿Habráse visto niño canalla? Se llegó donde estaba el pobre viejo.

—Eh, tío, ¿y León? —Más carcajadas.

Debía habérsele dicho, como debéis pensar:

—Paco, eso es mal hecho y es infame. Te estás burlando de un anciano desgraciado.

Pero todos le tenían miedo a aquel diablillo.

Después, cínicamente, con su vocecita chillona y su aire descarado, se puso a narrar delante del ciego el cómo había dado muerte al perro.

—Muy sencillamente: cogí vidrio y lo molí, y en un pedazo de carne puse el vidrio molido, todo se lo comió el perro. Al rato se puso como a bailar, y luego no pudo arrastrar al tío —y señalaba con risa al infeliz— y por último, estiró las patas y se quedó tan tieso.

Y el tío llora que llora.

Ya veis niños que Paco era un corazón de fiera, y lleno de intenciones dañinas.

Sonó la campana. Todos corrimos a la clase. Al salir del colegio todavía estaba allí el viejo gimiendo por su lazarillo muerto. ¡Mal haya el muchacho bribón!

Pero mirad, niños, que el buen Dios se irrita con santa cólera.

Paco ese mismo día agarró unas viruelas que dieron con él en la sepultura después que sufrió dolorosamente y se puso muy feo.

¿Preguntáis por el ciego? Desde aquel día se le vio pedir su limosna solo, sufriendo contusiones y caídas, arriesgando atropellamientos, con su bastón torcido que sonaba sobre las piedras. Pero no quiso otro guía que su León, su animal querido, su compañero a quien siempre lloró.

Niños, sed buenos. El perro del ciego —ese melancólico desterrado del día, nostálgico del país de la luz— es manso, es triste, es humilde; amadle, niños. No le procuréis nunca mal, y cuando pase por la puerta de vuestra casa, dadle algo de comer.

Y así ¡oh niños!, seréis bendecidos por Dios, que sonreirá por vosotros, moviendo, como un amable emperador abuelo, su buena barba blanca.

¿POR QUÉ?

¡Oh, señor! El mundo anda muy mal. La sociedad se desquicia. El siglo que viene verá la mayor de las revoluciones que han ensangrentado la tierra. ¿El pez grande se come al chico? Sea; pero pronto tendremos el desquite. El pauperismo reina, y el trabajador lleva sobre sus hombros la montaña de una maldición. Nada vale ya sino el oro miserable. La gente desheredada es el rebaño eterno para el eterno matadero. ¿No ve usted tanto ricachón con la camisa como si fuese de porcelana, y tanta señorita estirada envuelta en seda y encaje? Entretanto, las hijas de los pobres, desde los catorce años, tienen que ser prostitutas. Son del primero que las compra. Los bandidos están posesionados de los Bancos y de los almacenes. Los talleres son el martirio de la honradez; no se pagan sino los salarios que se les antoja a los magnates, y, mientras el infeliz logra comer su pan duro, en los palacios y casas ricas los dichosos se atracan de trufas y faisanes. Cada carruaje que pasa por la calles va apretando bajo sus ruedas el corazón del pobre. Esos señoritos que parecen grullas; esos rentistas cacoquimios y esos cosecheros ventrudos, son los ruines martirizadores. Yo quisiera una tempestad de sangre; yo quisiera que sonara ya la hora de la rehabilitación, de la justicia social. ¿No se llama democracia a esa quisicosa política que cantan los poetas y alaban los oradores? Pues maldita sea esa democracia. Eso no es democracia, sino baldón y ruina. El infeliz sufre la lluvia de plagas; el rico goza, La Prensa, siempre venal y corrompida, no canta sino el invariable salmo del oro. Los escritores son los violines que tocan los grandes potentados. Al pueblo no se hace caso. Y el pueblo está enfangado y pudriéndose por culpa de los de arriba; en el hombre, el crimen y el alcoholismo; en la mujer, así la madre, así la hija y así la manta que las cobija ¡Con que calcule usted! El centavo que se logra, ¿para qué debe ser sino para aguardiente? Los patronos son ásperos con los que les sirven. Los patronos, en la ciudad y en el campo, son los tiranos. Aquí le aprietan a uno el cuello; en el campo insultan al jornalero, le escatiman el jornal, le dan a comer lodo y, por remate, les violan a sus hijas. Todo anda de esta manera. Yo no sé cómo no ha reventado ya la mina que amenaza al mundo, porque ya debía haber reventado. En todas partes arde la misma fiebre. El espíritu de las clases bajas se encarnará en un implacable y futuro vengador. La onda de abajo derrocará la masa de arriba. La Comune, la Internacional, el nihilismo, eso es poco. ¡Falta la enorme y verdadera coalición! Todas las tiranías se vendrán al suelo; la tiranía política; la tiranía económica; la tiranía religiosa, porque el cura es también aliado de los verdugos del pueblo. Él canta su Tedeum y reza su Paternóster más por el millonario que por el desgraciado. Pero los anuncios del cataclismo ya a la vista de la humanidad y la humanidad no los ve; lo que verá bien será el espanto y el horror del día de la ira. No habrá fuerza que pueda contener el torrente de la fatal venganza. Habrá que cantar una nueva Marsellesa que, como los clarines de Jericó, destruya la morada de los infames. El incendio alumbrará las ruinas. El cuchillo popular cortará cuellos y vientres odiados; las mujeres del populacho arrancarán a puños los cabellos rubios de las vírgenes orgullosas; la pata del hombre descalzo manchará la alfombra del opulento, se romperán las estatuas de los bandidos que oprimieron a los humildes, y el cielo verá con temerosa alegría, entre el estruendo de la catástrofe redentora, el castigo de los altivos malhechores, la venganza suprema y terrible de la miseria borracha.

—Pero ¿Quién eres tú? ¿Por qué gritas así?

—Yo me llamo Juan Lanas y no tengo un centavo.

LA MUERTE DE SALOMÉ

La historia, a veces, no está en lo cierto. La leyenda, en ocasiones, es verdadera, y las hadas mismas confiesan, en sus intimidades con algunos poetas, que mucho hay falseado en todo lo que se refiere a Mab, a Titania, a Brocelianda, a las sobrenaturales y avasalladoras beldades. En cuanto a las cosas y sucesos de antiguos tiempos, acontece que dos o más cronistas contemporáneos estén en contradicción. Digo esto porque quizá habrá quien juzgue falsa la corta narración que voy a escribir en seguida, la cual tradujo un sabio sacerdote, mi amigo, de un pergamino hallado en Palestina, y en el que el caso estaba escrito en caracteres de la lengua de Caldea.

Salomé, la perla del palacio de Herodes, después de un paso lascivo en el festín famoso, donde bailó una danza al modo romano, con música de arpas y crótalos, llenó de entusiasmo, de regocijo, de locura, al gran rey y a la soberbia concurrencia. Un mancebo principal deshojó a los pies de la serpentina y fascinadora mujer una guirnalda de rosas frescas. Cayo Menipo, magistrado obeso, borracho y glotón; alzó su copa dorada y cincelada, llena de vino, y la apuró de un solo sorbo. Era una explosión de alegría y de asombro. Entonces fue cuando el monarca, en premio de su triunfo y a su ruego, concedió la cabeza de Juan Bautista, y Jehová soltó un relámpago de su cólera divina. Una leyenda asegura que la muerte de Salomé acaeció en un lago helado, donde los hielos le cortaron el cuello.

No fue así; fue de esta manera.

Después que hubo pasado el festín, sintió cansancio la princesa encantadora y cruel. Dirigióse a su alcoba, donde estaba su lecho, un gran lecho de marfil, que sostenían sobre sus lomos cuatro leones de plata. Dos negras de Etiopía, jóvenes y risueñas, le desciñeron su ropaje, y, toda desnuda, saltó Salomé al lugar del reposo, y quedó blanca y mágicamente esplendorosa, sobre una tela de púrpura, que hacía resaltar la cándida y rosada armonía de sus formas.

Sonriente, mientras sentía un blando soplo de flabeles, contemplaba, no lejos de ella, la cabeza pálida de Juan, que en un plato áureo, estaba colocada sobre un trípode. De pronto, sufriendo extraña sofocación, ordenó que se le quitasen las ajorcas y brazaletes de los tobillos y de los brazos. Fue obedecida. Llevaba al cuello, a guisa de collar, una serpiente de oro, símbolo del tiempo, y cuyos ojos eran dos rubíes sangrientos y brillantes. Era su joya favorita; regalo de un pretor, que la había adquirido de un artífice romano.

Al querérsela arrancar, experimentó Salomé un súbito error: la víbora se agitaba como si estuviese viva, sobre su piel, y a cada instante apretaba más y más su fino anillo constrictor, de escamas de metal. Las esclavas, espantadas, inmóviles, semejaban estatuas de piedra. Repentinamente, lanzaron un grito; la cabeza trágica de Salomé, la regia danzarina, rodó del lecho hasta los pies del trípode, adonde estaba, triste y lívida, la del precursor de Jesús; y al lado del cuerpo desnudo, en el lecho de púrpura, quedó enroscada la serpiente de oro.

LEYENDA DE SAN MARTÍN, PATRONO DE BUENOS AIRES

Por la montaña hagiográfica de los Bolandistas, por el vergel primitivo y paradisíaco del Cavalca, por los jardines áureos de Jacobo de Vorágine, aún por el huerto de Croiset, encuentran las almas que las buscan, flores muy peregrinas y exquisitas.

¡Así las encontrará el vasto espíritu de Hello!

Como el monje de la leyenda, escuchamos, si lo queremos, un ruiseñor que nos hace vivir mil años por trino. Oíd cantar al pájaro celestial, hoy día del patrono de Buenos Aires, y caminando contra la corriente de los siglos, vamos a Panonia, a Saborie, en tiempos imperiales.

He ahí a Martín, niño del Señor, desde que sus pupilas ven el sol. Su santidad desde el comienzo de su vida le aureola de gracia, y el Espíritu pone en su corazón una llama violenta, y en su voluntad un rayo.

Así el Cristo se revela en esa infancia, que a los diez años siente como nacer un lirio en sus entrañas.

—¡Por Apolo! ¡Por Hércules! —grita el tribuno legionario—. Este pequeño y vivo león despedaza mis esperanzas!

Pues el niño fuese del hogar pagano, y buscó la miel y el lino del catecúmeno.

La madre gentil háblale de las rosas que van a florecer, de las flautas que han de resonar mañana, del alba epitalámica. El infante no escucha la voz maternal, sonríe porque oye otra voz que viene de una lira invisible y angélica.

Aún la pluma suave del bozo está brotando y el adolescente es llamado por la trompeta de la tropa. Voz imperial. Va el joven a caballo; sobre el metal que cubre su cabeza soberbia, veríais con ojos misteriosos y profundos el tenue polvo de aurora que el Señor pone, en halo sublime, a sus escogidos. Va primero entre las legiones de Constancio; luego hará piafar su bestia por Juliano. Y esos labios, bajo el sol, no se desalteran sino con los diamantes de las fuentes.

Nada para él de Dionisio; nada de Venus. Y en aquella carne de firme bronce está incrustada la margarita de la castidad. Las manos no llevan coronas a las cortesanas; asen el aire a veces, como si quisiesen mortificarse con espinas, o apretar, con deleite, carbones encendidos.

Amiens, en hora matinal. Del cielo taciturno llueve a agujas el frío. El aire conduce sus avispas de nieve. ¿Quién sale de su casa a estas horas en que los pájaros han huido a sus conventos? En los tejados no asomaría la cabeza de un solo gato. ¿Quién sale de su casa a éstas horas? De su cueva sale la Miseria. He aquí que cerca de un palacio rico, un miserable hombre tiembla al mordisco del hielo. Tiene hambre el prójimo que está temblando de frío. ¿Quién le socorrería? ¿Quién le dará un pedazo de pan?

Por la calle viene al trote un caballo, y el caballero militar envuelto en su bella capa.

Ah, señor militar, una limosna por amor de Dios!

Está tendida la diestra entumecida y violenta. El caballero ha detenido la caballería. Sus manos desoladas buscan en vano en sus bolsillos. Con rapidez saca la espada. ¿Qué va a hacer el caballero joven y violento? Se ha quitado la capa rica, la capa bella; la ha partido en dos, ha dado la mitad al pobre! Gloria, gloria a Martín, rosa de Panonia.

Deja, deja, joven soldado, que en la alegre camaradería se te acribille de risas. Lleva tu capa corta, tu media capa. Martín está ya en el lecho. Martín reposa. Martín duerme. Y de repente truenan como un trueno divino los clarines del Señor, cantan las arpas paradisíacas. Por las escaleras de oro del Empíreo viene el Pobre, viene N.S.J.C., vestido de esplendores y cubierto de virtudes; viene a visitar a martín que duerme en su lecho de militar. Martín mira al dulce príncipe Jesús que le sonríe.

¿Qué lleva en las manos el rey del amor? Es la mitad de la capa, buen joven soldado.

Y al cortejo angélico dice Jesucristo:

—Martín, siendo aún catecúmeno, me ha cubierto con este vestido.

Martín, cristiano, quiere abandonar las obras de la guerra. Su corazón columbino no ama las hecatombes. Ama la sangre del Cordero: el balido del cordero conmuévele en el fondo de su ser más que cien bocinas cesáreas. Se oye el tronar de los galopes bárbaros.

El Apóstata temeroso oye el galope de los caballos bárbaros. Así, reúne el ejército y señalando el amago de los furiosos enemigos, proclama que es preciso resistir hasta la victoria: a cada soldado ofrece su parte de oro.

Mas al llegar Martín, Juliano no oculta su sorpresa al ver que el joven militar pide por el oro la licencia.

Dice Juliano:

—Pésanme tus palabras, pues nunca creí que en ti tuviera nido la cobardía!

Martín responde:

—Asegúreseme hasta el día de la función: póngaseme entonces delante de las primeras filas sin otras armas que la señal de la cruz y entonces se verá si temo a los enemigos ni a la muerte.

No llegaron los bárbaros: partieron como un río que desvía su curso. Y Martín entró de militar de Dios.

En Poitiers está Hilario obispo; con él Martín. Hilario se maravilla de tan puro oro espiritual. Hilario júzgale llamado a morar altamente entre las azucenas celestes. Es humilde, es casto, es amoroso.

—Diácono has de ser ya —dice Hilario.

Y él se niega a la jerarquía.

—Pues serás exorcista, terrible enemigo del demonio! —replícale la santa voluntad episcopal.

De tal guisa el Bajísimo tuvo siempre como una de las más poderosas torres de virtud, de fortaleza y de templanza al bueno y bravo Martín, el de la capa del pobre.

Entre las nieves alpinas. Va Martín, por mandato del Señor, a ver a sus padres, aún gentiles, y convertirlos al cristo. De las rocas y nieves en donde tienen sus habitáculos, surgen bandidos: uno va a dar muerte al peregrino; otro le salva la vida.

—¿Quién eres? —pregunta el capitán.

—Hijo de Cristo.

—¿Tienes miedo?

—Jamás le tuve menos, pues el Señor asiste en los peligrosos.

Y el peregrino de cándida alma y de fragante corazón de rosa, trueca al ladrón en monje.

No puede, ya en Hungría, traer el cristianismo a su madre sí fue por él cristiana. La semilla de Arrio se propagaba; y árbol ya, florecía: Martín opuso su fuego contra los arrianos. Se le azota, se le destierra. Échanle de Milán los arrianos. ¿A dónde va?

A una isla del Tirreno, en donde comunica con las aves, se sustenta de yerbas, y tiene con las olas confidencias sublimes. Las olas le celebraban su cabello en tempestad, su desdén de las pompas mundanas, su manera de hablar que era como para entenderse con las olas o tórtolas. Atácole el diablo en la isla envenenándole; y él se salvó de la ponzoña con la oración.

Otra vez en las Galias el santo monje, entre monjes, ejerce su caridad y Dios obra en su feliz taumaturgia. Volvió a la vida a un catecúmeno. Y, cosa teologal y profunda, que hace estremecerse a los doctores: suspendió el juicio de Dios, volviendo a la vida a un suicida, hijo de Lupiciano, caballero de valía.

Luego, hele ahí obispo de tours: el humilde es puesto por la fuerza en la dignidad. Y entonces acrecieron su fe, su esperanza y su caridad. Y el milagro tuvo una primavera nueva: dominó su gesto a una encina; a un pobre atacado del mal sagrado de la lepra, dio un beso de paz y le sanó; todo lo que tocaba se llenaba de virtud extraordinaria y esotérica. Valentino y Justina supieron cómo Martín podía hacer brotar el fuego de Dios.

A Canda va, a calmar la iglesia agitada. Llega y su palabra triunfa de las revueltas. Mas cae en su lecho; con "cilicio y ceniza" y de cara al Cielo, aguarda el instante del vuelo a Dios.

—Sobre la ceniza —decía— se ve morir un cristiano.

Aún en la agonía quiso el Bajísimo atreverse ante tanta virtud.

Su voz ahuyentó la potestad de las tinieblas. Fueron sus últimos conceptos:

—Dejadme, hermanos míos, dejadme mirar al Cielo, para que mi alma, que va a ver a

Dios tome de antemano el camino que conduce a él.

De su cuerpo brotó luz de oro y aroma de rosas. Severino en Colonia y Ambrosio en Milán tuvieron revelación de su paso a la otra vida.

Tal es, más o menos, la leyenda de San Martín, obispo de Tours, patrono de Buenos Aires, confesor y pontífice de Dios, beati Martín confesoris tui atque pontificis, como reza la oración; a quien la Iglesia romana celebra el 11 de noviembre, y cuya vida detallada podéis leer escrita en latín por el hagiógrafo Severo Sulpicio.

CARTA DEL PAÍS AZUL

¡Amigo mío! Recibí tus recuerdos, y estreché tu mano de lejos, y vi tu rostro alegre, tu mirada sedienta, tus narices voluptuosas que se hartan hoy de perfume de campo y de jardín, de hoja verde y salvaje que se estruja al paso, o de pomposa genciana en su macetero florido. ¡Salud!

Ayer vagué por el país azul. Canté a una niña; visité a un artista; oré, oré como un creyente en un templo, yo el escéptico; y yo, yo mismo, he visto a un ángel rosado que desde su altar lleno de oro, me saludaba con las alas. Por último, ¡una aventura! Vamos por partes.

¡Canté a una niña!

La niña era rubia, esto es, dulce. Tú sabes que la cabellera de mis hadas es áurea, que amo el amarillo brillante de las auroras, y que ojos azules y labios sonrosados tienen en mi lira dos cuerdas. Luego, su inocencia. Tenía una sonrisa castísima y bella, un encanto inmenso. Imagínate una vestal impúber, toda radiante de candidez, con sangre virginal que le convierte en rosas las mejillas.

Hablaba como quien arrulla, y su acento de niña, a veces melancólico y tristemente suave, tenía blandos y divinos ritornelos. Si se tomase flor, la buscaría entre los lirios; y entre éstos elegiría el que tuviera dorados los pétalos, o el cáliz azul. Cuando la vi, hablaba con un ave; y como que el ave le comprendía, porque tendía el ala y abría el pico, cual sí quisiera beber la voz armónica. Canté a esa niña.

Visité a un artista, a un gran artista que, como Mirón su discóbolo, ha creado su jugador de chueca. Al penetrar en el taller de este escultor, parecíame vivir la vida antigua; y recibía, como murmurada por labios de mármol, una salutación en la áurea lengua jónica que hablan las diosas de brazos desnudos y de pechos erectos.

En las paredes reían con su risa muda las máscaras, y se destacaban los relieves, los medallones con cabezas de serenos ojos sin pupilas, los frisos cincelados, imitaciones de Fidias, hasta con los descascaramientos que son como el roce de los siglos, las metopas donde blanden los centauros musculosos sus lanzas; y los esponjados y curvos acantos, en pulidos capiteles de columnas corintias. Luego, por todas partes estatuas; el desnudo olímpico de la Venus de Milo y el desnudo sensual de la de Médicis, carnoso y decadente; figuras escultóricas brotadas al soplo de las grandes inspiraciones; unas soberbias, acabadas, líricamente erguidas como en una apoteosis, otras modeladas en la greda húmeda, o cubiertas de paños mojados, o ya en el bloque desbastado, en su forma primera, tosca y enigmática; o en el eterno bronce de carne morena, como hechas para la inmortalidad y animadas por una llama de gloria. El escultor estaba allí, entre todo aquello, augusto, creador, con el orgullo de su traje lleno de yeso y de sus dedos que amasaban el barro. Al estrechar su mano, estaba yo tan orgulloso como si me tocase un semidiós.

El escultor es un poeta que hace un poema de una roca. Su verso chorrea en el horno, lava encendida, o surge inmaculado en el bloque de venas azulejas, que se arranca de la mina.

De una cantera evoca y crea cien dioses. Y con su cincel destroza las angulosidades de la piedra bronca y forma el seno de Afrodita o el torso del padre Apolo. Al salir del taller, parecióme que abandonaba un templo.

Noche. Vagando al azar, di conmigo en una iglesia. Entré con desparpajo; mas desde el quicio ya tenía el sombrero en la mano, y la memoria de los sentidos me llenaba y todo yo estaba conmovido. Aún resonaban los formidables y sublimes trémolos del órgano. La nave hervía. Había una gran muchedumbre de mantos negros; y en el grupo extendido de los hombres, rizos rubios de niño, cabezas blancas y calvas; y sobre aquella quietud del templo, flotaba el humo aromado, que de entre las ascuas de los incensarios de oro emergía, como una batista sutil y desplegada que arrugaba el aire; y un soplo de oración pasaba por los labios y conmovía las almas.

Apareció en el púlpito un fraile joven, que lucía lo azul de su cabeza rapada, en la rueda negra y crespa de su cerquillo. Pálido, con su semblante ascético, la capucha caída, las manos blancas juntas en el gran crucifijo de marfil que le colgaba por el pecho, la cabeza levantada, comenzó a decir su sermón como si cantara un himno. Era una máxima mística, un principio religioso sacado del santo Jerónimo: Si alguno viene a mí, y no olvida a sus padres, mujer e hijos y hermanos, y aun su propia vida, no puede ser mi discípulo; y el que se aborrece a sí mismo en este mundo, para una vida eterna se guarda. Había en sus palabras llanto y trueno; y sus manos al abrirse sobre la muchedumbre parecían derramar relámpagos.

Entonces, al ver al predicador, la ancha y relumbrosa nave, el altar florecido de luz, los cirios goteando sus estalactitas de cera; y al respirar el olor santo del templo, y al ver tanta gente arrodillada, doblé mis hinojos y pensé en mis primeros años: la abuela, con su cofia blanca y su rostro arrugado y su camándula de gordos misterios; la catedral de mi ciudad, donde yo aprendí a creer; las naves resonantes, la custodia adamantina, y el ángel de la guarda, a quien yo sentía cerca de mí, con su calor divino, recitando las oraciones que me enseñaba mi madre. Y entonces oré. ¡Oré, como cuando niño juntaba las manos pequeñuelas!

Salí a respirar el aire dulce, a sentir su halago alegre, entre los álamos erguidos, bañados de plata por la luna llena que irradiaba en el firmamento, tal como una moneda argentina sobre una ancha pizarra azulada llena de clavos de oro. El asceta había desaparecido de mí:: quedaba el pagano. Tú sabes que me place contemplar el firmamento para olvidarme de las podredumbres de aquí abajo. Con esto creo que no ofendo a nadie. Además, los astros me suelen inspirar himnos, y los hombres, yambos. Prefiero los primeros. Amo la belleza, gusto del desnudo; de las ninfas de los bosques, blancas y gallardas; de Venus en su concha y de Diana, la virgen cazadora de carne divina, que va entre su tropa de galgos, con el arco en comba, a la pista de un ciervo o de un jabalí. Sí, soy pagano. Adorador de los viejos dioses, y ciudadano de los viejos tiempos.

Yo me inclino ante Júpiter porque tiene el rayo y el águila; canto a Citerea porque está desnuda y protege el beso de dos bocas que se buscan; y amo a Pan porque, como yo, es aficionado a la música y a los sonoros ditirambos, junto a los riachuelos armoniosos, donde triscan las náyades, la cadera sobre la linfa, el busto al aire, todas sonrosadas al beso fecundo y ardiente del gran sol. En cuanto a las mujeres, las amo por sus ojos que ponen luz en el alma de los hombres; por sus líneas curvas, por sus fuertes aromas de violeta y por sus bocas que parecen rosas. Otros busquen las alcobas vedadas, los lechos prohibidos y adúlteros, los amores fáciles; yo me arrodillo ante la virgen que es un alba, o una paloma, como ante una azucena sagrada, paradisíaca. ¡Oh, el amor de las torcaces!

En la aurora alegre se saludan con un arrullo que se asemeja al preludio de una lira. Están en dos ramas distintas y Céfiro lleva la música trémula de sus gargantas. Después, cuando el cenit llueve oro, se juntan las alas y los picos, y el nido es un tálamo bajo el cielo profundo y sublime, que envía a los alados amantes su tierna mirada azul.

Pues bien, en un banco de la Alameda me senté a respirar la brisa fresca, saturada de vida y de salud, cuando vi pasar una mujer pálida, como si fuera hecha de rayos de luna. Iba recatada con manto negro. La seguí. Me miró fija cuando estuve cerca, y, ¡oh amigo mío!, he visto realizado mi ideal, mi sueño, la mujer intangible, becqueriana, la que puede inspirar rimas con sólo sonreír, aquella que cuando dormimos se nos aparece vestida de blanco, y nos hace sentir una palpitación honda que estremece corazón y cerebro a un propio tiempo. Pasó, pasó huyente, rápida, misteriosa. No me queda de ella sino un recuerdo; más no te miento si te digo que estuve en aquel instante enamorado; y que cuando bajó sobre mí el soplo de la media noche, me sentí con deseos de escribirte esta carta, del divino país azul por donde vago, carta que parece estar impregnada de aroma de ilusión; loca e ingenua, alegre y triste, doliente y brumosa; y con sabor a ajenjo, licor que como tú sabes tiene en su verde cristal el ópalo y el sueño.

EL SÁTIRO SORDO

Habitaba cerca del Olimpo un sátiro, y era el viejo rey de su selva. Los dioses le habían dicho: "Goza, el bosque es tuyo; sé un feliz bribón, persigue ninfas y suena tu flauta". El sátiro se divertía.

Un día que el padre Apolo estaba tañendo la divina lira, el sátiro salió de sus dominios y fue osado a subir el sacro monte y sorprender al dios crinado. Éste le castigó tornándole sordo como una roca. En balde en las espesuras de la selva llena de pájaros se derramaban los trinos y emergían los arrullos. El sátiro no oía nada. Filomela llegaba a cantarle, sobre su cabeza enmarañada y coronada de pámpanos, canciones que hacían detenerse los arroyos y enrojecerse las rosas pálidas. Él permanecía impasible, o lanzaba sus carcajadas salvajes y saltaba lascivo y alegre cuando percibía por el ramaje lleno de brechas alguna cadera blanca y rotunda que acariciaba el sol con su luz rubia. Todos los animales le rodeaban como a un amo a quien se obedece.

A su vista, para distraerle, danzaban coros de bacantes encendidas en su fiebre loca, y acompañaban la armonía, cerca de él, faunos adolescentes, como hermosos efebos que le acariciaban reverentemente con su sonrisa; y aunque no escuchaba ninguna voz, ni el ruido de los crótalos, gozaba de distintas maneras. Así pasaba la vida este rey barbudo que tenía patas de cabra.

Era Sátiro caprichoso.

Tenía dos consejeros áulicos: una alondra y un asno. La primera perdió su prestigio cuando el sátiro se volvió sordo. Antes, si cansado de su lascivia soplaba su flauta dulcemente, la alondra le acompañaba.

Después, en su gran bosque, donde no oía ni la voz del olímpico trueno, el paciente animal de las largas orejas le servía para cabalgar, en tanto que la alondra, en los apogeos del alba, se le iba de las manos, cantando camino de los cielos.

La selva era enorme. De ella tocaba a la alondra la cumbre; al asno el pasto. La alondra era saludada por los primeros rayos de la aurora; bebía rocío en los retoños; despertaba al roble diciéndole: "Viejo roble, despiértate". Se deleitaba con un beso del sol: era amada por el lucero de la mañana. Y el hondo azul, tan grande, sabía que ella, tan chica, existía bajo su inmensidad. El asno (aunque entonces no había conversado con Kant) era experto en filosofía, según el decir común. El sátiro, que le veía ramonear en la pastura, moviendo las orejas con aire grave, tenía alta idea de tal pensador. En aquellos días el asno no tenía como hoy tan larga fama. Moviendo sus mandíbulas no se habría imaginado que escribiesen en su loa Daniel Heinsius en latín, Passerat, Buffon y el gran Hugo en francés, Posada y Valderrama en español.

Él, pacienzudo, si le picaban las moscas, las espantaba con el rabo, daba coces de cuando en cuando y lanzaba bajo la bóveda del bosque el acorde extraño de su garganta. Y era mimado allí. Al dormir su siesta sobre la tierra negra y amable, le daban su olor las yerbas y las flores. Y los grandes árboles inclinaban sus follajes para hacerle sombra.

Por aquellos días, Orfeo, poeta, espantado de la miseria de los hombres, pensó huir a los bosques, donde los troncos y las piedras le comprenderían y escucharían con éxtasis, y donde él pondría temblor de armonía y fuego de amor y de vida al sonar de su instrumento.

Cuando Orfeo tañía su lira había sonrisa en el rostro apolíneo. Deméter sentía gozo. Las palmeras derramaban su polen, las semillas reventaban, los leones movían blandamente su crin. Una vez voló un clavel de su tallo hecho mariposa roja, y una estrella descendió fascinada y se tornó flor de lis.

¿Qué selva mejor que la del sátiro, a quien él encantaría, donde sería tenido como un semidiós; selva toda alegría y danza, belleza y lujuria; donde ninfas y bacantes eran siempre acariciadas y siempre vírgenes; donde había uvas y rosas y ruido de sistros, y donde el rey caprípede bailaba delante de sus faunos, beodo y haciendo gestos como Sileno?

Fue con su corona de laurel, su lira, su frente de poeta orgulloso, erguida y radiante.

Llegó hasta donde estaba el sátiro velludo y montaraz, y para pedirle hospitalidad, cantó. Cantó del gran Jove, de Eros y de Afrodita, de los centauros gallardos y de las bacantes ardientes. Cantó la copa de Dionisio, y el tirso que hiere el aire alegre, y a Pan, emperador de las montañas, soberano de los bosques, dios—sátiro que también sabía cantar. Cantó de las intimidades del aire y de la tierra, gran madre. Así explicó la melodía de una arpa eolia, el susurro de una arboleda, el ruido ronco de un caracol y las notas armónicas que brotan de una siringa. Cantó del verso, que baja del cielo y place a los dioses, del que acompaña el bárbitos en la oda y el tímpano en el peán. Cantó los senos de nieve tibia y las copas de oro labrado, y el buche del pájaro y la gloria del sol.

Y desde el principio del cántico brilló la luz con más fulgores. Los enormes troncos se conmovieron, y hubo rosas que se deshojaron y lirios que se inclinaron lánguidamente como en un dulce desmayo. Porque Orfeo hacía gemir los leones y llorar los guijarros con la música de su lira rítmica. Las bacantes más furiosas habían callado y le oían como en un sueño. Una náyade virgen a quien nunca ni una sola mirada del sátiro había profanado, se acercó tímida al cantor y le dijo: "Yo te amo".

Filomela había volado a posarse en la lira como la paloma anacreóntica. No había más eco que el de la voz de Orfeo. Naturaleza sentía el himno. Venus, que pasaba por las cercanías, preguntó de lejos con su divina voz: "¿Está aquí acaso Apolo?".

Y en toda aquella inmensidad de maravillosa armonía, el único que no oía nada era el sátiro sordo.

Cuando el poeta concluyó, dijo a éste:

—¿Os place mi canto? Si es así, me quedaré con vos en la selva.

El Sátiro dirigió una mirada a sus dos consejeros. Era preciso que ellos resolviesen lo que no podía comprender él. Aquella mirada pedía una opinión.

—Señor —dijo la alondra, esforzándose en producir la voz más fuerte de su buche—, quédese quien así ha cantado con nosotros. He aquí que su lira es bella y potente. Te ha ofrecido la grandeza y la luz rara que hoy has visto en tu selva. Te ha dado su armonía. Señor, yo sé de estas cosas. Cuando viene el alba desnuda y se despierta el mundo, yo me remonto a los profundos cielos y vierto desde la altura las perlas invisibles de mis trinos, y entre las claridades matutinas mi melodía inunda el aire, y es el regocijo del espacio. Pues yo te digo que Orfeo ha cantado bien, y es un elegido de los dioses. Su música embriagó el bosque entero. Las águilas se han acercado a revolar sobre nuestras cabezas, los arbustos floridos han agitado suavemente sus incensarios misteriosos, las abejas han dejado sus celdillas para venir a escuchar. En cuanto a mí, ¡oh señor!, si yo estuviese en lugar tuyo le daría mi guirnalda de pámpanos y mi tirso. Existen dos potencias: la real y la ideal. Lo que Hércules haría con sus muñecas, Orfeo lo hace con su inspiración. El dios robusto despedazaría de un puñetazo al mismo Atos. Orfeo les amansaría con la eficacia de su voz triunfante, a Nemea su león y a Erimanto su jabalí. De los hombres unos han nacido para forjar los metales, otros para arrancar del suelo fértil las espigas del trigal, otros para combatir en las sangrientas guerras, y otros para enseñar, glorificar y cantar. Si soy tu copero y te doy vino, goza tu paladar; si te ofrezco un himno, goza tu alma.

Mientras cantaba la alondra, Orfeo le acompañaba con su instrumento y un vasto y dominante soplo lírico se escapaba del bosque verde y fragante. El sátiro sordo comenzaba a impacientarse. ¿Quién era aquel extraño visitante? ¿Por qué ante él había cesado la danza loca y voluptuosa? ¿Qué decían sus dos consejeros?

¡Ah, la alondra había cantado, pero el sátiro no oía! Por fin, dirigió su vista al asno.

¿Faltaba su opinión? Pues bien, ante la selva enorme y sonora, bajo el azul sagrado, el asno movió la cabeza de un lado a otro, terco, silencioso, como el sabio que medita.

Entonces, con su pie hendido, hirió el sátiro el suelo, arrugó su frente con enojo, y sin darse cuenta de nada, exclamó, señalando a Orfeo la salida de la selva:

—¡No!...

Al vecino Olimpo llegó el eco, y resonó allá, donde los dioses estaban de broma, un coro de carcajadas formidables que después se llamaron homéricas.

Orfeo salió triste de la selva del sátiro sordo y casi dispuesto a ahorcarse del primer laurel que hallase en su camino.

No se ahorcó, pero se casó con Eurídice.

MORBO ET UMBRA

Un hombre alegre vende los ataúdes en el almacén de la calle cercana. Suele decir a los compradores unas bromas muy a tiempo que le han hecho el más popular de los fúnebres comerciantes.

Ya sabéis que la alfombrilla ha devastado en medio mes todo un mundo de niños en ciudad. ¡Oh, ha sido horrible! Imaginaos que la muerte, cruel y dura, ha pasado por los hogares arrancando las flores.

Ese día la lluvia amenazaba caer. Las nubazones plomizas se amontonaban en la enorme forma de las vastas humaredas. El aire húmedo soplaba dañino desparramando toses, y los pañuelos de seda o lana envolvían los pescuezos de las gentes higiénicas y ricas. ¡Bah! El pobre diablo tiene el pulmón ancho y sano. Se le da poco que una ráfaga helada le ataque, o que el cielo le apedree con sus granizos las espaldas desnudas y morenas por el sol de verano. ¡Bravo roto! Su pecho es roca para el mordisco de la brisa glacial, y su gran cabeza tosca tiene dos ojos siempre abiertos soberbiamente a la casualidad, y una nariz que así aspira el miasma como el viento marino oloroso a sal, que fortifica el pecho.

¿A dónde va ña Nicasia?

Hela ahí que pasa con la frente baja, arropada en su negro manto de merino basto. Tropieza a veces y casi se cae, así va andando ligero.

¿A dónde va ña Nicasia?

Camina, camina, camina, no saluda a los conocidos que la ven pasar, y parece que su barba arrugada, lo único que se advierte entre la negrura del tapado, tiembla.

Entró al despacho donde hace siempre sus compras, y salió con un paquete de velas en la mano, anudando la punta de un pañuelo a cuadros donde ha guardado el vuelto.

Llegó a la puerta del almacén de cosas mortuorias. El hombre alegre la saludó con un buen chiste:

—¡Eh! ¿Por qué con tanta prisa, ña Nicasia? ¡Se conoce que busca el dinero!

Entonces, como si le hubiesen dicho una dolorosa palabra de esas que llegan profundamente a conmover el alma, soltó el llanto, y franqueó la puerta.

Gimoteaba, y el vendedor con las manos por detrás se paseaba delante de ella.

Al fin pudo hablar. Le explicó lo que quería.

El niño ¡ay!, su niño, el hijo de su hija, ¡se había enfermado hacía pocos días de una fiebre tan grande!

Dos comadres había recetado y sus remedios no habían hecho efecto. El angelito había ido agravándose, agravándose, y por fin esta mañana se le quedó muerto en los brazos.

¡Cuánto sufría la abuelita!

—¡Ah!, señor, lo último que le quiero dar a mi muchachito: un cajón de aquellos; no tan caro; debe ser forrado en azul con cintas rosadas. Luego un ramillete de flores. Yo le pagaré al contado. Aquí está el dinero. ¿A ver?

Ya se había secado las lágrimas, y como llena de resolución súbita, se había dirigido a escoger el pequeño ataúd. El local era estrecho y largo, como una gran sepultura. Había aquí, allá, cajones de todos los tamaños, forrados en negro o en colores distintos, desde los que tenían chapas plateadas, para los parroquianos ricachones del barrio, hasta los sencillos y toscos, para los pobres.

La vieja buscaba, entre todo aquel triste agrupamiento de féretros, uno que fuese, para ella, digno del cadavercito amado, del nieto que estaba pálido y sin vida, en la casa, sobre una mesa, con la cabeza rodeada de rosas y con su vestido más bonito, uno que tenía en labor gruesa, pero vistosa, pájaros violeta, que llevaban en el pico una guirnalda roja.

Halló uno a su gusto.

—¿Cuánto vale?

El hombre alegre, paseándose siempre con su risa imborrable:

—Vamos, que no sea usted avara, abuelita; siete pesos.

¿Siete pesos? ... No, no, es imposible. Vea usted: cinco traje, cinco tengo.

Y desanudaba la punta del pañuelo, donde sonaban con ruido falso las chauchas, (Moneda de veinte centavos) febles.

—Cinco. Omposible, mi señora. Dos pesos más y es suyo. ¡Bien quería usted al nieto! Yo lo conocí. Era vivo, travieso, diablazo. ¿No era el ruciecito[1]?

Si, era el ruciecito, señor vendedor. Era el ruciecito, y usted le está partiendo el corazón a esta anciana flaca y dolorida. Era el vivo, el travieso, el que ella adoraba tanto, el que ella mimaba, lavaba y a quien le cantaba, haciéndole bailar sobre sus rodillas, de tibias salientes,

---

[1] Rubiecito. De rubio.

canturrias del tiempo viejo, melopeas monótonas que hacen dormirse a los niños. ¡Era el ruciecito, señor vendedor.

—Seis.

—Siete, abuela.

—¡Y bien! Ahí le dejaba los cinco pesos que había traído. Después le pagaría los otros. Era ella mujer honrada. Aunque fura preciso ayunar, le pagaría. El la conocía bien, se lo llevó.

A trancos rápidos iba la vieja con el cajón a cuestas, agobiada, respirando grueso, el manto desarreglado, la cabeza canosa al viento frío. Así llegó a la casa. Todos encontraron que el cajón era muy bonito. Lo veían, lo examinaban; ¡qué precioso!, y en tanto la anciana estaba besando al muerto, rígido sobre sus flores, con el cabello alborotado en parte, y en parte pegado a la frente, y en los labios un vago y enigmático rictus, como algo de la misteriosa eternidad.

Velorio no quiso la abuela. Lo quisiera tener a su niño; pero, ¡no así, no, no, que se lo lleven!

Andaba de un lugar a otro. Las gentes del vecindario que habían llegado al duelo charlaban en voz baja. La madre del niño, con la cabeza envuelta en un pañuelo azul, hacía café en la cocina.

En tanto la lluvia cayó poco a poco, cernida, fina, molesta. El aire entraba por puertas y rendijas y hacía moverse el mantel blanco de la mesa en que el niño estaba; las flores a cada ráfaga temblaban.

El entierro debía de ser en la tarde, y ya la tarde caía. ¡Qué triste! Tarde de invierno, brumosa, húmeda y melancólica, de esas tardes en que los rotos acomodados se cubren los torsos gigantescos con las mantas ásperas y rayadas, y las viejas chupan el carrizo de su mate, sorbiendo la bebida caliente que suena con borborigmos.

En la casa vecina cantaban con voz chillona un aire de zamacueca; cerca del pequeño cadáver, un perro sacudía las moscas con las orejas, cerrando los ojos apaciblemente; y el ruido del agua que caía a chorros escasos por intervalos, de las tejas al suelo, se confundía con un ligero chasquido que hacía con los labios la abuela, que hablaba consigo misma sollozando.

Tras de las nubes de la tarde opaca bajaba el sol. Acercábase la hora del entierro.

Allá viene un coche bajo la lluvia, un coche casi inservible, arrastrado por dos caballos tambaleantes, hueso y pellejo. Chapoteando en el lodo de la calle llegaron a la puerta de la casa mortuoria.

—¿Ya? —dijo la abuela. Ella misma fue a poner el niño en el ataudecito; primero un colchón blanco de trapos, como se cuidase de no lastimar, de que estuviese el pobre muerto con comodidad en la negra tiniebla de la sepultura. Luego, el cuerpo; luego, las flores, entre las que se veía la cara del niño, como una gran rosa pálida desvanecida. Se tapó el ataúd.

Señor vendedor, el travieso, el ruciecito, ya va para el camposanto. Siete pesos costó el cajón; cinco se pagaron adelantados: ¡Señor vendedor, la abuela, aunque ayune, le pagará a usted los dos que le faltan!

Apretaba el agua; del charol del vehículo descascarado y antiguo caía en gotas sobre el fango espeso, y los caballos con los lomos empapados humeaban por las narices, y hacían sonar los bocados entre los dientes.

Dentro, las gentes concluían de beber café.

Tac, tac, tac, sonaba el martillo acabando de enterrar los clavos de la tapa. ¡Pobre viejecita!

La madre debía ir sola al cementerio a dejar al muerto; la abuela le alistaba el manto.

—Cuando lo vayan a echar al hoyo, dale un beso al cajón por mí, ¿oyes?

Ya se va, ya han metido al coche el ataúd, y ha entrado también la madre.

Más y más arrecia la lluvia. ¡Help!, sonó el huascazo (Latigazo) y se fueron calle arriba los animales arrastrando sobre la tierra su armatoste.

La vieja, entonces, ¡ella sola!, asomó, asomó la cabeza por una de las aberturas de la pared cascada y ruinosa; y viendo perderse a lo lejos el coche maltrecho que rengueaba de bache en bache, casi formidable en su profunda tristeza estiró al cielo opaco sus dos brazos secos y arrugados, y apretando los puños, con un gesto terrible —¿hablaría con alguna de vosotras, oh, Muerte, oh Providencia? —exclamó— con voz que tenía de gemido y de imprecación:

—¡Bandida! ¡Bandida!...

CUENTO DE LA NOCHE BUENA

El hermano Longinos de Santa María era la perla del convento. Perla es decir poco, para el caso; era un estuche, una riqueza, un algo incomparable e inencontrable: lo mismo ayudaba al docto fray Benito en sus copias, distinguiéndose en ornar de mayúsculas los manuscritos, como en la cocina hacía exhalar suaves olores a la fritanga permitida después del tiempo de ayuno; así servía de sacristán, como cultivaba las legumbres del huerto; y en maitines o vísperas, su hermosa voz de sochantre resonaba armoniosamente bajo la techumbre de la capilla. Mas su mayor mérito consistía en su maravilloso don musical; en sus manos, en sus ilustres manos de organista.

Ninguno entre toda la comunidad conocía como él aquel sonoro instrumento del cual hacía brotar las notas como bandadas de aves melodiosas; ninguno como él acompañaba, como poseído por un celestial espíritu, las prosas y los himnos, y las voces sagradas del canto llano. Su eminencia el cardenal —que había visitado el convento en un día inolvidable— había bendecido al hermano, primero, abrazádole enseguida, y por último díchole una elogiosa frase latina, después de oírle tocar. Todo lo que en el hermano Longinos resaltaba, estaba iluminado por la más amable sencillez y la más inocente alegría. Cuando estaba en alguna labor, tenía siempre un himno en los labios, como sus hermanos los pajaritos de Dios. Y cuando volvía, con su alforja llena de limosnas, taloneando a la borrica, sudoroso bajo el sol, en su cara se veía un tan dulce resplandor de jovialidad, que los campesinos salían a las puertas de sus casas, saludándole, llamándole hacia ellos: "¡Eh!, venid acá, hermano Longinos, y tomaréis un buen vaso…".

Su cara la podéis ver en una tabla que se conserva en la abadía; bajo una frente noble dos ojos humildes y oscuros, la nariz un tantico levantada, en una ingenua expresión de picardía infantil, y en la boca entreabierta, la más bondadosa de las sonrisas.

Avino, pues, que un día de Navidad, Longinos fuese a la próxima aldea…; pero ¿no os he dicho nada del convento? El cual estaba situado cerca de una aldea de labradores, no muy distante de una vasta floresta, en donde, antes de la fundación del monasterio, había cenáculos de hechiceros, reuniones de hadas, y de silfos, y otras tantas cosas que favorece el poder del Bajísimo, de quien Dios nos guarde. Los vientos del cielo llevaban desde el santo edificio monacal, en la quietud de las noches o en los serenos crepúsculos, ecos misteriosos, grandes temblores sonoros…, era el órgano de Longinos que acompañando la voz de sus hermanos en Cristo, lanzaba sus clamores benditos. Fue, pues, en un día de Navidad, y en la aldea, cuando el buen hermano se dio una palmada en la frente y exclamó, lleno de susto, impulsando a su caballería paciente y filosófica:

—¡Desgraciado de mí! ¡Si mereceré triplicar los cilicios y ponerme por toda la vida a pan y agua! ¡Cómo estarán aguardándome en el monasterio!

Era ya entrada la noche, y el religioso, después de santiguarse, se encaminó por la vía de su convento. Las sombras invadieron la Tierra. No se veía ya el villorrio; y la montaña, negra en medio de la noche, se veía semejante a una titánica fortaleza en que habitasen gigantes y demonios.

Y fue el caso que Longinos, anda que te anda, pater y ave tras pater y ave, advirtió con sorpresa que la senda que seguía la pollina no era la misma de siempre. Con lágrimas en los ojos alzó estos al cielo, pidiéndole misericordia al Todopoderoso, cuando percibió en la oscuridad del firmamento una hermosa estrella, una hermosa estrella de color de oro, que caminaba junto con él, enviando a la tierra un delicado chorro de luz que servía de guía y de antorcha. Diole gracias al Señor por aquella maravilla, y a poco trecho, como en otro tiempo la del profeta Balaam, su cabalgadura se resistió a seguir adelante, y le dijo con clara voz de hombre mortal:

—Considérate feliz, hermano Longinos, pues por tus virtudes has sido señalado para un premio portentoso.

No bien había acabado de oír esto, cuando sintió un ruido, y una oleada de exquisitos aromas. Y vio venir por el mismo camino que él seguía, y guiados por la estrella que él acababa de admirar, a tres señores espléndidamente ataviados. Todos tres tenían porte e insignias reales. El delantero era rubio como el ángel Azrael; su cabellera larga se esparcía sobre sus hombros, bajo una mitra de oro constelada de piedras preciosas; su barba entretejida con perlas e hilos de oro resplandecía sobre su pecho; iba cubierto con un manto en donde estaban bordados, de riquísima manera, aves peregrinas y signos del zodiaco. Era el rey Gaspar, caballero en un bello caballo blanco. El otro, de cabellera negra, ojos también negros y profundamente brillantes, rostro semejante a los que se ven en los bajos relieves asirios, ceñía su frente con una magnífica diadema, vestía vestidos de incalculable precio, era un tanto viejo, y hubiérase dicho de él, con sólo mirarle, ser el monarca de un país misterioso y opulento, del centro de la tierra de Asia.

Era el rey Baltasar y llevaba un collar de gemas cabalístico que terminaba en un sol de fuegos de diamantes. Iba sobre un camello caparazonado y adornado al modo de Oriente. El tercero era de rostro negro y miraba con singular aire de majestad; formábanle un resplandor los rubíes y esmeraldas de su turbante. Como el más soberbio príncipe de un cuento, iba en una labrada silla de marfil y oro sobre un elefante. Era el rey Melchor. Pasaron sus majestades y tras el elefante del rey Melchor, con un no usado trotecito, la borrica del hermano Longinos, quien, lleno de mística complacencia, desgranaba las cuentas de su largo rosario.

Y sucedió que —tal como en los días del cruel Herodes— los tres coronados magos, guiados por la estrella divina, llegaron a un pesebre, en donde, como lo pintan los pintores, estaba la reina María, el santo señor José y el Dios recién nacido. Y cerca, la mula y el buey, que entibian con el calor sano de su aliento el aire frío de la noche. Baltasar, postrado, descorrió junto al niño un saco de perlas y de piedras preciosas y de polvo de oro; Gaspar en jarras doradas ofreció los más raros ungüentos; Melchor hizo su ofrenda de incienso, de marfiles y de diamantes...

Entonces, desde el fondo de su corazón, Longinos, el buen hermano Longinos, dijo al niño que sonreía:

—Señor, yo soy un pobre siervo tuyo que en su convento te sirve como puede. ¿Qué te voy a ofrecer yo, triste de mí? ¿Qué riquezas tengo, qué perfumes, qué perlas y qué diamantes? Toma, señor, mis lágrimas y mis oraciones, que es todo lo que puedo ofrendarte.

Y he aquí que los reyes de Oriente vieron brotar de los labios de Longinos las rosas de sus oraciones, cuyo olor superaba a todos los ungüentos y resinas; y caer de sus ojos copiosísimas lágrimas que se convertían en los más radiosos diamantes por obra de la superior magia del amor y de la fe; todo esto en tanto que se oía el eco de un coro de pastores en la tierra y la melodía de un coro de ángeles sobre el techo del pesebre.

Entre tanto, en el convento había la mayor desolación. Era llegada la hora del oficio. La nave de la capilla estaba iluminada por las llamas de los cirios. El abad estaba en su sitial, afligido, con su capa de ceremonia. Los frailes, la comunidad entera, se miraban con sorprendida tristeza. ¿Qué desgracia habrá acontecido al buen hermano?

¿Por qué no ha vuelto de la aldea? Y es ya la hora del oficio, y todos están en su puesto, menos quien es gloria de su monasterio, el sencillo y sublime organista… ¿Quién se atreve a ocupar su lugar? Nadie. Ninguno sabe los secretos del teclado, ninguno tiene el don armonioso de Longinos. Y como ordena el prior que se proceda a la ceremonia, sin música, todos empiezan el canto dirigiéndose a Dios llenos de una vaga tristeza… De repente, en los momentos del himno, en que el órgano debía resonar… resonó, resonó como nunca; sus bajos eran sagrados truenos; sus trompetas, excelsas voces; sus tubos todos estaban como animados por una vida incomprensible y celestial. Los monjes cantaron, cantaron, llenos del fuego del milagro; y aquella Noche Buena, los campesinos oyeron que el viento llevaba desconocidas armonías del órgano conventual, de aquel órgano que parecía tocado por manos angélicas como las delicadas y puras de la gloriosa Cecilia…

El hermano Longinos de Santa María entregó su alma a Dios poco tiempo después; murió en olor de santidad. Su cuerpo se conserva aún incorrupto, enterrado bajo el coro de la capilla, en una tumba especial labrada en mármol.

EL CASO DE LA SEÑORITA AMELIA

Que el doctor Z es ilustre, elocuente, conquistador; que su voz es profunda y vibrante al mismo tiempo, y su gesto avasallador y misterioso, sobre todo después de la publicación de su obra sobre La plástica de ensueño, quizás podríais negármelo o aceptármelo con restricción; pero que su calva es única, insigne, hermosa, solemne, lírica si gustáis, ¡oh, eso nunca, estoy seguro! ¿Cómo negaríais la luz del sol, el aroma de las rosas y las propiedades narcóticas de ciertos versos? Pues bien; esta noche pasada poco después de que saludamos el toque de las doce con una salva de doce taponazos del más legítimo Roederer, en el precioso comedor rococó de ese sibarita de judío que se llama Lowensteinger, la calva del doctor alzaba aureolada de orgullo, su bruñido orbe de marfil, sobre el cual, por un capricho de la luz, se veían sobre el cristal de un espejo las llamas de dos bujías que formaban, no sé cómo, algo así como los cuernos luminosos de Moisés. El doctor enderezaba hacia mí sus grandes gestos y sus sabias palabras. Yo había soltado de mis labios, casi siempre silenciosos, una frase banal cualquiera. Por ejemplo, esta:

—¡Oh, si el tiempo pudiera detenerse!

La mirada que el doctor me dirigió y la clase de sonrisa que decoró su boca después de oír mi exclamación, confieso que hubiera turbado a cualquiera.

—Caballero —me dijo saboreando el champaña—; si yo no estuviese completamente desilusionado de la juventud; si no supiese que todos los que hoy empezáis a vivir estáis ya muertos, es decir, muertos del alma, sin fe, sin entusiasmo, sin ideales, canosos por dentro; que no sois sino máscaras de vida, nada más… sí, si no supiese eso, si viese en vos algo más que un hombre de fin de siglo, os diría que esa frase que acabáis de pronunciar: "¡Oh, si el tiempo pudiera detenerse!", tiene en mí la respuesta más satisfactoria.

—¡Doctor!

—Sí, os repito que vuestro escepticismo me impide hablar, como hubiera hecho en otra ocasión.

—Creo —contesté con voz firme y serena— en Dios y su Iglesia. Creo en los milagros. Creo en lo sobrenatural.

—En ese caso, voy a contaros algo que os hará sonreír. Mi narración espero que os hará pensar.

En el comedor habíamos quedado cuatro convidados, a más de Minna, la hija del dueño de casa; el periodista Riquet, el abate Pureau, recién enviado por Hirch, el doctor y yo. A lo lejos oíamos en la alegría de los salones de palabrería usual de la hora primera del año nuevo: Happy new year! Happy new year! ¡Feliz año nuevo!

El doctor continuó:

—¿Quién es el sabio que se atreve a decir esto es así? Nada se sabe. Ignoramus et ignorabimus. ¿Quién conoce a punto fijo la noción del tiempo? ¿Quién sabe con seguridad lo que es el espacio? Va la ciencia a tanteo, caminando como una ciega, y juzga a veces que ha vencido cuando logra advertir un vago reflejo de la luz verdadera. Nadie ha podido desprender de su círculo uniforme la culebra simbólica. Desde el tres veces más grande, el Hermes, hasta nuestros días, la mano humana ha podido apenas alzar una línea del manto que cubre a la eterna Isis. Nada ha logrado saberse con absoluta seguridad en las tres grandes expresiones de la Naturaleza: hechos, leyes, principios. Yo que he intentado profundizar en el inmenso campo del misterio, he perdido casi todas mis ilusiones.

Yo que he sido llamado sabio en Academias ilustres y libros voluminosos; yo que he consagrado toda mi vida al estudio de la humanidad, sus orígenes y sus fines; yo que he penetrado en la cábala, en el ocultismo y en la teosofía, que he pasado del plano material del sabio al plano astral del mágico y al plano espiritual del mago, que sé cómo obraba Apolonio el Thianense y Paracelso, y que he ayudado en su laboratorio, en nuestros días, al inglés Crookes; yo que ahondé en el Karma búdhico y en el misticismo cristiano, y sé al mismo tiempo la ciencia desconocida de los fakires y la teología de los sacerdotes romanos, yo os digo que no hemos visto los sabios ni un solo rayo de la luz suprema, y que la inmensidad y la eternidad del misterio forman la única y pavorosa verdad.

Y dirigiéndose a mí:

—¿Sabéis cuáles son los principios del hombre? Grupa, jiba, linga, shakira, kama, rupa, manas, buddhi, atma, es decir: el cuerpo, la fuerza vital, el cuerpo astral, el alma animal, el alma humana, la fuerza espiritual y la esencia espiritual…

Viendo a Minna poner una cara un tanto desolada, me atreví a interrumpir al doctor:

—Me parece ibais a demostrarnos que el tiempo…

—Y bien —dijo—, puesto que no os complacen las disertaciones por prólogo, vamos al cuento que debo contaros, y es el siguiente:

Hace veintitrés años, conocí en Buenos Aires a la familia Revall, cuyo fundador, un excelente caballero francés, ejerció un cargo consular en tiempo de Rosas. Nuestras casas eran vecinas, era yo joven y entusiasta, y las tres señoritas Revall hubieran podido hacer competencia a las tres Gracias. De más está decir que muy pocas chispas fueron necesarias para encender una hoguera de amor…

Amooor, pronunciaba el sabio obeso, con el pulgar de la diestra metido en la bolsa del chaleco, y tamborileando sobre su potente abdomen con los dedos ágiles y regordetes, y continuó:

—Puedo confesar francamente que no tenía predilección por ninguna, y que Luz, Josefina y Amelia ocupaban en mi corazón el mismo lugar. El mismo, tal vez no; pues los dulces al par que ardientes ojos de Amelia, su alegre y roja risa, su picardía infantil… diré que era ella mi preferida. Era la menor; tenía doce años apenas, y yo ya había pasado de los treinta. Por tal motivo, y por ser la chicuela de carácter travieso y jovial, tratábala yo como niña que era, y entre las otras dos repartía mis miradas incendiarias, mis suspiros, mis apretones de manos y hasta mis serias promesas de matrimonio, en una, os lo confieso, atroz y culpable bigamia de pasión. ¡Pero la chiquilla Amelia!… Sucedía que, cuando yo llegaba a la casa, era ella quien primero corría a recibirme, llena de sonrisas y zalamerías: "¿Y mis bombones?". He aquí la pregunta sacramental. Yo me sentaba regocijado, después de mis correctos saludos, y colmaba las manos de la niña de ricos caramelos de rosas y de deliciosas grajeas de chocolate, las cuales, ella, a plena boca, saboreaba con una sonora música palatinal, lingual y dental. El porqué de mi apego a aquella muchachita de vestido a media pierna y de ojos lindos, no os lo podré explicar; pero es el caso que, cuando por causa de mis estudios tuve que dejar Buenos Aires, fingí alguna emoción al despedirme de Luz que me miraba con anchos ojos doloridos y sentimentales; di un falso apretón de manos a Josefina, que tenía entre los dientes, por no llorar, un pañuelo de batista, y en la frente de Amelia incrusté un beso, el más puro y el más encendido, el más casto y el más puro y el más encendido, el más casto y el más ardiente ¡qué sé yo! de todos los que he dado en mi vida. Y salí en barco para Calcuta, ni más ni menos que como vuestro querido y admirado general Mansilla cuando fue a Oriente, lleno de juventud y de sonoras y flamantes esterlinas de oro. Iba yo, sediento ya de las ciencias ocultas, a estudiar entre los mahatmas de la India lo que la pobre ciencia occidental no puede enseñarnos todavía. La amistad epistolar que mantenía con madame Blavatsky, habíame abierto ancho campo en el país de los fakires, y más de un gurú, que conocía mi sed de saber, se encontraba dispuesto a conducirme por buen camino a la fuente sagrada de la verdad, y si es cierto que mis labios creyeron saciarse en sus frescas aguas diamantinas, mi sed no se pudo aplacar. Busqué, busqué con tesón lo que mis ojos ansiaban contemplar, el Keherpas de Zoroastro, el Kalep persa, el Kovei—Khan de la filosofía india, el archoeno de Paracelso, el limbuz de Swedenborg; oí la palabra de los monjes budhistas en medio de las florestas del Thibet; estudié los diez sephiroth de la Kabala, desde el que simboliza el espacio sin límites hasta el que, llamado Malkuth, encierra el principio de la vida. Estudié el espíritu, el aire, el agua, el fuego, la altura, la profundidad, el Oriente, el Occidente, el Norte y el Mediodía; y llegué casi a comprender y aun a conocer íntimamente a Satán, Lucifer, Astharot, Beelzebutt, Asmodeo, Belphegor, Mabema, Lilith, Adrameleh y Baal. En mis ansias de comprensión; en mi insaciable deseo de sabiduría; cuando juzgaba haber llegado al logro de mis ambiciones, encontraba los signos de mi debilidad y las manifestaciones de mi pobreza, y estas ideas, Dios, el espacio, el tiempo formaban la más impenetrable bruma delante de mis pupilas... Viajé por Asia, África, Europa y América. Ayudé al coronel Olcott a fundar la rama teosófica de Nueva York. Y a todo esto —recalcó de súbito al doctor, mirando fijamente a la rubia Minna— ¿sabéis lo que es la ciencia y la inmortalidad de todo? ¡Un par de ojos azules... o negros!

—¿Y el fin del cuento? —gimió dulcemente la señorita.

—Juro, señores, que lo que estoy refiriendo es de un absoluta verdad. ¿El fin del cuento? Hace apenas una semana he vuelto a la Argentina, después de veintitrés años de ausencia. He vuelto gordo, bastante gordo, y calvo como una rodilla; pero en mi corazón he mantenido ardiente el fuego del amor, la vestal de los solterones. Y, por tanto, lo primero que hice fue indagar el paradero de la familia Revall. "¡Las Revall —dijeron—, las del caso de Amelia Revall", y estas palabras acompañadas con una especial sonrisa. Llegué a sospechar que la pobre Amelia, la pobre chiquilla... Y buscando, buscando, di con la casa. Al entrar, fui recibido por un criado negro y viejo, que llevó mi tarjeta, y me hizo pasar a una sala donde todo tenía un vago tinte de tristeza. En las paredes, los espejos estaban cubiertos con velos de luto, y dos grandes retratos, en los cuales reconocía a las dos hermanas mayores, se miraban melancólicos y oscuros sobre el piano. A poco Luz y Josefina:

—¡Oh amigo mío, oh amigo mío!

Nada más. Luego, una conversación llena de reticencias y de timideces, de palabras entrecortadas y de sonrisas de inteligencia tristes, muy tristes. Por todo lo que logré entender, vine a quedar en que ambas no se habían casado. En cuanto a Amelia, no me atreví a preguntar nada… Quizá mi pregunta llegaría a aquellos pobres seres, como una amarga ironía, a recordar tal vez una irremediable desgracia y una deshonra… en esto vi llegar saltando a una niña, cuyo cuerpo y rostro eran iguales en todo a los de mi pobre Amelia. Se dirigió a mí, y con su misma voz exclamó:

—¿Y mis bombones?

Yo no hallé qué decir.

Las dos hermanas se miraban pálidas, pálidas y movían la cabeza desoladamente…

Mascullando una despedida y haciendo una zurda genuflexión, salí a la calle, como perseguido por algún soplo extraño. Luego lo he sabido todo. La niña que yo creía fruto de un amor culpable es Amelia, la misma que yo dejé hace veintitrés años, la cual se ha quedado en la infancia, ha contenido su carrera vital. Se ha detenido para ella el reloj del Tiempo, en una hora señalada ¡quién sabe con qué designio del desconocido Dios!

El doctor Z era en este momento todo calvo…

EL DIOS BUENO

(Cuento que parece blasfemo pero no lo es).

Todos los niños del hospicio habían ya rezado después de la taza de chocolate. A los más pequeños les habían persignado las hermanas de la caridad. En la gran sala, alumbrada por una farola de gas, colocada en un extremo, flotaba el aliento acompañado del sueño, exhalándose en las camitas que tenían de nido y de cuna. La hermana Adela vigilaba.

¡La buena hermana Adela! Al muchacho que tenía descubiertos los piececitos, se los cobijaba con la sábana blanca. Al que se había acostado con una mano sobre el corazón, se la quitaba de allí, y le ponía tendido sobre el lado derecho, porque así se duerme bien y no se tienen pesadillas. A cada cual vigilaba la hermana con gran cuidado; al rubiecito Jorge, que tenía los cabellos dorados y las más preciosas manos infantiles; al gordiflón Roberto, una delicia por su gracia; a la dulce perlita Estefanía, que era la que con lindos dientes reía en el jardín, los brazos al cielo, fresca, tierna y alegre, bajo un rosal; ¿a cuántos niños más? Ah, a la incomparable Lea, que era pálida y apacible, y en el juego del recreo la más formal, y rezaba más bellamente, como un pequeño ángel, con las manos juntas, al buen señor Dios, a la hora de acostarse, cuando su espesa cabellera negra manchaba con su negrura la cándida camisa de la chiquilla escuelera.

¡Ninguna como esta adorable pequeña! Era la más amada de las huérfanas inocentes, que vivían en aquella casa de caridad, bendito kindergarten de miniaturas humanas, donde las risas desbordadas, sonaban como canciones locas de pájaros nuevos, en una pajarera encantadora. El día domingo, cuando iban de paseo todos los chicos del hospicio, llamaba la atención Lea, seria cuellierguida, sonriente, con una suave e innata majestad de princesa colibrí. ¡Y era de ver a la vuelta, cómo traían sus naranjas doradas, sus ramos de flores del campo, sus lirios y sus rosas! La hermana Adela queríala mucho, porque no era como otras que le decían impertinencias: "Hermana Adela, ¿por qué tenéis la cabeza rapada como el mozo que nos lleva la leche?". Antes bien le decía cosas sencillas y puras: "Hermana Adela, ¿me permitís dar mis violetas a la cieguecita que está en la esquina cantando su canción?". Otras veces, cuando iban a la misa, en la capilla, fragante de incienso, donde estaba el altar flamante, y el órgano místico y sonoro, y donde el cura viejo y santo alzaba la custodia, Lea estaba inmóvil, fija en el altar. Allá arriba, en el coro, sonaban los himnos religiosos; el sacerdote vestido con su casulla de blanco y oro, bebía en un cáliz de oro también. Todos estaban de rodillas ante él.

Lea decía allí adentro de su cabecita de gorrión recién nacido al sol: La hostia es santa, blanca y redonda; el padre tiene una corona en la cabeza, como la hostia; él bebe en una copa de oro; cuando él alza la custodia tres veces sobre su frente, me está mirando el buen Dios, que me ama, y me ha dado mi cama suave, la leche fresca por la mañana, la muñeca en el día, el chocolate por la noche: así dice la hermana Adela, ¡Oh buen Dios!.

¡Y cuando la plática del señor cura! Era después de la comunión. Allí él, sencillo, ofreciendo sonrisas, procuraba llegar con su palabra a la comprensión de aquellos pequeñines: Tenéis todos una madre, hijos míos, aunque os falta la natural. Es una divina mujer que está allá en el cielo y también en el altar donde digo la misa. Es aquella que está sobre una media luna, con un manto azul, rodeado de cabecitas de niños rosados como vosotros, y que tienen alas. Ella es amorosa, es maternal y os bendice. ¡Vuestro padre es el padre celestial, es el buen Dios!

¡Cómo amaban y comprendían ellos al "padre celestial" a la dulce María Santa, bella y gloriosa, imaginada por el gran Murillo! Y Lea, sobre todo, se fijaba en el "buen Dios", que estaba allá en la capilla, en un retablo, todo soberbio y venerable; un gran anciano de barbas blancas, el Padre Eterno, que tenía los brazos abiertos sobre el mundo, un triángulo de luz en la cabeza, los pies sobre las nubes, lleno de ternura y de majestad, ¡como un abuelo!

Cuando ella iba a su lecho, pequeño y tibio como para que se echase en él una paloma, pensaba en todos los bienes de que se gozaba por el abuelo del cielo, el de la capilla, el que había creado el azul, los pájaros, la leche, las muñecas, la casulla del cura, y la hermana Adela que la persignaba y arrullaba a modo de una madre de verdad.

Las doce. Clara noche.

La hermana se había puesto a rezar: Por la guerra. Porque nos quites ¡oh, Dios mío! Esta horrible tormenta. ¡Porque cese la furia de los hombres malos! ¡Porque respeten nuestra capilla, nuestra bandera con su cruz!

La bandera estaba ya puesta desde el principio de la toma de ciudad, en lo alto del hospicio. La guerra era la más sangrienta y espantosa que había visto el país, se sabía de saqueos, de incendios, de violaciones, de asesinatos horrorosos. Las hermanas de la caridad que dirigían el hospicio habían pedido a los devastadores que se les respetase con sus niños. Así se les había ofrecido. Habían colocado, pues, su bandera: una gran bandera blanca con una cruz roja.

Cuando al caer la tarde, la hermana Adela supo la noticia de que había bombardeo, a la hora del chocolate dijo a todos los chiquillos: Hijos míos, oremos. Siempre oraban antes de comer. De pronto se empezaron a oír lejanos cañonazos. Todos los niños estaban alegres en la mesa, menos Lea. A poco le dijo a la hermana: ¿Oye, hermana? Truena. Otra dijo: Es la guerra. La hermana volvió a ordenar: Niños míos, oremos.

A lo lejos se oían gritos, ruido de gentes en lucha; retumbaba la voz del bronce. Arriba, en el cielo, en la pureza del azul infinito, una luna clara y argentina, en todo su esplendor, derramaba su luz; pálida, indiferente, alumbraba las miserias de la tierra.

¡Dios te salve, María, llena eres de gracia!… Ya se había levantado, a medianoche, la hermana Adela, cuando vio caer la primera bomba en el patio del hospicio. ¡El bombardeo! Luego esos bandidos, esos herodes, sacrificarían en su furia y en su venganza a los inocentes. Pasaban con ruido siniestro e infernal, las granadas en el aire. La bandera con la cruz que estaba sobre el hospicio, era como una pobre y grande ave ideal, delante del espantoso proyectil del bronce inicuo. Allá, no lejos, se oían estallar las bombas y vibrar tristemente los ayes de los heridos. Una casa se envolvía en llamas. El cielo reflejaba el incendio, Dios te Salve, María… La hermana Adela fue y vio las camas de los niños donde en cada una de ellas, alentaba una delicada flor de infancia, llena de aroma divino.

Abrió una ventana y vio como por la calle iban en larga carrera gentes sangrientas y desesperadas, soldados heridos que desfallecían, mujeres desmelenadas con sus hijos en los brazos, a la luz implacable del incendio.

Entonces fue cuando empezaron a caer granadas en el recinto en que dormían los niños. ¡Qué respeto a la bandera santa! ¡Qué cruz roja! ¡Qué la inocencia! Cayó la primera y saltaron dos camitas despedazadas, dos niños muertos en su sueño. Y siguieron cayendo en lluvia tremenda las criminales; y la hermana Adela gemía, porque la muerte no viene nunca así para los pobres inocentes y por eso era como un olvido del cielo para con las rosas vivas que perfumaban aquellas cunas—nidos. Despertaron los chicos al estruendo y se pusieron a llorar, en tanto que la hermana oraba con su rosario en la mano. Granada tras granada, el edificio se iba destruyendo por partes. Al fin se incendió el hospicio. Locas todas las guardianas y maestras de los niños quisieron salvar a los que pudieron tomar en brazos, azorados en su súbito despertar, soñolientos y desnudos.

La hermana Adela corrió a la camita de Lea, donde ya la niña estaba de rodillas, orando al señor anciano de la capilla, que era tan bueno, que hizo el sol y la leche y las frescas flores de mayo; orando por aquello que no comprendía, por aquella tempestad de fuego, por aquella sangre, por aquellos gemidos... Oh, el "buen Dios" no permitiría que fuese así, como ella se lo rogase...

Pero al acercarse la hermana Adela, que la iba a socorrer, cayó cerca otra bomba que hirió a la religiosa, ensangrentando su traje de algodón azul y su corneta de lino blanco.

Con los ojos abiertos en redondo, poseída de algo sobrehumano, la pequeña Lea se alzó de pronto sobre su colchón, y con una voz que helaría de espanto a un hombre de piedra, exclamó retorciendo sus bracitos y mirando hacia arriba:

—¡Oh, buen Dios! ¡No seas malo!...

ARTE Y HIELO

Imagináosle en medio de su taller, el soberbio escultor, en aquella ciudad soberbia. Todo el mundo podía verle alto, flaco, anguloso, con su blusa amarilla a flores rojas, y su gorro ladeado, entre tantas blancas desnudeces, héroes de bronce, hieráticos gestos y misteriosas sonrisas de mármol. Junto a una máscara barbuda, un pie de ninfa o un seno de bacante, y frente a un medallón moderno, la barriga de un Baco, o los ojos sin pupilas de una divinidad olímpica.

Imagináosle orgulloso, vanidoso, febril, ¡pujante!

Imagináosle esclavo de sus nervios, víctima de su carne ardiente y de su ansiar profundo, padre de una bella y gallarda generación inmóvil que le rodeaba y le inspiraba, y pobre como una rata.

¡Imagináosle así!

Villanieve era un lugar hermoso —inútil, inútil, ¡no le busquéis en el mapa!—, donde las mujeres eran todas como diosas, erguidas, reales, avasallantes y también glaciales. Muy blancas, muy blancas, como cinceladas en témpanos, y con labios muy rojos que rara vez sonreían. Gustaban de las pedrerías y de los trajes opulentos; y cuando iban por la calle, al ver sus ademanes candentes, sus cabezas rectas y sus pompas, se diría el desfile de una procesión de emperatrices.

En Villanieve estaba el escultor, grande y digno de gloria; y estaba ahí, porque al hombre, como al hongo, no le pide Dios elección de patria. Y en Villanieve nadie sabía lo que era el taller del escultor, ¡aunque muchos le veían!

Un día el artista tuvo un momento de lucidez, y viendo que el pan le faltaba y que el taller estaba lleno de divinidades, envió a una de tantas a buscar pan a la calle.

Diana salió y, con ser casta diva, produjo un ¡oh! de espanto en la ciudad.

¡Qué! ¿Y era posible que el desnudo fuese un culto especial del arte?

¡Qué! Y esa curva saliente de un brazo, y esa redondez del hombro y ese vientre ¿no son una profanación? Y luego:

—¡Dentro! ¡Dentro! ¡Al taller de donde ha salido!

Y Diana volvió al taller con las manos vacías.

El escultor se puso a meditar en su necesidad.

¡Buena idea! ¡Buena idea!, pensó.

Y corrió a una plaza pública donde concurrían las más lindas mujeres y los hombres mejor peinados, que conocen el último perfume de moda; y ciertos viejos gordos que parecen canónigos y ciertos viejos flacos que cuando andan parece que bailan un minué. Todos con los zapatos puntiagudos y brillantes y un mirar de ¿qué se me da a mí? bastante inefable.

Llegóse al pedestal de una estatua y comenzó: −Señores: yo soy fulano de tal, escultor orgulloso, pero muy pobre. Tengo Venus desnudas o vestidas.

Os advertiré que yo amo el desnudo. Mis Apolos no os desagradarán, porque tienen una crin crespa y luminosa de leones sublimes y en las manos una crispatura que parece que hace gemir el instrumento mágico y divino. Mis Dianas son castas, aunque os pese. Además, sus caderas son blandas colinas por donde desciende Amor, y su aire, cinegético. Hay un Néstor de bronce y un Moisés tan augusto como el miguelangelino. Os haré Susanas bíblicas como Hebes mitológicas, y a Hércules con su maza y a Sansón con su mandíbula de asno. Curva o recta, la línea viril o femenina se destacará de mis figuras, y habrá en las venas de mis dioses blancos, icor, y en el metal moreno pondrá sangre mi cincel.

Para vosotras, mujeres queridas, haré sátiros y sirenas, que serán la joya de vuestros tocadores.

Y para vosotros, hombres pomposos, tengo bustos de guerreros, torsos de discóbolos y amazonas desnudas que desjarretan panteras.

Tengo muchas cosas más; pero os advierto que también necesito vivir. He dicho.

Era el día siguiente:

—Deseo —decía una emperatriz de las más pulcras, en su salón regio, a uno de sus adoradores, que le cubría las manos de besos−, deseo que vayáis a traerme algo de lo más digno de mí, al taller de ese escultor famoso.

Decíalo con una vocecita acariciante y prometedora y no había sino obedecer el mandato de la amada adorable. El caballero galante —que en esos momentos se enorgullecía de estrenar unos cuellos muy altos llegados por el último vapor— despidióse con una genuflexión y una frase inglesa. ¡Oh! ¡Admirable, así, así! Y saliendo a la calle se dirigió al taller.

Cuando el artista vio aparecer en su morada el gran cuello y los zapatos puntiagudos y sintió el aire impregnado de opopónax, dijo para su coleto: Es un hecho que he encontrado ya la protección de los admiradores del arte verdadero, que son los pudientes. Los palacios se llenarán de mis obras, mi generación de dioses y héroes va a sentir el aire libre a plena luz, y un viento de gloria llevará mi nombre, y tendré para el pan de todos los días con mi trabajo.

—Aquí hay de todo —exclamó—: escoged.

El enamorado comenzó a pasar revista de toda aquella agrupación de maravillas artísticas, y desde el comienzo frunció el ceño con aire de descontentadizo, pero también de inteligente. No, no, esas ninfas necesitan una pampanilla; esas redondeces son una exageración; ese guerrero formidable que levanta su maza ¿no tiene los pies anquilosados? Los músculos rotan; no deben ser así; el gesto es horrible; ¡a esa cabellera salvaje le falta pulimento! Aquel Mercurio, Dios mío, ¿y su hoja de parra? ¿Para qué diablos labra usted esas indecencias?

Y el artista estupefacto miraba aquel homo sapiens de Linneo, que tenía un monocle en la cuenca del ojo derecho, y que lanzando una mirada de asombro burlesco, y tomando la puerta, le dijo con el aire de quien inventa la cuadratura del círculo:

—Pero, hombre de Dios, ¿está usted en su juicio?

¡Desencanto!

Y el inteligente, para satisfacer a la caprichosa adoradora, entró a un almacén de importaciones parisienses, donde compró un gran reloj de chimenea que tenía el mérito de representar un árbol con un nido de paloma, donde, a cada media hora, aleteaba ese animalito, hecho de madera, haciendo ¡cuú, cuú!

Y era uno de esos días amargos que sólo conocen los artistas pobres, días en que falta el pan ¡mientras se derrochan las ilusiones y las esperanzas! La última estaba para perder el escultor, y hubiera destruido, a golpes del cincel que les había dado vida, todas sus creaciones espléndidas, cuando llamaron a su puerta. Entró con la cabeza alta y el aire dominador, como uno de tantos reyes burgueses que viven podridos en sus millones.

El escultor se adelantó atentamente.

—Señor —le dijo—, os conozco y os doy las gracias porque os dignáis honrar este taller. Estoy a vuestras órdenes. Ved aquí estatuas, medallas, metopas, cariátides, grifos y telamones. Mirad ese Laocoonte que espanta, y aquella Venus que avasalla. ¿Necesitáis acaso una Minerva para vuestra biblioteca? Aquí tenéis a la Atenea que admira. ¿Venís en busca de adornos para vuestros jardines? Contemplad ese sátiro con su descarada risa lasciva y sus pezuñas de cabra. ¿Os place esta gran taza donde he cincelado la metamorfosis acteónica? Ahí está la virgen diosa cazadora como si estuviese viva, inmaculada y blanca. La estatua del viejo Anacreonte está ante vuestros ojos. Toca una lira. ¿Gustáis de ese fauno sonriente que se muestra lleno de gallardía? ¿Qué deseáis? Podéis mandar y quedaréis satisfecho...

—Caballero —respondió el visitante, como si no hubiese oído media palabra—, tengo muy buenos troncos árabes, ingleses y normandos. Mis cuadras son excelentes. Ahí hay bestias de todas las razas conocidas, y el edificio es de muchísimo costo. Os he oído recomendar como hábil en la estatuaria, y vengo a encargaros para la portada una buena cabeza de caballo. Hasta la vista.

¡Ira, espanto!... Pero un sileno calmó al artista hablándole con sus labios de mármol desde su pedestal.

—¡Eh, maestro! No te arredres: hazle su busto...

EL NACIMIENTO DE LA COL

En el paraíso terrenal, en el día luminoso en que las flores fueron creadas, y antes de que Eva fuese tentada por la serpiente, el maligno espíritu se acercó a la más linda rosa nueva en el momento en que ella tendía, a la caricia del celeste sol, la roja virginidad de sus labios.

—Eres bella.

—Lo soy —dijo la rosa.

—Bella y feliz —prosiguió el diablo—. Tienes el color, la gracia y el aroma.

—Pero…

—¿Pero?…

—No eres útil. ¿No miras esos altos árboles llenos de bellotas? Esos, a más de ser frondosos, dan alimento a muchedumbres de seres animados que se detienen bajo sus ramas. Rosa, ser bella es poco…

La rosa entonces —tentada como después lo sería la mujer— deseó la utilidad, de tal modo que hubo palidez en su púrpura.

Pasó el buen Dios después del alba siguiente.

—Padre —dijo aquella princesa floral, temblando en su perfumada belleza—, ¿queréis hacerme útil?

—Sea, hija mía —contestó el Señor sonriendo.

Y entonces vio el mundo la primera col.

HUITZILOPXTLI

Tuve que ir, hace poco tiempo, en una comisión periodística, de una ciudad frontera de los Estados Unidos, a un punto mexicano en que había un destacamento de Carranza. Allí se me dio una recomendación y un salvoconducto para penetrar en la parte de territorio dependiente de Pancho Villa, el guerrillero y caudillo militar formidable. Yo tenía que ver un amigo, teniente en las milicias revolucionarias, el cual me había ofrecido datos para mis informaciones, asegurándome que nada tendría que temer durante mi permanencia en su campo.

Hice el viaje, en automóvil, hasta un poco más allá de la línea fronteriza en compañía de míster John Perhaps, médico, y también hombre de periodismo, al servicio de diarios yanquis, y del Coronel Reguera, o mejor dicho, el Padre Reguera, uno de los hombres más raros y terribles que haya conocido en mi vida. El Padre Reguera es un antiguo fraile que, joven en tiempo de Maximiliano, imperialista, naturalmente, cambió en el tiempo de Porfirio Díaz de Emperador sin cambiar en nada de lo demás. Es un viejo fraile vasco que cree en que todo está dispuesto por la resolución divina. Sobre todo, el derecho divino del mando es para él indiscutible.

—Porfirio dominó —decía— porque Dios lo quiso. Porque así debía ser.

—¡No diga macanas! —contestaba míster Perhaps, que había estado en la Argentina.

—Pero a Porfirio le faltó la comunicación con la Divinidad… ¡Al que no respeta el misterio se lo lleva el diablo! Y Porfirio nos hizo andar sin sotana por las calles. En cambio Madero…

Aquí en México, sobre todo, se vive en un suelo que está repleto de misterio. Todos esos indios que hay no respiran otra cosa. Y el destino de la nación mexicana está todavía en poder de las primitivas divinidades de los aborígenes. En otras partes se dice: "Rascad… y aparecerá el…". Aquí no hay que rascar nada. El misterio azteca, o maya, vive en todo mexicano por mucha mezcla social que haya en su sangre, y esto en pocos.

—Coronel, ¡tome un whisky! —dijo míster Perhaps, tendiéndole su frasco de ruolz.

—Prefiero el comiteco —respondió el Padre Reguera, y me tendió un papel con sal, que sacó de un bolsón, y una cantimplora llena de licor mexicano.

Andando, andando, llegamos al extremo de un bosque, en donde oímos un grito:

"¡Alto!". Nos detuvimos. No se podía pasar por ahí. Unos cuantos soldados indios, descalzos, con sus grandes sombrerones y sus rifles listos, nos detuvieron.

El Viejo Reguera parlamentó con el principal, quien conocía también al yanqui. Todo acabó bien. Tuvimos dos mulas y un caballejo para llegar al punto de nuestro destino. Hacía luna cuando seguimos la marcha. Fuimos paso a paso. De pronto exclamé dirigiéndome al viejo Reguera:

—Reguera, ¿cómo quiere que le llame, Coronel o Padre?

—¡Como la que lo parió! —bufó el apergaminado personaje.

—Lo digo —repuse— porque tengo que preguntarle sobre cosas que a mí me preocupan bastante.

Las dos mulas iban a un trotecito regular, y solamente míster Perhaps se detenía de cuando en cuando a arreglar la cincha de su caballo, aunque lo principal era el engullimiento de su whisky.

Dejé que pasara el yanqui adelante, y luego, acercando mi caballería a la del Padre Reguera, le dije:

—Usted es un hombre valiente, práctico y antiguo. A usted le respetan y lo quieren mucho todas estas indiadas. Dígame en confianza: ¿es cierto que todavía se suelen ver aquí cosas extraordinarias, como en tiempos de la conquista?

—¡Buen diablo se lo lleve a usted! ¿Tiene tabaco?

Le di un cigarro.

—Pues le diré a usted. Desde hace muchos años conozco a estos indios como a mí mismo, y vivo entre ellos como si fuese uno de ellos. Me vine aquí muy muchacho, desde en tiempo de Maximiliano. Ya era cura y sigo siendo cura, y moriré cura.

—¿Y...?

—No se meta en eso.

—Tiene usted razón, Padre; pero sí me permitirá que me interese en su extraña vida. ¿Cómo usted ha podido ser durante tantos años sacerdote, militar, hombre que tiene una leyenda, metido por tanto tiempo entre los indios, y por último aparecer en la Revolución con Madero? ¿No se había dicho que Porfirio le había ganado a usted?

El viejo Reguera soltó una gran carcajada.

—Mientras Porfirio tuvo a Dios, todo anduvo muy bien; y eso por doña Carmen…

—¿Cómo, padre?

—Pues así… Lo que hay es que los otros dioses…

—¿Cuáles, Padre?

—Los de la tierra…

—¿Pero usted cree en ellos?

—Calla, muchacho, y tómate otro comiteco.

—Invitemos —le dije— a míster Perhaps que se ha ido ya muy delantero.

—¡Eh, Perhaps! ¡Perhaps!

No nos contestó el yanqui.

—Espere— le dije, Padre Reguera; voy a ver si lo alcanzo.

—No vaya— me contestó mirando al fondo de la selva. Tome su comiteco

El alcohol azteca había puesto en mi sangre una actividad singular. A poco andar en silencio, me dijo el Padre:

—Si Madero no se hubiera dejado engañar…

—¿De los políticos?

—No, hijo; de los diablos…

—¿Cómo es eso?

—Usted sabe.

—Lo del espiritismo…

—Nada de eso. Lo que hay es que él logró ponerse en comunicación con los dioses viejos…

—¡Pero, padre…!

—Sí, muchacho, sí, y te lo digo porque, aunque yo diga misa, eso no me quita lo aprendido por todas esas regiones en tantos años… Y te advierto una cosa: con la cruz hemos hecho aquí muy poco, y por dentro y por fuera el alma y las formas de los primitivos ídolos nos vencen… Aquí no hubo suficientes cadenas cristianas para esclavizar a las divinidades de antes; y cada vez que han podido, y ahora sobre todo, esos diablos se muestran.

Mi mula dio un salto atrás toda agitada y temblorosa, quise hacerla pasar y fue imposible.

—Quieto, quieto— me dijo Reguera.

Sacó su largo cuchillo y cortó de un árbol un varejón, y luego con él dio unos cuantos golpes en el suelo.

—No se asuste —me dijo—; es una cascabel.

Y vi entonces una gran víbora que quedaba muerta a lo largo del camino. Y cuando seguimos el viaje, oí una sorda risita del cura…

—No hemos vuelto a ver al yanqui le dije.

—No se preocupe; ya le encontraremos alguna vez.

Seguimos adelante. Hubo que pasar a través de una gran arboleda tras la cual oíase el ruido del agua en una quebrada. A poco: "¡Alto!"

—¿Otra vez? —le dije a Reguera.

—Sí —me contestó—. Estamos en el sitio más delicado que ocupan las fuerzas revolucionarias. ¡Paciencia!

Un oficial con varios soldados se adelantaron. Reguera les habló y oí contestar al oficial:

—Imposible pasar más adelante. Habrá que quedar ahí hasta el amanecer.

Escogimos para reposar un escampado bajo un gran ahuehuete.

De más decir que yo no podía dormir. Yo había terminado mi tabaco y pedí a Reguera.

—Tengo —me dijo— , pero con mariguana.

Acepté, pero con miedo, pues conozco los efectos de esa yerba embrujadora, y me puse a fumar. En seguida el cura roncaba y yo no podía dormir.

Todo era silencio en la selva, pero silencio temeroso, bajo la luz pálida de la luna. De pronto escuché a lo lejos como un quejido largo y aullante, que luego fue un coro de aullidos. Yo ya conocía esa siniestra música de las selvas salvajes: era el aullido de los coyotes.

Me incorporé cuando sentí que los clamores se iban acercando. No me sentía bien y me acordé de la mariguana del cura. Si sería eso…

Los aullidos aumentaban. Sin despertar al viejo Reguera, tomé mi revólver y me fui hacia el lado en donde estaba el peligro.

Caminé y me interné un tanto en la floresta, hasta que vi una especie de claridad que no era la de la luna, puesto que la claridad lunar, fuera del bosque era blanca, y ésta, dentro, era dorada. Continué internándome hasta donde escuchaba como un vago rumor de voces humanas alternando de cuando en cuando con los aullidos de los coyotes.

Avancé hasta donde me fue posible. He aquí lo que vi: un enorme ídolo de piedra, que era ídolo y altar al mismo tiempo, se alzaba en esa claridad que apenas he indicado. Imposible detallar nada. Dos cabezas de serpiente, que eran como brazos o tentáculos del bloque, se juntaban en la parte superior, sobre una especie de inmensa testa descarnada, que tenía a su alrededor una ristra de manos cortadas, sobre un collar de perlas, y debajo de eso, vi, en vida de vida, un movimiento monstruoso. Pero ante todo observé unos cuantos indios, de los mismos que nos habían servido para el acarreo de nuestros equipajes, y que silenciosos y hieráticamente daban vueltas alrededor de aquel altar viviente.

Viviente, porque fijándome bien, y recordando mis lecturas especiales, me convencí de que aquello era un altar de Teoyaomiqui, la diosa mexicana de la muerte. En aquella piedra se agitaban serpientes vivas, y adquiría el espectáculo una actualidad espantable.

Me adelanté. Sin aullar, en un silencio fatal, llegó una tropa de coyotes y rodeó el altar misterioso. Noté que las serpientes, aglomeradas, se agitaban; y al pie del bloque ofídico, un cuerpo se movía, el cuerpo de un hombre: Mister Perhaps estaba allí.

Tras un tronco de árbol yo estaba en mi pavoroso silencio. Creí padecer una alucinación; pero lo que en realidad había era aquel gran círculo que formaban esos lobos de América, esos aullantes coyotes más fatídicos que los lobos de Europa.

Al día siguiente, cuando llegamos al campamento, hubo que llamar al médico para mí.

Pregunté por el Padre Reguera.

—El Coronel Reguera —me dijo la persona que estaba cerca de mí— está en este momento ocupado. Le faltan tres por fusilar.

VOZ DE LEJOS

¿Por qué las hagiografías tienen sus olvidados, como las profanas historias de los hombres políticos del siglo? A estos olvidados pertenecen Santa Judith de Arimatea y San Félix Romano. Apenas en las inéditas apuntaciones de un anciano monje del monte Athos hállase un esbozo de sus vidas y nárrase cómo padecieron el martirio, bajo el poder del cruel emperador Tiberio, 20 años después de J.C.

Cayo Félix Apiano, era de noble familia. Habíale dotado la naturaleza de un aspecto hermoso y gallardo. En sus primeros años de Roma, cuando aún señalaba su distinción la franja de púrpura de su pretexta, habíale consagrado Casia, madre suya, al dios Apolo.

Su gusto por la armonía era extremado. Tocaba instrumentos músicos y frecuentaba a poetas de renombre entonces, por cuya relación entró en el amor de las musas. Pero al mismo tiempo, las costumbres paganas presentaron a su alma juvenil el atractivo de los placeres, e inclináronle a gozar de la vida, coronada de flores. Así pasaba la existencia en canto y fiestas, mimado por las gracias y preferido por las cortesanas. Viajó después a diversos países, no tanto por el deseo de dar a su espíritu de poeta y a sus ojos deseosos el regalo de paisajes nuevos, sino para deleitarse con amores nuevos, mirar femeninos ojos nuevos, besar bocas nuevas. Su vida habíase hecho famosa por sus excesos. Poseíale el demonio de las concupiscencias. Su padre, un día, cansado de sus escándalos, envióle por algún tiempo a Judea, recomendado a la vigilancia, al afecto y buen consejo del pretor.

En Arimatea, cerca de Jerusalén, había nacido Judith, hija de José. Su familia era de buen nombre en la ciudad de su nacimiento. La niña, desde su infancia, apareció dotada de singular vivacidad y hermosura. Su voz alegró la casa de sus padres y en sus ojos ardía una llama extraña. Creció y dio su aroma de mujer, como una roja rosa loca. Su sangre era como de rosa roja. Su corazón era de virgen loca. Poseíala el demonio de las concupiscencias. Un día, al paso de una caravana de mercaderes, Judith desapareció. El viejo padre lloró sobre su infamia.

Judith era la realización de un perturbado ensueño de belleza; belleza en que hubiese intervenido la mano de Satanás, maravilloso y terrible cincelador de simulacros de pecado. Esa belleza especial y cuyo íntimo encanto produce una a modo de delectación dolorosa en el sensitivo que cae bajo su influjo, la tuvo la otra Judith que degolló al guerrero Holofernes; Herodías, centifolia cruel de los Tetrarcas; Salomé, cuya danza de serpiente hizo caer la santa cabeza del bautizador de Dios, pues todas las hembras humanas que nacen con ese don de satánica beldad, gustan de la sangre, se regocijan con las extrañas penas, se encienden de placer ante el espectáculo de los martirios.

Ellas son trasunto de aquella visión del evangelista Juan, la cual tenía, sobre su cabeza, escrita la palabra Misterium.

Son la abominación hechicera y atractiva: son la condenación. Judith de Arimatea pudo tener por nombre Pecada.

En una taberna del burgo de Betania, diviértense unos cuantos mercaderes de granos y soldados de las guardias pretorianas. Varias prostitutas sirven el vino, y luego, al son de los instrumentos, danzan. Entre todas llévase la palma María, mujer de cabellos de oro apellidada Magdalena y Judith, mujer de cabellos negros, de Arimatea.

Ambas poseen en la hermosura de sus cuerpos setenta veces siete encantos, pues son el habitáculo de siete espíritus del mal.

Ambas tienen en las miradas de sus ojos caricias húmedas, promesas candentes; en sus cabellos, ungüentos despertadores del deseo; en sus labios, sonrisas que son un llamamiento al combate carnal. María es lánguidamente apasionada; Judith más fogosa y violenta; María se inclina como una gallarda palma; Judith, en su paso serpentino, hace danzar sus ojos, sus senos, sus brazos, su vientre, como si en ella se contuviese toda la inicial primavera de la sangre.

Félix ha mirado a la danzarina y arde en su ser la llama del deseo.

Júntanse las voluntades por un gesto indicador.

Tiempo después. Betania. Un huerto. Sol. Flores.

FÉLIX: Amada, es un bello día.

JUDITH: Es un bello y dulce día, amado mío.

FÉLIX: Tenemos manzanas en los árboles. Jamás he visto más alegres a los pájaros.

JUDITH: Jamás las mariposas han sido para mí más lindas, mis mejores mensajeras de buenas nuevas.

FÉLIX: Un beso.

JUDITH: Un beso.

FÉLIX: Ciertamente, oh, Judith, la felicidad puede encontrarse sobre la tierra. He aquí cómo nosotros la hemos encontrado. Yo fatigado de las delicias pasajeras, te he escogido como a la ola en que mi nave arrojó el ancla. Tú eres la depositaria de mi corazón.

JUDITH: Tú me elegiste.

FÉLIX: Yo te elegí, oh, poderosa mujer. Te conocí cuando dependías de un mercader de Roma. Nuestros espíritus se comprendieron. Nuestras miradas se dijeron nuestros secretos. Tú eres la esperada de mi alma y de mi cuerpo.

JUDITH: Yo me sentí arrastrada por tu fuerza incomprensible.

FÉLIX: Y he aquí que tú contienes el misterio supremo del placer, tú has hecho vibrar como nunca el arpa de mi vida, desde el primer instante en que tus besos me incendiaron.

JUDITH: Sé amar.

FÉLIX: ¿Nada más? Sabes matar. Juntas la caricia con el dolor. Adoras los oscuros misterios. Llevas tus leones de amor, jugando y saltando, hasta el borde del precipicio de la tumba.

JUDITH: Sé amar. (Exeunt.)

VOZ DE LA BOCA DE SOMBRA: Sembrad rosas y manzanas. Gozad de los goces de la lujuria, juntaos como el jugo de la mandrágora y la sangre de la zarza. Sois predestinados para el mal y para el placer, pues uno no es sin otro.

JUDAS ISCARIOTE: Félix, hermano de mis buenas horas, voy a morir. Estoy al caer al fondo de un precipicio. Juntos hemos recorrido las tabernas alegres, juntos hemos visto las hermosas mujeres. Yo, cerca del maestro, he creído encontrar la felicidad y la dicha. He sido nombrado guardián del tesoro de mis hermanos. Una sombra vaga me ha impulsado siempre a tirar los dados. Esa sombra vaga me ha impulsado siempre a tirar los dados y a seguir con los ojos de mi alma la visión de una riqueza fácil y probable. Soy un tempestuoso pecador entre gentes tranquilas y buenas.

Ayer me has visto en compañía de aquellos pescadores. Aquellos pescadores eran mis compañeros. Él era aquel nazareno de ojos incomprensibles de soberana y dulce majestad.

Mas he aquí que he perdido todo el tesoro a los dados. Todo el tesoro está en poder del centurión que conmigo tiró ayer los dados. Hoy jugué lo último que tenía, ¡oh, Félix!, treinta dineros que cayeron en mis manos como treinta brasas. Jugué y perdí, querido compañero de tabernas. Mientras no tenga construido un muro eterno delante de mis ojos, no dejaré de contemplar una faz triste que me mira. Yo soy el que viene a decirte adiós. No mires en mí sino al elegido de la suerte, o más bien a la víctima de la fatalidad del mal. Tengo una cuerda para mí pescuezo. Cuenta mañana que el cuerpo que cuelga en Hacéldama es el de quien se ahorcó porque el juego le arrancó hasta el último pedazo de piel. Yo no soy, oh Félix, sino por necesidad, suicida. Vendí un cordero por salvarme. He perdido el precio del cordero, y mi existencia no me pertenece ya. Cuenta mañana esto a tus hijos.

LA HIJA DE JAIRO: Judith, yo vengo a ti, pues has sido la amiga de mí infancia. No contemples ahora como antes las pupilas de mis ojos. No miras los dos puntos negros que hay en el centro de las pupilas de mis ojos. Porque si tal miraras, oh, Judith, caerías en el sepulcro.

Yo he visto, después del tiempo en que hemos hecho juntas ramos de rosas, en mis años juveniles, cuando estaba en Arimatea, el sol del cielo frente a frente. Mas después no he de decirte lo que he visto. Cuando miraba el primero quedaba en mi vida la impresión sombría, la huella de su potente luz, como un halo extraño. La impresión que hoy ha quedado en mi alma, en los ojos de mi alma no me lo preguntes, Judith, hermana mía

JUDITH: ¿Has mirado acaso el sol original del amor?

LA HIJA DE JAIRO: La muerte.

(Exeunt).

LONGINOS: Y o soy el ciego que miró por la virtud del agua y de la sangre. Ambos son los humores en que el supremo misterio se recrea: ¡oh, agua del corazón mar; sangre del corazón del hombre!

Todo se ha cumplido. Es la hora ya en que Cristo ha muerto. El Cristo ha partido desconsolado del mundo. Los hombres no le comprendieron como las tinieblas. Porque los hombres están llenos de tinieblas, dijo el profeta. Mas he aquí, que la resurrección anuncia el triunfo del divino símbolo.

JOSÉ: No te conozco, pobre mujer. Vengo de lejos. Nada hay en mi bolsillo. Es ya tarde. Voy a descansar después de un trabajo tal, que mi alma de anciano está contenta cual si fuese el alma de mi infancia. No puedo darle limosna.

JUDITH: ¡Padre!

JOSÉ: ¿Padre? No te conozco, pobre mujer.

JUDITH: Díganle lo que yo no puedo decirte, mi cabello despeinado y mis ojos rojos de llanto.

VOZ DE LA BOCA DE SOMBRA: He aquí, oh, José de Arimatea, que esa pobre mujer desgarrada es tu hija. Ella ha pecado y ha emblanquecido tus cabellos con deshonra; mas un día llegó en que la amiga de María Magdalena y la amante de Félix, oyera la voz el maestro celeste, y su corazón fue conmovido como todo corazón cuando se le hiere en su más sensible fibra de amor. Y la pecadora miserable se levantó en busca de su salvación. Y su cabellera perfumada de ungüentos, desdeñó las flores.

Y fue el día viernes, el último día viernes en que la tierra tembló y se rasgó el velo del templo. Y tú, oh, José de Arimatea, que has tenido un refugio de piedra para el cuerpo del Salvador, tuviste unos ojos que eran carne de tu carne, ojos femeninos y filiales, junto a los de las tres Marías y de Juan, cerca de las cruces del suplicio, y la gracia penetró en el espíritu de la pecadora, como un puñal de luz sacrosanta, y el señor perdonó a la hija de José de Arimatea, como había perdonado a María Magdalena.

JOSÉ: Pues que así pecó, perdónela Dios como a María la Magdalena. Borre la bendición del Padre de luz la maldición del padre de carne.

Camino el desierto, van dos túnicas de pelo de camello. Cuatro pies se despedazan sus sandalias, contra las piedras del camino. Van dos elegidos de Dios que antes eran pecadores, a predicar la fe de Cristo, que no ha mucho tiempo fue crucificado en Judea por el pretor Pilatos.

Uno es Félix de Roma, que va camino del Circo de los leones.

Otro es Judith de Arimatea, que va camino del Circo de los leones.

Ambos han padecido y hecho penitencia por veinte años. son seres del Señor. Su paso es santo.

EL POETA: Yo digo la palabra que encarna mi pensamiento y mi sentimiento. La doy al mundo como Dios me la da. No busco que el público me entienda. Quiero hablar para las orejas de los elegidos. El pueblo se junta con los aristos. A ellos mi ser, la música intencional de mi lengua.

LA LARVA

Como se hablase de Benvenuto Cellini y alguien sonriera de la afirmación que hace el gran artífice en su Vida, de haber visto una vez una salamandra, Isaac Codomano dijo:

—No sonriáis. Yo os juro que he visto, como os estoy viendo a vosotros, si no una salamandra, una larva o una empusa.

Os contaré el caso en pocas palabras.

Yo nací en un país en donde, como en casi toda América, se practicaba la hechicería y los brujos se comunicaban con lo invisible. Lo misterioso autóctono no desapareció con la llegada de los conquistadores. Antes bien, en la colonia aumentó, con el catolicismo, el uso de evocar las fuerzas extrañas, el demonismo, el mal de ojo. En la ciudad en que pasé mis primeros años se hablaba, lo recuerdo bien, como de cosa usual, de apariciones diabólicas, de fantasmas y de duendes. En una familia pobre, que habitaba en la vecindad de mi casa, ocurrió, por ejemplo, que el espectro de un coronel peninsular se apareció a un joven y le reveló un tesoro enterrado en el patio. El joven murió de la visita extraordinaria, pero la familia quedó rica, como lo son hoy mismo los descendientes. Aparecióse un obispo a otro obispo, para indicarle un lugar en que se encontraba un documento perdido en los archivos de la catedral. El diablo se llevó a una mujer por una ventana, en cierta casa que tengo bien presente. Mi abuela me aseguró la existencia nocturna y pavorosa de un fraile sin cabeza y de una mano peluda y enorme que se aparecía sola, como una infernal araña. Todo eso lo aprendí de oídas, de niño. Pero lo que yo vi, lo que yo palpé, fue a los quince años; lo que yo vi y palpé del mundo de las sombras y de los arcanos tenebrosos.

En aquella ciudad, semejante a ciertas ciudades españolas de provincias, cerraban todos los vecinos las puertas a las ocho, y a más tardar, a las nueve de la noche. Las calles quedaban solitarias y silenciosas. No se oía más ruido que el de las lechuzas anidadas en los aleros, o el ladrido de los perros en la lejanía de los alrededores.

Quien saliese en busca de un médico, de un sacerdote, o para otra urgencia nocturna, tenía que ir por las calles mal empedradas y llenas de baches, alumbrado a penas por los faroles a petróleo que daban su luz escasa colocados en sendos postes.

Algunas veces se oían ecos de músicas o de cantos. Eran las serenatas a la manera española, las arias y romanzas que decían, acompañadas por la guitarra, ternezas románticas del novio a la novia. Esto variaba desde la guitarra sola y el novio cantor, de pocos posibles, hasta el cuarteto, septuor, y aun orquesta completa y un piano, que tal o cual señorete adinerado hacía soñar bajo las ventanas de la dama de sus deseos.

Yo tenía quince años, una ansia grande de vida y de mundo. Y una de las cosas que más ambicionaba era poder salir a la calle, e ir con la gente de una de esas serenatas. Pero ¿cómo hacerlo?

La tía abuela que me cuidó desde mi niñez, una vez rezado el rosario, tenía cuidado de recorrer toda la casa, cerrar bien todas las puertas, llevarse las llaves y dejarme bien acostado bajo el pabellón de mi cama. Mas un día supe que por la noche había una serenata. Más aún: uno de mis amigos, tan joven como yo, asistiría a la fiesta, cuyos encantos me pintaba con las más tentadoras palabras. Todas las horas que precedieron a la noche las pasé inquieto, no sin pensar y preparar mi plan de evasión. Así, cuando se fueron las visitas de mi tía abuela —entre ellas un cura y dos licenciados— que llegaban a conversar de política o a jugar el tute o al tresillo, y una vez rezada las oraciones y todo el mundo acostado, no pensé sino en poner en práctica mi proyecto de robar una llave a la venerable señora.

Pasadas como tres horas, ello me costó poco pues sabía en dónde dejaba las llaves, y además, dormía como un bienaventurado. Dueño de la que buscaba, y sabiendo a qué puerta correspondía, logré salir a la calle, en momentos en que, a lo lejos, comenzaban a oírse los acordes de violines, flautas y violoncelos. Me consideré un hombre. Guiado por la melodía, llegue pronto al punto donde se daba la serenata. Mientras los músicos tocaban, los concurrentes tomaban cerveza y licores. Luego, un sastre, que hacía de tenorio, entonó primero A la luz de la pálida luna, y luego Recuerdas cuando la aurora… Entro en tanto detalles para que veáis cómo se me ha quedado fijo en la memoria cuanto ocurrió esa noche para mí extraordinaria. De las ventanas de aquella Dulcinea, se resolvió ir a las de otras. Pasamos por la plaza de la Catedral. Y entonces…He dicho que tenía quince años, era en el trópico, en mí despertaban imperiosas todas las ansias de la adolescencia…

Y en la prisión de mi casa, donde no salía sino para ir al colegio, y con aquella vigilancia, y con aquellas costumbres primitivas… Ignoraba, pues, todos los misterios. Así, ¡cuál no sería mi gozo cuando, al pasar por la plaza de la Catedral, tras la serenata, vi, sentada en una acera, arropada en su rebozo, como entregada al sueño, a una mujer! Me detuve.

¿Joven? ¿Vieja? ¿Mendiga? ¿Loca? ¡Qué me importaba! Yo iba en busca de la soñada revelación, de la aventurera anhelada.

Los de la serenata se alejaban.

La claridad de los faroles de la plaza llegaba escasamente. Me acerqué. Hablé; no diré que con palabras dulces, mas con palabras ardientes y urgidas. Como no obtuviese respuesta, me incliné y toqué la espalda de aquella mujer que ni quería contestarme y hacía lo posible por que no viese su rostro. Fui insinuante y altivo. Y cuando ya creía lograda la victoria, aquella figura se volvió hacia mí, descubrió su cara, y ¡oh espanto de los espantos! aquella cara estaba viscosa y deshecha; un ojo colgaba sobre la mejilla huesona y saniosa; llegó a mí como un relente de putrefacción. De la boca horrible salió como una risa ronca; y luego aquella "cosa", haciendo la más macabra de las muecas, produjo un ruido que se podría indicar así:

—¡Kgggggg!...

Con el cabello erizado, di un gran salto, lancé un gran grito. Llamé.

Cuando llegaron algunos de la serenata, la «cosa» había desaparecido.

Os doy mi palabra de honor, concluyó Isaac Codomano, que lo que os he contado es completamente cierto.

LA PESADILLA DE HONORIO

¿Dónde? A lo lejos, la perspectiva abrumadora y monumental de extrañas arquitecturas, órdenes visionarios, estilos de un orientalismo portentoso y desmesurado. A sus pies un suelo lívido; no lejos, una vegetación de árboles flacos, desolados, tendiendo hacia un cielo implacable, silencioso y raro, sus ramas suplicantes, en la vaga expresión de un mudo lamento. En aquella soledad Honorio siente la posesión de una fría pavura...

¿Cuándo? Es en una hora inmemorial, grano escapado quizás del reloj del tiempo. La luz que alumbra no es la del sol; es como la enfermiza y fosforescente claridad de espectrales astros. Honorio sufre el influjo de un momento fatal, y sabe que en esa hora incomprensible todo está envuelto en la dolorosa bruma de una universal angustia. Al levantar sus ojos a la altura un estremecimiento recorre el cordaje de sus nervios: han surgido del hondo cielo constelaciones misteriosas que forman enigmáticos signos anunciadores de próximos e irremediables catástrofes... Honorio deja escapar de sus labios, oprimido y aterrorizado, un lamentable gemido: ¡Ay!...

Y como si su voz tuviese el poder de una fuerza demiúrgica, aquella inmensa ciudad llena de torres y rotondas, de arcos y espirales, se desplomó sin ruido ni fracaso, cual se rompe un fino hilo de araña.

¿Cómo y por qué apareció en la memoria de Honorio esta frase de un soñador: la tiranía del rostro humano? Él la escuchó dentro de su cerebro, y cual si fuese la víctima propiciatoria ofrecida a una cruel deidad, comprendió que se acercaba el instante del martirio, del horrible martirio que le sería aplicado... ¡Oh sufrimiento inexplicable del condenado solitario! Sus miembros se petrificaron, amarrados con ligaduras de pavor; sus cabellos se erizaron como los de Job cuando pasó cerca de él un espíritu; su lengua se pegó al paladar, helada e inmóvil; y sus ojos abiertos y fijos empezaron a contemplar el anonadador desfile. Ante él había surgido la infinita legión de las Fisonomías y el ejército innumerable de los Gestos.

Primero fueron los rostros enormes que suelen ver los nerviosos al comenzar el sueño, rostros de gigantes joviales, amenazadores, pensativos o enternecidos.

Después...

Poco a poco fue reconociendo en su penosa visión estas o aquellas línea, perfiles y facciones: un bajá de calva frente y los ojos amodorrados; una faz de rey asirio, con la barba en trenzas; un Vitelio con la papada gorda, y un negro, negro, muerto de risa. Una máscara blanca se multiplicaba en todas las expresiones: Pierrot. Pierrot indiferente, Pierrot amoroso, Pierrot abobado, Pierrot terrible, Pierrot, desmayándose de hilaridad; doloroso, pícaro, inocente, vanidoso, cruel, dulce, criminal: Pierrot mostraba el poema de su alma en arrugas, muecas, guiños y retorcimientos faciales. Tras él los tipos de todas las farsas y las encarnaciones simbólicas. Así erigían enormes chisteras grises, cien congestionados johmbulles y atroces tiosamueles, tras los cuales Punch encendía la malicia de sus miradas sobre su curva nariz. Cerca de un mandarín amarillo de ojos circunflejos, y bigotes ojivales, un inflado fraile, cuya cara cucurbitácea tenía incrustadas dos judías negras por pupilas; largas narices francesas, potentes mandíbulas alemanas, bigotazos de Italia, ceños españoles; rostros exóticos: el del negro rey Baltasar, el del malayo de Quincey, el de un persa, el de un gaucho, el de un torero, el de un inquisidor…

"Oh, Dios mío…" —suplicó Honorio—. Entonces oyó distintamente una voz que le decía: "¡Aún no, sigue hasta el fin!". Y apareció la muchedumbre hormigueante de la vida banal de las ciudades, las caras que representan a todos los estados, apetitos, expresiones, instintos, del ser llamado Hombre; la ancha calva del sabio de los espejuelos, las nariz ornada de rabiosa pedrería alcohólica que luce en la faz del banquero obeso; las bocas torpes y gruesas; las quijadas salientes y los pómulos de la bestialidad; las faces lívidas, el aspecto del rentista cacoquimio; la mirada del tísico, la risa dignamente estúpida del imbécil de salón, la expresión suplicante del mendigo; estas tres especialidades; el tribuno, el martillero y el charlatán, en las distintas partes de sus distintas arengas; "¡Socorro!", exclamó Honorio.

Y fue entonces la irrupción de las Máscaras, mientras en el cielo se desvanecía un suave color de oro oriental. ¡La legión de las Máscaras! Se presentó primero una máscara de actor griego, horrorizada y trágica, tal como la faz de Orestes delante de las Euménides implacables; y otra riente, como una gárgola surtidora de chistes. Luego por un fenómeno mnemónico, Honorio pensó en el teatro japonés, y ante su vista floreció un diluvio de máscaras niponas: la risueña y desdentada del tesoro de Idzoukoushima, una de Demé Jioman, cuyas mejillas recogidas, frente labrada por triple arruga vermicular y extendidas narices, le daban un aspecto de suprema jovialidad bestial; caras de Noriaki, de una fealdad agresiva; muecas de Quasimodo asiáticos, y radiantes máscaras de dioses, todas de oro. De China Lao—tse, con un inmenso cráneo. Pou-tai, el sensual con su risa de idiota; de Konei—Sing, dios de la literatura, la máscara mefistofélica; y con sus cascos, perillas y bigotes escasos, desfilan las de madarines y guerreros. Por último vio Honorio como un incendio de carmines y bermellones, y revoló ante sus miradas el enjambre carnavalesco. Todos los ojos: almendrados, redondos, triangulares, casi amorfos; todas las narices: chatas, roxelanas, borbónicas, erectas, cónicas, fálicas, innobles, cavernosas, conventuales, marciales, insignes; todas las bocas: arqueadas, en media luna, en ojiva, hechas con sacabocado, de labios carnosos, místicas, sensuales, golosas, abyectas, caninas, batracias, hípicas, asnales, porcunas, delicadas, desbordadas, desbridadas, retorcidas...; todas las pasiones, la gula, la envidia, la lujuria, los siete pecados capitales multiplicados por setenta veces siete...

Y Honorio no pudo más: sintió un súbito desmayo, y quedó en una dulce penumbra de ensueño, en tanto que llegaban a sus oídos los acordes de una alegre comparsa de Carnestolendas...

SOR FILOMENA

¡Ya está hecho, por todos los diablos! —rugió el obeso empresario, dirigiéndose a la mesita de mármol en que el pobre tenorio ahogaba su amargura en la onda de ópalo de un vaso de ajenjo.

El empresario, ese famoso Krau —¿no conocéis la celebridad de su soberbia nariz, un verdadero dije de coral ornado de rubio alcohólico?— el empresario pidió el suyo con poca agua. Luego, secó el sudor de su frente, y dando un puñetazo que hizo temblar la bandeja y los vasos, soltó la lengua:

—¿Sabes, Barlet? Estuve en toda la ceremonia: lo he presenciado todo. Si te he de decir la verdad, fue una cosa conmovedora… No somos hechos de fierro.

Contóle lo que había visto. A la linda niña, la joya de su troupe, tomar el velo, sepultar su belleza en el monasterio, profesar, con su vestido oscuro de religiosa, la vela de cera en la mano blanca. Después los comentarlos de la gente: "¡Una cómica, monja!… A otro perro con ese hueso…".

Barlet, el enamorado romántico, veía a lo alto y bebía a pequeños sorbos.

Eglantina Charmat, mimada del público parisiense, había sido contratada para una tounée por los países de América. Bella, suavemente bella, tenía una dulce voz de ruiseñor. Un cronista la bautizó en una ocasión con el lírico nombre de Filomela. Tenía los cabellos un tanto oscuros, y cuando se le desataban en las escenas agitadas, hacía con gracia propia para recogérselos, el mismo encantador movimiento de la Reichemberg. Entró en el teatro por la pasión del arte. Hija de un comerciante bordelés que la adoraba y la mimaba, un buen día, el excelente señor, después del tiempo de Conservatorio, la condujo él mismo al estreno. Tímida y adorable, obtuvo una victoria espléndida. Quién no recuerda la locura que despertó en todos, cuando la vimos arrullar, incomparable Mignón:

"Connais tu le pays oú fleurit l'oranger?…"

Festejada por nababs y rastas pudo, raro temperamento, extraña alma, conservarse virtuosa, en medio de las ondas de escándalo y lujuria que a la continua pasan sobre todo eso que lleva la gráfica y casta designación de carne de tablas. Siguió en una carrera de gloria y provecho. Su nombre se hizo popular. Las noches de representación, la aguardaba su madre para conducirla a la casa. Su reputación se conservaba intacta. Jamás el Gil Blas se ocupó de ella con reticencias o alusiones que indicasen algo vedado: nadie sabía que la aplaudida Eglantina favoreciese a ningún feliz adorador, siquiera con la tierna flor de una promesa, de una esperanza. ¡Almita angelical encerrada en la más tentadora estatua de rosado mármol!

Era ella una soñadora del divino país de la armonía. ¿Amor? Sí, sentía el impulso de amor. Su sangre virginal y ardiente le inundaba el rostro con su fuego. Pero el príncipe de su sueño no había llegado, y en espera de él, desdeñaba con impasibilidad las galanterías fútiles de bastidores y las misivas estúpidas de los cresos golosos. Allá en el fondo de su alma le cantaba un pájaro invisible una canción, vaga como un anhelo de juventud, delicada como un fresco ramillete de flores nuevas. Y cuando era ella la que cantaba, ponía en su voz el trino del ave de su alma: y así era como una musa, como la encarnación de un ideal soñado y entrevisto, y de sus labios diminutos y rojos, caían, a gotas harmónicas, trémolos cristalinos, arpegios florecidos de melodía, las amables músicas de los grandes maestros, a los cuales ella agregaba la delicia de su íntimo tesoro. Juntaba también a sus delectaciones de artista profundos arrobamientos místicos. Era devota...

—¿Pero no estáis escribiendo eso de una cómica?

...Era devota. No cantaba nunca sin encomendarse a la virgencita de la cabecera de su cama, una virgencita de primera comunión. Y con la misma voz suya con que conmovía a los públicos y ponía el estremecimiento de su fuerza mágica sobre los palcos y plateas interpretando la variada sinfonía de los amores profanos, lanzaba, en los coros de ciertas iglesias, la sagrada lluvia sonora de las notas de la música religiosa. Interpretando tan bien los deliquios del infinito amor divino; y así su espíritu, que vagaba entre las rosas terrenales como una mariposa de virtud, iba a cortar con las vírgenes del paraíso las margaritas celestes que perfuman los senderos de luz por donde yerran, poseídos de la felicidad eterna, las inmortales almas de los bienaventurados. Ella cantaba entonces con todo su corazón, haciendo vibrar su voz de ruiseñor en medio de la tempestad gloriosa del órgano; y su lengua se regocijaba con las alabanzas a la Reina María Santísima y al dulce Príncipe Jesús.

Un día, empero, llegó el amado de su ensueño, el cual era su primo y se llamaba el capitán Pablo. Entonces comenzó el idilio. El viejo bordelés lo aprobaba todo, y el señor capitán pudo vanagloriarse de haber desflorado con un beso triunfante la casta frente de lys de la primaveral

Eglanlina. Ella fabricó inmediatamente dos castillos en el aire, con el poder de su gentil cabecita. Primero: aceptaría la contrata que desde hacía tiempo le proponía el obeso y conocido Krau, para una tournée en América; segundo: a su vuelta, ya rica, se casaría.

Concertada la boda, Eglantina firmó la célebre contrata, con gran contentamiento de Krau, que en el día del arreglo presentó más opulenta y encendida su formidable nariz. ¡Qué negocio! ¡Qué viaje triunfal! Y en la imaginación veía caer el diluvio de oro de Río, de Buenos Aires, de Santiago, de México, de Nueva York, de la Habana.

También firmó contrato Barlet, ese tenorcito que, a pesar de su buena voz, tiene la desgracia de ser muy antipático, por gastar en su persona demasiados cosméticos y brillantinas. Y Barlet, ¡por todos los diablos!, se enamoró de la diva.

Ella, a pesar de las insinuaciones de Krau en favor del tenor, pagaba su pasión con las más crueles burlas. ¿Burlas en el amor? Mal hecho. En los buenos días de la Provenza del siglo XIII, habría merecido versos severos del poeta lírico Fabre d'Uzes, y la marquesa de Mallespine la habría condenado por su crueldad, a dar por lo menos un beso, en público, al desventurado y malferido adorador. Eglantina llevaba en su corazón la imagen del capitán. Por la noche, al acostarse, rezaba por él, le encomendaba en sus oraciones y a él enviaba su amor con el pensamiento.

El primer castillo aéreo empezaba a solidificarse. En Río de Janeiro ganó la diva crecidas sumas. El día de su beneficio recogió una cestilla de diamantes. El emperador Don Pedro, le envió un imperial solitario. En Montevideo, en Buenos Aires, en Lima, fue para la deliciosa Mignón la inacabable fiesta de las flores y del oro. Entre tanto, Barlet desafinaba de amor; y más de una vez se inició en su contra la más estupenda silva. Pasaron meses. En vísperas de regresar, Krau recibió propuestas excelentes de Santiago de Chile, y se encaminó para allá con su compañía. Eglantina estaba radiante de gozo. Pronto volvería a Francia, y entonces…

Mas un día, después de leer una carta de París, al concluir la temporada del Municipal, la diva se quedó pálida, pálida… Allá, en la tierra de la porcelana y del opio, en el horrible Tonkin, había muerto el capitán. El segundo castillo aéreo se había venido al suelo, rompiendo en su fracaso la ilusión más amada de la triste almita angelical. Esa noche había que hacer Mignon, la querida obra favorita, que tenía que cantar Eglantina con su áurea voz arrebatadora:

"¿Connais tu le pays, oú fleurit l'oranger…?"

Y cantó, y nunca, ¡ay! con mayor encanto y ternura. En sus labios temblaba la balada lánguida de la despedida, el gemido de todas las tristezas, la cantiga doliente de todas las desesperanzas… Y en el fondo de su ser, ella, la rosa de París, sabía que no tenía ya amores e ilusiones de la tierra, y que solamente hallaría consuelo en la Reina María Santa y en el dulce Príncipe Jesús.

Santiago estaba asombrado. La prensa hacía comentarios. El viejo bordelés, que había acompañado a su hija, lloraba preparando sus baúles.

—¡Adiós, mi buena Eglantina!

Y en el coro del Monasterio estaba de fiesta el órgano; porque sus notas iban a acompañar la música argentina de la garganta de la monja… Un ruiseñor en el convento; una verdadera Sor Filomela. Y ahora, caballeros, os pido que no sonriáis delante de la verdad.

VERÓNICA

Fray Tomás de la Pasión era un espíritu perturbado por el demonio de la ciencia. Flaco, anguloso, nervioso, pálido, dividía sus horas del convento entre la oración, la disciplina y el laboratorio. Había estudiado las ciencias ocultas antiguas, nombraba con cierto énfasis, en las conversaciones del refectorio, a Paracelso y a Alberto el Grande, y admiraba a ese otro fraile Schwartz, que nos hizo el favor de mezclar el salitre con el azufre.

Por la ciencia había llegado hasta penetrar en ciertas iniciaciones astrológicas y quirománticas; ella le desviaba de la contemplación y del espíritu de la Escritura; en su alma estaba el mal de la curiosidad, la oración misma era olvidada con frecuencia, cuando algún experimento le mantenía caviloso y febril; llegó hasta pretender probar sus facultades de zahorí, y los efectos de la magia blanca. No había duda de que estaba en gran peligro su alma, a causa de su sed de saber y de su olvido de que la ciencia constituye sencillamente, en el principio, el arma de la Serpiente; en el fin, la esencial potencia del Anticristo.

¡Oh, ignorancia feliz, santa ignorancia! Fray Tomás de la Pasión no comprendía tu celeste virtud, que pone un especial nimbo a ciertos mínimos siervos de Dios, entre los esplendores místicos y milagrosos de las hagiografías. Los doctores explican y comentan altamente, cómo ante los ojos del Espíritu Santo, las almas de amor son de modo mayor glorificadas que las almas de entendimiento. Hello ha pintado, en los sublimes vitraux de sus Fisonomías de santos, a esos beneméritos de la Caridad, a esos favorecidos de la humildad, a esos seres columbinos, sencillos y blancos como los lirios, limpios de corazón, pobres de espíritu, bienaventurados hermanos de los pajaritos del Señor, mirados con ojos cariñosos y sororales por las puras estrellas del firmamento. Huysmans en el maravilloso libro en que Durtal se convierte, viste de resplandores paradisíacos al lego guardapuercos que hace bajar a la pocilga la admiración de los coros arcangélicos, el aplauso de las potestades de los cielos. Y fray Tomás de la Pasión no comprendía eso. Él creía, creía, con la fe de un verdadero creyente. Mas la curiosidad le azuzaba el espíritu, le lanzaba a la averiguación de los secretos de la naturaleza y de la vida. A tal punto, que no comprendía cómo esa sed de saber, ese deseo indomable de penetrar en lo velado y en lo arcano del universo, era obra del pecado, y añagaza del Bajísimo para impedirle de esa manera su consagración absoluta a la adoración del Eterno Padre.

Llegó a manos de fray Tomás un periódico en que se hablaba detalladamente del descubrimiento del alemán doctor Roentgen, quien había encontrado la manera de fotografiar a través de los cuerpos opacos; supo lo que era el tubo Crookes, la luz catódica, el rayo X. Vio el facsímile de una mano cuya anatomía se transparentaba claramente, y la figura patente de objetos retratados entre cajas bien cerradas.

No pudo desde ese instante estar tranquilo. ¿Cómo podría él encontrar un aparato como los aparatos de aquellos sabios? ¿Cómo podría realizar en su convento las mil cosas que se amontonaban en su enferma imaginación?

En las horas de los rezos y de los cantos, notábanle todos los otros miembros de la comunidad, ya meditabundo, ya agitado como por súbitos sobresaltos, ya con la faz encendida por repentina llama de sangre, ya con los ojos como extáticos, fijos en el cielo o clavados en la tierra. Y era la obra del pecado que se afianzaba en el fondo de aquel combatido pecho: el pecado bíblico de la curiosidad, el pecado de Adán junto al árbol de la ciencia del bien y del mal.

Múltiples ideas se agolpaban a la mente del religioso, que no encontraba la manera de adquirir los preciosos aparatos. ¡Cuánto de su vida no daría él por ver los peregrinos instrumentos de los sabios nuevos, en su pobre laboratorio de fraile aficionado, y sacar las anheladas pruebas, hacer los maravillosos ensayos que abrían una nueva era a la sabiduría humana! Si así se caminaba, no sería imposible llegar a encontrar la clave del misterio de la vida... Si se fotografiaba ya lo interior de nuestro cuerpo, bien podía pronto el hombre llegar a descubrir visiblemente la naturaleza y origen del alma; y, aplicando a la ciencia las cosas divinas ¿por qué no? Aprisionar en las visiones de los éxtasis, y en las manifestaciones de los espíritus celestiales, sus formas exactas y verdaderas... ¡Si en Lourdes hubiese habido una instantánea, durante el tiempo de las visiones de Bernadette! Si en los momentos en que Jesús o su Madre Santa favorecen con su presencia corporal a señalados fieles, se aplicase la cámara obscura... ¡oh, cómo se convencerían entonces los impíos! !cómo triunfaría la religión!...

Así cavilaba, así se estrujaba los sesos el pobre fraile, tentado por uno de los más encarnizados príncipes de las tinieblas.

Y sucedió que en uno de esos momentos, en uno de los instantes en que su deseo era más vivo, en hora en que debía estar entregado a la disciplina y a la oración en la celda, se presentó a su vista uno de los hermanos de la comunidad, llevándole un envoltorio bajo el hábito.

—Hermano —le dijo—, os he oído decir que deseabais una máquina como esas con que los sabios están maravillando el mundo. Os la he podido conseguir. Aquí la tenéis.

Y depositando el envoltorio en manos del asombrado Tomás, desapareció, sin que este tuviese tiempo de advertir que bajo el hábito se habían mostrado, en el momento de la desaparición, dos patas de chivo. Fray Tomás, desde el día del misterioso regalo, consagrose a sus experimentos. Faltaba a maitines, no asistía a la misa, excusándose como enfermo. El padre provincial solía amonestarle; y todos le veían pasar, extraño y misterioso, y temían por la salud de su cuerpo y de su alma.

Y él, ¿qué hacía?

Fotografió una mano suya, frutas, estampas dentro de libros, otras cosas más.

Y una noche, el desgraciado, se atrevió por fin a realizar su pensamiento…

Dirigiose al templo, receloso, a pasos callados. Penetró en la nave principal, y se dirigió al altar en que, a la luz de una triste lámpara de aceite, se hallaba expuesto el Santísimo Sacramento. Abrió el tabernáculo. Sacó el copón. Tomó una sagrada forma. Salió huyendo para su celda.

Al día siguiente, en la celda de fray Tomás de la Pasión, se hallaba el señor arzobispo delante del padre provincial.

—Ilustrísimo señor —decía éste—, a fray Tomás le hemos encontrado muerto. No andaba muy bien de la cabeza. Esos sus estudios y aparatos creo que le hicieron daño.

—¿Ha visto su reverencia esto? —dijo su señoría ilustrísima, mostrándole una placa fotográfica que recogió del suelo, y en la cual se hallaba, con los brazos desclavados y una terrible mirada en los divinos ojos, la imagen de Nuestro Señor Jesucristo.

EL AÑO QUE VIENE SIEMPRE ES AZUL

"El Año que viene siempre es azul". Así dije en una de las semanas anteriores, y no habría creído que mi frase fuera la causa de una dulce confidencia de mujer.

El año que viene suele ser gris, lectoras, y para vosotras escribo esta demostración de ello. Sencillamente, una historia referida por una asidua amiga de El Heraldo, historia melancólica quizá, seguramente verdadera, y que bien pudiera ser la motivadora de una serie de sonetos, escrita por cualquier nervioso que conozca el ritmo y la prosodia y sea un poco soñador. La historia es ésta.

Había una vez una niña rubia, que muy fácilmente hubiera nacido paloma o lirio, por causa de una dulce humedad que hacía los ojos adorables y una blancura pálida que hacía su frente luminosa y casi paradisíaca.

Cuando esta niña destrenzaba sus cabellos, el sol empapaba de luz las hebras, y cuando se asomaba a la ventana, que daba al jardín, las abejas confundían sus labios con una fresca centifolia.

Tanta hermosura había provocado la factura de gruesos cuadernillos de madrigales; pero el padre, hombre sesudo, tenía la excelente idea de no dejar acercarse a su hija a los poetas.

Llegó el tiempo de la primavera en el primer año en que la hermosa niña vestía de largo.

Por primera vez pensó al ver el azul del cielo, una tarde misteriosa, en que sus oídos escucharían con placer un amoroso ritornelo y en que no está de más un bozo de seda y otro sobre un labio sonrosado.

Después de la primavera con sus revelaciones ardientes llegó el verano, todo calor, despertando los gérmenes, poniendo oro en las espigas, caldeando la tierra con su incendio.

La niña había encontrado el bozo rubio sobre una boca roja; pero no en el salón, en la gran capital, sino a la orilla del mar inmenso, lleno de ondas pérfidas como las mujeres, según Shakespeare, en el puerto donde por la ley del verano llegó la niña que empezaba a despertar a la vida de los deseos amorosos, con los anhelos de una adolescencia en flor.

Tiempo. Los amantes —no os extrañéis, lectoras, ¡y qué os habéis de extrañar!— se comprendieron en un día en que una misma vibración de luz hirió sus pupilas. Una mirada —y esto es lugar común en asuntos de amor— es una declaración.

¡Oh, se amaron mucho! Él era joven, virgen el alma como ella. Fue aquello una sublime confidencia mutua, un desgarramiento de los velos íntimos del alma, un "yo te amo" pronunciado por dos bocas en silencio, pero cuyo eco resonó en los dos pechos a la vez.

Se hablaban de lejos con flores. Lengua perfumada y místicamente deliciosa. Una azucena sobre el seno de ella era un mensaje; un botón de rosa en el ojal de la levita de él, era un juramento.

El viento del mar, propicio a los enamorados, les favorecía llevando los suspiros de uno y otro. La naturaleza y el sueño tienen ciertos mensajeros para los corazones que se aman. Un ave puede muy bien llevar un verso, y a Puck, hecho mariposa, le es permitido entregar, sin ruido ni deslumbramiento, un beso de un amado a una amada, o viceversa.

Aquellos amores de lejos fueron profundísimos. En el alma de él había un sol y en la de ella un alba.

Pero el verano partía.

El viejo invierno, con la cabellera blanca de nieve, anunciaba su llegada.

La niña debía partir a la ciudad, al salón donde aparecería por primera vez a los ojos de todos, señorita hecha, con crujidor traje de raso, de esos en que ríe la luz.

Y partió. Pero llevando consigo —¡caso casi increíble! — toda la inefable ilusión que le había llenado el alma en su despertamiento.

El quedó en la vida de la esperanza, agitado, conmovido y soñando en el año venidero.

—¡El año que viene siempre es azul! —pensaría.

La hermosura encontró admiración en la gran capital. Su mano fue solicitada por muchos pretendientes. Pero aquel corazón de mujer fiel y rara tenía su compañero aquí, junto al gran Océano, donde sopla un viento salado y hay ondas pérfidas, como las mujeres, según el poeta inglés.

Y pensaba —¡ella también! — en la dicha del año que viene, del año azul.

Pero Dios dispone unas tristezas tan hondas, que hacen meditar en su infinito amor de abuelo para con los hombres, a veces incomprensible.

La dulce niña se volvió tísica.

De su opulencia, en medio de riqueza y lujo, de sedas, oro y mármol, se la llevó la muerte, como quien arranca una flor de un macetero.

¡La pálida estrella! Aquel encanto se hundió en la sepultura, y la corona de azahares y el velo blanco fueron para la tierra.

La lectora de El Heraldo que me ha referido esta historia fue confidente de la muerta enamorada.

Le reveló su amor al morir y cerró los ojos para siempre, pensando en el amado, que era casi un adolescente, con su sedoso bozo y su primera pasión.

Y la narradora agregó:

—¡Oh! Ese joven es hoy un escéptico y un corazón de hielo. El año que vino fue para él negro.

—¡Si, pero para ella siempre fue azul. Voló a ser rosa celeste, alma sagrada, donde debe de existir el ensueño como realidad, la poesía como lenguaje y como luz el amor!

HEBRAICO

Aquel día el viejo Moisés, estando solo en su tienda, todavía con el sagrado temblor que ponía en sus nervios la visión de Dios —pues acababa de recibir de Jehová una de tantas leyes del gran Levitico—, sintió una vocecita extraña que le llamaba de afuera.

—Entra —respondió.

Acto continuo, saltó dentro una liebre.

La pobrecita venía cansada, echando el bofe, pues a carrera abierta había comenzado su caminata desde las faldas del Sinai, hasta el lugar en que, residía el legislador.

—¿Moisés?

—Servidor...

Con mucho interés, como una liebre que estuviese comprometida en asuntos graves, comenzó:

—Señor, ha llegado a mis orejas que acabáis de promulgar la ley que declara a ciertos animales puros y a otros impuros. Los primeros pueden ser comidos impunemente, los segundos tienen para ellos una gracia especial, por la cual no pueden ser trabajados para el humano estómago. Interesada en la cuestión, espero vuestra palabra.

Y Moisés:

—No tengo inconveniente. Aarón, mi hermano, y yo hemos oído de la divina boca la ley nueva. Sígueme.

A las puertas del templo estaba Aarón recién consagrado pontífice, bello y soberbio como un rey del tabernáculo.

La luz hacía brillar la pompa santa, y el sacerdote ostentaba su túnica de jacinto, su ephod de oro, jacinto y púrpura, lino y grana reteñida y su luciente y ceñido cinturón.

Las piedras del racional se descomponían en iris trémulos; las palabras bíblicas, el sordio, el topacio, la verde esmeralda, el jaspe, el zafiro azul y poético, el carbunclo, sol en miniatura, el ligurio, el ágata, la amatista, el crisólito, el ónix y el berilo. Doce piedras, doce tribus. Y Aarón, con ese bello traje, hacia sus sacrificios siempre. ¡Qué hermosura!

Oyó de labios de Moisés la petición de la liebre, y con una buena risa accedió así:

—Sabed —dijo— que el mandamiento del Señor es:

"Los hijos de Israel deben comer estos animales: los que tienen la pezuña hendida y rumian.

Los que rumian y no tienen la pezuña hendida, son inmundos, no deben comerse.

El querogrilo es un inmundo.

Y la liebre (aquí la liebre dio un salto). Porque también rumia y no tiene hendida la pezuña.

Y el puerco, por lo contrario.

Lo que tiene aletas y escamas, así en el mar como en los ríos, se comerá.

Esto en cuanto a los peces.

De las aves, no se comerá ni el águila ni el grifo, ni el esmerejón.

Lo propio el milano y el buitre y el cuervo y el avestruz y la lechuza y el laro. Nada de gavilanes. Nada de somormujos y de ibis y cisnes.

Tampoco se comerá el onocrótalo, ni el calamón, el herodión y el caradión y la abubilla y el murciélago.

Todo volátil que anda sobre cuatro patas será abdominable como no tenga las piernas de atrás como el brucó, el attaco y el ofiómaco.

Son inmundos los animales que rumian y tienen pezuña, pero no hundida; y aquellos que tienen cuatro pies y andan sobre las manos.

Además, la comadreja, el ratón, el cocodrilo, el camaleón, la migala y el topo".

Y al concluir pronunció un "he dicho" que dio por terminado el extracto de la ley.

La liebre meditaba.

—Señores —exclamó al cabo de un rato (¡desgraciada! Sin saber que se perdía, y con ella toda su raza) –, se ha cometido un crimen atroz. Un israelita, un hijo de Hon, hijo de Pheleth, hijo de Rubén, ha hecho de un hermano mío un guiso, y se lo ha comido.

Aarón y Moisés se miraron con extrañeza.

La barba blanca del gran hebreo, moviéndose de un costado a otro sobre los pechos, demostraba una verdadera exaltación en el anciano augusto. ¡Cómo! Alguno de las tribus que oían por él la palabra de Dios se había atrevido en ese propio día, a contravenir la más fresca de las leyes! ¡Cómo! ¡No valía nada que hubiese él recibido las tablas magnas del Eterno Padre, y que hubiese consagrado pontífice a su hermano Aarón! Ya verían, ya verían. Truenos se habían escuchado sobre su cabeza escultórica, relámpagos le habían surcado la frente, y ahora, ¿qué? ¡Con que un israelita!

Muy bien.

Presto, presto, se buscó al culpable. Se le encontró. Venía hasta con restos del cuerpo del delito. Como quien dice con cazuela y todo. El cacharro humeaba mantecoso y despidiendo un rico olor de fritanga, ni más ni menos que como chez Brinck, en el Hotel Inglés, o donde papá Bounout. El resto de la liebre estaba ahí.

La liebre viva miraba con sus redondos ojos espantados a los dos hermanos. Aarón interrogaba al acusado, Moisés examinaba en tanto el guiso, verdaderamente digno de aquel antecesor de Lúculo y de los Dumas.

El acusado se defendió como pudo. Explicó su necesidad y disculpó su apetito, alegando ignorancia de la nueva ley.

Había que juzgarle severamente. Quizá hubiera podido ser lapidado. Mas le salvó una circunstancia, un detalle, que la liebre acusadora contempló con horror: los dos jueces hermanos probaron el manjar cocinado por el rubenista, y según cuenta el pergamino en que he leído esta historia, concluyeron por chuparse los dedos y perdonar al culpable. La consabida clase de animales fue declarada comible y sabrosa.

Pero el buen Dios, que oyó las quejas del animal acusador, se condolió de él y le concedió un cirineo que le ayudase a sufrir su destino.

Desde aquel día de conmiseración se da a las veces gato por liebre.

EL HUMO DE LA PIPA

Acabamos de comer.

Lejos del salón donde sonaban cuchicheos tugaces, palabras cristalinas —habría damas—, yo estaba en el gabinete de mi amigo Franklin, hombre joven que piensa mucho, y tiene los ojos soñadores y las palabras amables.

El champaña dorado me había puesto alegría n la lengua y luz en la cabeza. Reclinado en un sillón, pensaba n cosas lejanas y dulces que uno desea tocar. Era un desvanecimiento auroral, y yo era feliz, con mis ojos entrecerrados.

De pronto, colgada de la pared vi una de esas pipas delgadas, que gustan a ciertos aficionados, suficientemente larga, para sentarle bien a una cabeza de turco, y suficientemente corta para satisfacer a un estudiante alemán.

Gárgola mi amigo, la acerqué a mis labios.

¡En aquellos momentos me sentía un baja!

Arrojé al aire fresco la primera bocanada de humo.

¡Oh, mi Oriente deseado, por quien sufro la nostalgia de lo desconocido!

Pasó él a mi vista, entre aquella opacidad nebulosa que flotaba delante de mí como un velo sutil que envolviese un espíritu. Era una mujer muy blanca que sonreía con labios venusinos y sangrientos como una rosa roja. Eran unos tapices negros y amarillos, y una esclava circasiana que danzaba descalza, levantando los brazos con indolencia. Y érase un gran viejo hermoso como un Abrahán, con un traje rosa, opulento y crujidor, y un turbante blanco, y una barba espesa, más blanca todavía, que le descendía hasta cerca de la cintura.

El viejo pasó, el baile concluyó.

Solos la mujer de labios sangrientos y yo, ella me cantaba en su lengua arábiga unas como melopeas desfallecientes, y tejía cordones de crines de oro, echado cerca, miraba pensativo la lluvia del sol que caía en un patio enlosado de mármol donde había rosales y manzanos.

Y deshizo el viento la primera bocanada de humo desapareciendo en tal instante un negro gigantesco que me traía, cálida y olorosa, una taza de café.

Arrojé la segunda bocanada.

Frío. El Rhin, bajo un cielo opaco. Venían ecos de la selva, y con el ruido del agua formaban para mis oídos extrañas y misteriosas melodías que concluían casi al empezar, fragmentos de strausses locos, fugas wagnerianas, o tristes acordes del divino Chopin. Allá arriba apareció la luna, pálida y amortiguada. Se besaron en el aire dos suspiros del pino y de la palmera. Yo sentía mucho amor y andaba en busca de una ilusión que se me había perdido. De lo negro del bosque vinieron a mí unos enanos que tenían caperuzas encarnadas y en las cinturas pendientes unos cuernos de marfil. Tú que andas en busca de una ilusión —me dijeron—, ¿quieres verla por un momento?

Y los seguí a una gruta de donde emergía una luz alba y un olor de violeta. Y allí vi a mi ilusión. Era melancólica y rubia. Su larga cabellera, como un manto de reina.

Delgada y vestida de blanco, y esbelta y luminosa la deseada, tenía de la visión y del ensueño. Sonreía, y su sonrisa hacía pensar en puros y paradisíacos besos.

Tras ella, la mujer adorable, creí percibir dos alas como las de los arcángeles bíblicos.

La hablé y brotaron de mi lengua versos desconocidos y encantadores que salían solos y enamorados del alma.

Ella se adelantaba tendiéndome sus brazos.

—¡Oh —le dije—, por fin te he encontrado y ya nunca me dejarás!

Nuestros labios se iban a confundir, pero la bocana se extinguió perdiéndose ante mi vista la figura ideal y el tropel de enanos que soplaban sus cuernos en la fuga.

La tercera bocanada, plomiza y con amontonamiento de cúmulus, vino a quedar casi fija frente a mis ojos.

Era un lago lleno de islas bajo el cielo tropical. Sobre el agua azul había un lago lleno de islas bajo el cielo tropical. Sobre el agua azul había garzas blancas, y de las islas verdes se levantaba al fuego del sol como una tumultuosa y embriagante confusión de perfumes salvajes.

En una barca nueva iba yo bogando camino de una de las islas, y una mujer morena, cerca, muy cerca de mí. Y en sus ojos todas las promesas, y en sus labios todos los ardores, y en su boca todas las mieles. Su aroma, como de azucena viva; y ella cantaba como una niña alocada, al son del remo que partiendo las olas y chorreando espumas que plateaba el día. Arribamos a la isla, y los pájaros al vernos se pusieron a gritar a coro: "¡Qué felicidad! ¡Que felicidad!". Pasamos cerca de un arroyo y también exclamó con su voz argentina: "¡Qué felicidad!", yo cortaba flores rústicas a la mujer morena, y con el ardor de las caricias las flores se marchitaban presto, diciendo también ellas: "¡Qué felicidad!" y todo se disolvió con la tercera bocanada, como en un telón de silforama.

En la cuarta vi un gran laurel, todo reverdecido y frondoso, y en el laurel un arpa que sonaba sola. Sus notas pusieron estremecimiento en mi ser, porque con su voz armónica decía el arpa:

"¡Gloria, gloria!".

Sobre el arpa había un clarín de bronce que sonaba con el estruendo de la voz de todos los hombres al unísono, y debajo del arpa tenía nido una paloma blanca. Alrededor del árbol y cerca de su pie, había un zarzal lleno de espinas agudísimas, y en las espinas sangre de los que se habían acercado al gran laurel. Vi a muchos que delante de mí luchaban destrozándose, y cuando alguno, tras tantas bregas y martirios, lograba acercarse y gozar de aquella sagrada sombra, sonaba el clarín a los cuatro vientos.

Y a la gigantesca clarinada, llegaban a revolar sobre la cumbre del laurel todas las águilas de los contornos.

Entonces quise llegar yo también. Lancéme a buscar el abrigo de aquellas ramas. Oía voces que me decían: "¡Ven!", mientras que iban quedando en las zarzas y abrojos mis carnes desgarradas. Desangrado, débil, abatido, pero siempre pensando en la esperanza, juntaba todos mis esfuerzos por desprenderme de aquellos horribles tormentos, cuando se deshizo la cuarta bocanada de humo.

Lancé la quinta. Era la primavera. Yo vagaba por una selva maravillosa, cuando de pronto vi que sobre el césped estaban bajo el ancho cielo azul todas las hadas reunidas en conciliábulo. Presidía la madrina Mab. ¡Qué de hermosuras! ¡Cuántas frentes coronadas por una estrella! ¡Y yo profanaba con mis miradas tan secretas y escondida reunión! Cuando me notaron, cada cual propuso un castigo.

Una dijo: —Dejémosle ciego.

Otra: —Tornémosle de piedra.

—Que se convierta en árbol.

—Conduzcámosle al reino de los monos.

—Sea azotado doscientos años en un subterráneo por un esclavo negro.

—Sufra la suerte del príncipe Camaralzamán.

—Pongámosle prisionero en el fondo del mar...

Yo esperaba la tremenda hora del fallo decisivo. ¿Qué suerte me tocaría? Casi todas las hadas habían dado su opinión. Faltaban tan solamente el hada Fatalidad y la reina Mab.

¡Oh, la terrible hada Fatalidad! Es la más cruel de todas, porque entre tantas bellezas, ella es arrugada, gibosa, bizca, coja, espantosa.

Se adelantó riendo con risa horrible. Todos las hadas le temen un poco. Es formidable.

—No —dijo—, nada de lo que habéis dicho vale la pena. Esos sufrimientos son pocos, porque con todos ellos puede llegar a ser amado. ¿No sabéis la historia de la princesa que se prendó locamente de un pájaro, y la del príncipe que adoró una estatua de mármol y hielo? Sea condenado, pues, a no ser amado nunca, y a caminar en carrera rápida el camino del amor, sin detenerse jamás. El hada Fatalidad se impuso. Quedé condenado, y fuéronse todas agitando sus varitas argentinas. Mab se compadeció de mí. Para que sufras menos —me dijo— toma este amuleto en que está grabada por un genio la gran palabra.

Leí: Esperanza.

Entonces comenzó a cumplirse la sentencia. Un látigo de oro me hostigaba, y una voz me decía:

—¡Anda! Y sentía mucho amor, mucho amor, y no podía detenerme a calmar esa sed. Todo el bosque me hablaba. —Yo soy amada –me decía una palmera estremeciendo sus hojas. —Soy amada —me decía una tórtola en su nido. —Soy amado —cantaba el ruiseñor. —Soy amado –rugía el tigre. Y todos los animales de la tierra y todos los peces del mar y todos los pájaros del aire repetían en coro a mis oídos: —¡Soy amado! Y la misma gran madre, la tierra fecunda y morena, me decía temblando bajo el beso del sol: —¡Yo soy amada! Corría, volaba, y siempre con la insaciable sed. Y sonaba hiriendo la áurea huasca y repetía: —¡Anda! La siniestra voz. Y pasé por las ciudades. Y oía ruido de besos y suspiros. Todos, desde los ancianos a los niños, exclamaban:

—¡Soy amado! Y las desposadas me mostraban desde lejos sus ramas de azahares.

Y yo gritaba: —¡Tengo sed!

Y el mundo era sordo.

Tan sólo me reanimaba llevando a mis labios mi frío amuleto.

Y seguí, seguí...

La quinta bocanada se la había deshecho el viento.

Floto la sexta.

Volví a sentir el látigo y la misma voz. ¡Anduve!

Lancé la séptima. Vi un hoyo negro cavado en la tierra, y dentro un ataúd.

Una risa perlada y lejana de mujer me hizo abrir los ojos.

La pipa se había apagado.

LA MATUSCHKA

I

¡Oh, qué jornada, qué lucha! Habíamos, al fin, vencido; pero a costa de mucha sangre. Nuestra bandera, que el gran San Nicolás bendijo, era, pues, la bandera triunfante. Pero ¡cuántos camaradas quedaban sin vida en aquellos horribles desfiladeros! De mi compañía nos salvamos muy pocos. Yo, herido, aunque no gravemente, estaba en la ambulancia. Allí se me había vendado el muslo que una bala me atravesó, rompiéndome el hueso. Yo no sentía mi dolor: la patria rusa estaba victoriosa. En cuanto a mi hermano Iva, lo recuerdo muy bien: al borde de un precipicio recibió un proyectil en el pecho, dio un grito espantoso, y cayó, soltando el fusil, cuya bayoneta relampagueó en la humareda. Vi morir a otros: al buen sargento Lernoff; a Pablo Tenivich, que tocaba y cantaba aires populares y que alegraba las horas del vivac; a todos mis amigos.

Me sentía con fiebre. Ya la noche había entrado, triste, triste, muy triste, y al ruido de la batalla sucedió un silencio interrumpido sólo por el "¡Quién vive!" de los centinelas. Se andaba recogiendo heridos, y el cirujano Lazarenko, que era calvo y muy forzudo, daba mucho que hacer a sus cuchillos, aquellos largos y brillantes cuchillos guardados en una caja negra, de donde salían a rebanar carnes humanas.

De repente alguien se dirigió al lugar en que me encontraba. Abrí lo que la fiebre persistía en cerrar, y vi que junto a mí estaba, toda llena de nieve, embozada en su mantón, la vieja Matuschka del regimiento. A la luz escasa de la tienda la vi pálida, fija en mí, como interrogándome con la mirada.

—Y bien —me dijo—: decidme lo que sabéis de Nicolás, de mi Nicolasín. ¿Dónde le dejaste de ver? ¿Por qué no vino? Le tenía sopa caliente, con su poco de pan. La sopa hervía en la marmita cuando los últimos cañonazos llegaron a mis oídos. ¡Ah!, decía yo. Los muchachos están venciendo, y en cuanto a Nicolasín, está muy niño aún para que me lo quiera quitar el Señor. Seis batallas lleva ya, y en todas no ha sacado herida en su pellejo, ni en el de su tambor. Yo le quiero y él me quiere; quiere a su Matuschka, a su madre. Es hermoso. ¿Dónde está? ¿Por qué no vino contigo, Alexandrovitch?

Yo no, había visto al tambor después de la batalla. En el terrible momento del último ataque debía de haber sido muerto. Quizá estaría solo y lo traerían más tarde en la ambulancia. El chico era querido por todo el regimiento.

—Matuschka, espera. No te aflijas. San Nicolás debe proteger a tu pequeño.

Mis palabras la calmaron un tanto. Sí; debía de llegar el chico. Si estaba herido, sería levemente. Ella lo asistiría y no le dejaría un solo instante. ¡Oh, oh! Con el Schnaps de su tonel le haría estar presto en disposición de redoblar tan gallardamente como sólo él lo hacía cada alborada. ¿No es verdad, Alexandrovitch?

Mas el tiempo pasaba. Ella había salido a buscarle por las cercanías, le había llamado por su nombre, pero sus gritos no habían tenido más respuesta que el eco en aquella noche sombría en que aparecían como fantasmas blancos los picos de las rocas y las copas de los árboles nevados.

II

La Matuschka había acompañado a los ejércitos rusos en muchas campañas. ¿De dónde era? Se ignoraba. Quería lo mismo a los moscovitas que a los polacos, y daba el mismo schnaps de caldo al mujik que servía de correo como al ruso cosaco de grande y velludo gorro. En cuanto a mí, me quería un poquito más, como al pobre Pablo de Tenovitch, porque yo hacía coplas en el campamento, y a la Matuschka le gustaban las coplas. Me refería un caso con frecuencia.

—Muchacho: un día en Petersburgo, día de revista, iba con el Gran Duque un hombre cuyo rostro no olvidaré nunca. De esto hace muchos años; el Gran Duque me sonrió, y el otro, acercándose a mí, me dijo: "¡Eh, brava Matuschka!". Y me dio dos palmaditas en el hombro. Después supe que aquel hombre era un poeta que hacía canciones hermosas y que se llamaba Puschkin.

La anciana quería a Tenovitch por su música. No bien él, en un corro de soldados, preludiaba en su instrumento su canción favorita El soldado de Kulugi..., la Matuschka le seguía con su alegre voz cascada, llevando el compás con las manos.

—Para vosotros, chicos, no hay medida. Hartaos de sopa; y si queréis lo del tonel, quedad borrachos.

Y era de verla en su carreta, la vara larga en la mano, el flaco cuerpo en tensión, los brazos curtidos, morenos a prueba de sol y de nieve, el cuello arrugado, con una gargantilla de cuentas gruesas de vidrio negro, y la cabeza descubierta, toda canosa. Acosaba a los animales para que no fuesen perezosos: "¡Hue! ¡Gordinflón! ¡Juuuip, Siberiano!". Y la carreta de la Matuschka era gran cosa para todos. En ella venía el rancho y el buen aguardiente que calienta en el frío y da vigor en la lucha. Detrás de las tropas en marcha, iban siempre las viejas. Si había batalla ya sabían los fogueados que tenían cerca el trago, el licor del tonel siempre lleno por gracia del general.

—Matuschka, mis soldados necesitan dos cosas: mi voz y tu tonel.

Y el schnaps nunca faltaba. ¿Cuándo faltó?

III

Pero si la anciana amaba a todos sus muchachos, sin excepción, a quien había dado su afecto maternal era a Nicolasín, el tambor. De catorce a quince años tenía el chico, y hacía poco tiempo que estaba en el servicio.

Todos le mirábamos como a cosa propia, con gran cariño, y él a todos acariciaba con sus grandes ojos azules y su alegre sonrisa, al redoblar su parche delante del regimiento en formación. El hermoso muchacho tenía el aire de todo un hombre, y usaba la gorra ladeada, con barboquejo, caída sobre el ojo izquierdo. Debajo de la gorra salían opulentos los cabellos dorados. Cuando Nicolasín llegó al cuerpo, la Matuschka le adoptó, puede decirse. Ella, sin más familia que los soldados, hecha a ver sangre, cabezas rotas y vientres abiertos, tenía el carácter férreo y un tanto salvaje. Con Nicolasín se dulcificó. ¿Quería alguien conseguir algo de la carreta? Pues hablar con Nicolasín; schnaps, Nicolasín; un tasajo, Nicolasín, y nadie más. La vieja le miraba. Siempre que él estaba junto a ella, sonreía y se ponía parlanchina; nos contaba cuentos e historias de bandidos de campaña, de héroes y de rusalcas. A veces, cantaba aires nacionales y coplas divertidas. Un día le compuse unas que la hicieron reír mucho, con toda gana; en ella comparaba la cabeza del doctor Lazarenko con una bala de cañón. Eso era gracioso. El cirujano rio también y todos reímos bastante.

El pequeño, por su parte, miraba a la vieja como a una madre, o mejor como a una abuela. Ella entre la voz de todos los tambores reconocía la de su Nicolasín. Desde lejos, le hacía señas, sentada en la carreta, y él la saludaba levantando la gorra sobre su cabeza. Cuando se iba a dar alguna batalla, eran momentos grandes para ella:

—Mira, no olvides al santo patrono que se llama como tú. No pierdas de vista al capitán, y atiende a su espada y a su grito. No huyas; pero tampoco quiero que te maten, Nicolasín, porque entonces yo moriría también.

Y luego le arreglaba su cantimplora forrada en cuero, y su morral. Y cuando ya todos íbamos marchando, le seguía con la vista, entre las filas de los altos y fuertes soldados que iban con el saco a la espalda y el arma al hombro, marcando el paso, a entrar a la pelea.

¿Quién no oye repicar en su tambor la diana alegre al fornido Nicolasín? La piel tersa campanilleaba al golpe del palo que la golpeaba con amor; de los aros brotaban notas cristalinas, y él parche, de tanto en tanto, sonaba como una lámina de bronce. Tambor bien listo, cuidado por su dueño con afecto. Por seis veces vimos al chico enguirnaldarle de verde después de la victoria. Y al marchar al compás cadencioso, cuando Nicolasín los miraba, rojo y lleno de cansancio, pero siempre sonriente y animoso, a muchos que teníamos las mejillas quemadas y los bigotes grises, nos daban ganas de llorar. ¿Viva la Rusia, Nicolasín? Vivaaaaaaa y un rataplán.

Luego, cuando alguien cala en el campo, ya pensaba en él. Era el ángel de la ambulancia. ¿Queréis esto? ¿Queréis lo otro? Eso que tenéis es nada. Pronto estaréis bueno. Os animaréis y cantaremos con la Matuschka. ¿La copa? ¿El plano? Bravo, Nicolasín... Yo le quería tanto como si fuese mi hermano o mi hijo.

IV

Imaginamos primeramente que el punto principal estaba ocupado por el enemigo. Nuestro camino era uno sólo. Y adelante. Debía sucumbir mucha gente nuestra; pero como esto, si se ha de ganar, no importa en la guerra, estaban dispuestos los cuerpos que debían ser carne para las balas. Yo era de la vanguardia. Allí iba Nicolasín tocando paso redoblado, cuando todos teníamos el dedo en el gatillo, la cartuchera por delante y la mente alocada por la furia.

Recuerdo que primeramente escuché un enorme ruido, que luego cesó; después rugidos humanos sonaron, y en el choque tremendo que sobrevino nadie tuvo conciencia de sí. Todas las bayonetas buscaban las barrigas y los pechos. Creo que si en vez de ser nosotros infantes, hubiéramos sido cosacos o húsares, en los primeros instantes hubiéramos salido vencedores. Seguí oyendo el tambor. Fue el segundo encuentro. Pero Nicolasín, después, caía herido. No supe más.

V

¡Dios mío, qué noche tan tremenda! La Matuschka me dejó y dirigióse al cirujano. Él alineaba, entretanto, sus hierros relumbrosos. Como vio a la vieja gimoteando, la consoló a su manera. Lazarenko era así...

—Matuschka, no te aflijas. El rubito llegará. Si viene ensangrentado y roto, lo arreglaré. Le juntaré los huesos, le coseré las carnes y le meteré las tripas. No te aflijas, Matuschka.

Ella salió. Al rato, cuando ya me estaba quedando dormido, escuché un grito agudo de mujer. Era ella. Entraron dos cosacos conduciendo una camilla. Allí estaba Nicolasín, todo bañado en sangre, el cráneo despedazado y todavía vivo. No hablaba; pero hacía voltear en las anchas cuencas los ojos dolorosos. La Matuschka no lloraba. Fija la mirada en el doctor, le interrogaba ansiosa con ella. Lazarenko movió tristemente la cabeza. "¡Pobre Nicolasín!...".

Ella fue entonces a su carreta. Trajo un jarro de aguardiente, humedeció un trapo y lo llevó a los labios del chico moribundo. Ella le miró con amargura y terneza al propio tiempo. Desde mi lecho de paja yo veía aquella escena desgarradora, y tenía como un nudo en la garganta. Por fin, el tambor mimado, el pequeño rubio, se estiró con una rápida convulsión. Sus brazos retorcieron y de su boca salió como un gemido apagado. Entrecerró los párpados y quedó muerto.

—¡Nicolasín! —gritó la vieja—. ¡Nicolasín, mi muchacho, mi hijo!

Y soltó el llanto. Le besaba el rostro, las manos; le limpiaba el cabello pegado a la frente con la sangre coagulada, y agitaba la cabeza, y miraba con aire tal como si estuviese loca. Muy entrada la noche, comenzó otra nevada. El aire frío y áspero soplaba y hacía quejarse a los árboles cercanos. La tienda de la ambulancia se movía. La luz que alumbraba el recinto, a cada momento parecía apagarse. Se llevaron el cadáver de Nicolasín.

Yo no pude dormir después ni un solo minuto. Cerca, se escuchaban en el silencio nocturno, los desahogos lúgubres y desesperados de la Matuschka, que estaba aullando al viento como una loba.

BETÚN Y SANGRE

Todas las mañanitas al cantar el alba, saltaba de su pequeño lecho, como un gorrión alegre que deja el nido. Haciendo trompeta con la boca, se empezó a vestir ese día, recorriendo todos los aires que echan al viento por las calles de la ciudad los organillos ambulantes.

Se puso las grandes medias de mujer que le había regalado una sirvienta de casa rica, los calzones de casimir a cuadros que le ganó al gringo del hotel, por limpiarle las botas todos los días durante una semana, la camisa remendada, la chaqueta de dril, los zapatos que sonreían por varios lados. Se lavó en una palangana de lata que llenó de agua fresca.

Por un ventanillo entraba un haz de rayos de sol que iluminaba el cuartucho destartalado, el catre cojo de la vieja abuela, a quien él, Periquín, llamaba "mamá"; el baúl antiguo forrado de cuero y claveteado de tachuelas de cobre, las estampas, cromos y retratos de santos, San Rafael Arcángel, San Jorge, el Corazón de Jesús, y una oración contra la peste, en un marquito, impresa en un papel arrugado y amarillo por el tiempo.

Concluido el tocado, gritó:

—¡Mamá, mi café!

Entró la anciana rezongando, con la taza llena del brebaje negro y un pequeño panecillo. El muchacho bebía a gordos tragos y mascaba a dos carrillos, en tanto que oía las recomendaciones:

—Pagas los chorizos donde la Braulia. ¡Cuidado con andar retozan—do! Pagas en la carpintería del Canche la pata de la silla, que cuesta real y medio. ¡No te pares en el camino con la boca abierta! Y compras la cecina y traes el chile para el chojín. Luego, con una gran voz dura, voz de regaño—: Antier, cuatro reales, ayer siete reales. ¡Si hoy no traes siquiera un peso, verás qué te sucede!

A la vieja le vino un acceso de tos. Periquín masculló, encogiéndose de hombros, un ¡cáspitas!, y luego un ¡ah, sí! El ¡ah, sí! de Periquín enojaba a la abuela, y cogió su cajoncillo, con el betún, el pequeño frasco de agua, los tres cepillos; se encasquetó su sombrero averiado y de dos saltos se plantó en la calle trompeteando la marcha de Boulanger: ¡tee— te—re—te—te—te chin!... El sol, que ya brillaba esplendorosamente en el azul de Dios, no pudo menos que sonreír al ver aquella infantil alegría encerrada en el cuerpecito ágil, de doce años; júbilo de pájaro que se cree feliz en medio del enorme bosque.

Subió las escaleras de un hotel. En la puerta de la habitación que tenía el número I, vio dos pares de botines. Las unas, eran de becerro común, finas y fuertes, calzado de hombre; las otras, unas botitas diminutas que subían denunciando un delicado tobillo y una gordura ascendente que hubiera hecho meditar a Periquín, limpiabotas, si Periquín hubiera tenido tres años más. Las botitas eran de cabritilla, forradas en seda color de rosa. El chico gritó:

—¡Lustren!

Lo cual no fue ¡sésamo ábrete! para la puerta. Apareció entonces un sirviente del establecimiento que le dijo riendo:

—No se han levantado todavía; son unos recién casados que llegaron anoche de la Antigua. Limpia los del señor; a los otros no se les da lustre; se limpian con un trapo. Yo los voy a limpiar.

El criado les sacudió el polvo, mientras Periquín acometió la tarea de dar lustre al calzado del novio. Ya la marcha del general Boulanger estaba olvidada en aquel tierno cerebro: pero el instinto filarmónico in—dominable tenía que encontrar la salida y la encontró; el muchacho al compás del cepillo, canturreaba a media voz: Yo vi una flor hermosa, fresca y lozana; pero dejó de cantar para poner el oído atento. En el cuarto sonaba un ruido armonioso y femenino; se desgranaban las perlas sonoras de una carcajada de mujer; se hablaba animadamente y Periquín creía escuchar de cuando en cuando el estallido de un beso. En efecto, un alma de fuego se bebía a intervalos el aliento de una rosa. Al rato se entreabrió la puerta y apareció la cabeza de un hombre joven:

—¿Ya está eso?

—Sí, señor.

—Entra.

Entró.

Entró y, por el momento, no pudo ver nada en la semioscuridad del cuarto.

Sí sintió un perfume, un perfume tibio y "único", mezclado con ciertos efluvios de whiterose, que brotaba en ondas tenues del lecho, una gran cama de matrimonio, donde, cuando sus ojos pudieron ver claro, advirtió en la blancura de las sábanas un rostro casi de niña, coronado por el yelmo de bronce de una cabellera opulenta; y unos brazos rosados tendidos con lánguida pereza sobre el cuerpo que se modelaba.

Cerca de la cama estaban dos, tres, cuatro grandes mundos, todo el equipaje; sobre una silla, una bata de seda plomiza con alamares violeta; en la capotera, un pantalón rojo, una levita de militar, un kepis con galones y una espada con su vaina brillante. El señor estaba de buen humor, porque se fue al lecho y dio un cariñoso golpecito en una cadera a la linda mujer.

—¡Y bien, haragana! ¡Piensas estar todo el día acostada? ¿Café o chocolate? ¡Levántate pronto; tengo que ir a la Mayoría! Ya es tarde. Parece que me quedaré aquí de guarnición. ¡Arriba! Dame un beso.

¡Chis, chas! Dos besos. Él prosiguió:

—¿Por qué no levanta a niña bonita? ¡"Vamo" a darle uno azote!

Ella se le colgó del cuello, y Periquín pudo ver hebras de oro entre lirios y rosas.

—¡Tengo una pereza! Ya voy a levantarme. ¡Te quedas, por fin aquí! Bendito sea Dios! Maldita guerra. Pásame la bata.

Para ponérsela saltó en camisa, descalza. Estaba allí Periquín; pero qué: un chiquillo. Mas Periquín no le desprendía la mirada, y tenía en la comisura de los labios la fuga de una sonrisa maliciosa. Ella se abotonó la bata, se calzó unas pantuflas, abrió una ventana para que penetrara la oleada de luz del día. Se fijó en el chico y le preguntó:

—¿Cómo te llamas?

—Pedro.

— Cuántos años tienes? De dónde eres? ¿Tienes mamá y papá? ¿Y hermanitas? ¿Cuánto ganas en tu oficio todos los días?

Periquín respondía a todas las preguntas.

El capitán Andrés, el buen mozo recién casado, que se paseaba por el cuarto, sacó de un rincón un par de botas federicas, y con un peso de plata nuevo y reluciente se las dio al muchacho para que las limpiara. Él, muy contento, se puso a la obra. De tanto en tanto, alzaba los ojos y los clavaba en dos cosas que le atraían: la dama y la espada. ¡La dama! ¡Sí! Él encontraba algo de sobrehumano en aquella hermosura que despedía aroma como una flor. En sus doce años, sabía ya ciertos asuntos que le habían referido varios pícaros compañeros. Aquella pubertad naciente sentía el primer formidable soplo del misterio. ¡Y la espada! Ésa es la que llevan los militares al cinto. La hoja al sol es como un relámpago de acero. Él había tenido una chiquita, de lata, cuando era más pequeño. Se acordaba de las envidias que había despertado con su arma; de que él era el grande, el primero, cuando con sus amigos jugaba a la guerra; y de que una vez, en riña con un zaparrastroso gordinflón, con su espada le había arañado la barriga.

Miraba la espada y la mujer. ¡Oh, pobre niño! ¡Dos cosas tan terribles!

Salió a la calle satisfecho y al llegar a la plaza de Armas oyó el vibrante clamoreo de los cobres de una fanfarria marcial. Entraba tropa. La guerra había comenzado, guerra tremenda y a muerte. Se llenaban los cuarteles de soldados. Los ciudadanos tomaban el rifle para salvar la Patria, hervía la sangre nacional, se alistaban los cañones y los estandartes, se preparaban pertrechos y víveres; los clarines hacían oír sus voces en *e* y en *i*; y allá, no muy lejos, en el campo de batalla, entre el humo de la lucha, se emborrachaba la pálida Muerte con su vino rojo...

Periquín vio la entrada de los soldados, oyó la voz de la música guerrera, deseó ser el abanderado, cuando pasó flameando la bandera de azul y blanco; y luego echó a correr como una liebre, sin pensar en limpiar más zapatos en aquel día, camino de su casa. Allá le recibió la vieja regañona:

— Y eso ahora? Qué vienes a hacer?

—Tengo un peso —repuso, con orgullo, Periquín.

—A ver. Dámelo.

Él hizo un gesto de satisfacción vanidosa, tiró el cajón del oficio, metió la mano en su bolsillo... y no halló nada. ¡Truenos de Dios! Periquín tembló conmovido: había un agujero en el bolsillo del pantalón. Y entonces la vieja:

—¡Ah, sinvergüenza, bruto, caballo, bestia! ¡Ah, infame! ¡Jah, bandido!, ¡ya vas a ver!

Y, en efecto, agarró un garrote y le dio uno y otro palo al pobrecito:

—¡Por animal, toma! |Por mentiroso, toma!

Garrotazo y más garrotazo, hasta que desesperado, llorando, gimiendo, arrancándose los cabellos, se metió el sombrero hasta las orejas, le hizo una mueca de rabia a la "mamá" y salió corriendo como un perro que lleva una lata en la cola. Su cabeza estaba poseída por esta idea; no volver a su casa. Por fin se detuvo a la entrada del mercado. Una frutera conocida le llamó y le dio seis naranjas. Se las comió todas de cólera. Después echó a andar, meditabundo, el desgraciado limpiabotas prófugo, bajo el sol que le calentaba el cerebro, hasta que le dio sueño en un portal, donde, junto al canasto de un buhonero se acostó a descansar y se quedó dormido.

El capitán Andrés recibió orden aquel mismo día de marchar con fuerzas a la frontera. Por la tarde, cuando el sol estaba para caer a Occidente arrastrando su gran cauda bermeja, el capitán, a la cabeza de su tropa, en un caballo negro y nervioso, partía.

La música militar hizo vibrar las notas robustas de una marcha. Periquín se despertó al estruendo, se restregó los ojos, dio un bostezo. Vio los soldados que iban a la campaña, el fusil al hombro, la mochila a la espalda, y al compás de la música echó a andar con ellos. Camina, caminando, llegó hasta las afueras de la ciudad. Entonces una gran idea, una idea luminosísima, surgió en aquella cabecita de pájaro. Periquín iría. ¿Adónde? A la guerra.

¡Qué granizada de plomo, Dios mío! Los soldados del enemigo se batían con desesperación y morían a puñados. Se les había quitado sus mejores posiciones. El campo estaba lleno de sangre y humo. Las descargas no se interrumpían y el cañoneo llevaba un espantoso compás en aquel áspero concierto de detonaciones. El capitán Andrés peleaba con denuedo en medio de su gente. Se luchó todo el día. Las bajas de uno y otro lado eran innumerables. Al caer la noche se escucharon los clarines que suspendieron el fuego. Se vivaqueó. Se procedió a buscar heridos y a reconocer el campo.

En un corro, formado tras unas piedras, alumbrado por una sola vela de sebo, estaba Periquín acurrucado, con orejas y ojos atentos. Se hablaba de la desaparición del capitán Andrés. Para el muchacho aquel hombre era querido. Aquel señor militar era el que le había dado el peso en el hotel; el que, en el camino, al distinguirle andando en pleno sol, le había llamado y puesto a la grupa de su caballería; el que en el campamento le daba de su rancho y conversaba con él.

—Al capitán no se le encuentra —dijo uno—. El cabo dice que vio cuando le mataron el caballo, que le rodeó un grupo enemigo, y que después no supo más de él.

—¡A saber si está herido! —agregó otro—. ¡Y en qué noche!

La noche no estaba oscura, sí nublada; una de esas noches fúnebres y frías, preferidas por los fantasmas, las larvas y los malos duendes. Había luna opaca. Soplaba un vientecillo mordiente. Allá lejos, en un confín del horizonte, agonizaba una estrella, pálida, a través de una gasa brumosa. Se oían de cuando en cuando los gritos de los centinelas. Mientras, se conversaba en el corro. Periquín desapareció. Él buscaría al capitán Andrés: él lo encontraría al buen señor.

Pasó por un largo trecho que había entre dos achatadas colinas, y antes de llegar al pequeño bosque, no lejano, comenzó a advertir los montones de cadáveres. Llevaba su hermosa idea fija, y no le preocupaba nada la sombra ni el miedo. Pero, por un repentino cambio de ideas, se le vino a la memoria la "mamá" y unos cuentos que ella le contaba para impedir que el chico saliese de casa por la noche. Uno de los cuentos empezaba: "Éste era un fraile..."; otro hablaba de un hombre sin cabeza, otro de un muerto de largas uñas que tenía la carne como la cera blanca y por los ojos dos llamas azules y la boca abierta.Periquín tembló. Hasta entonces paró mientes en su situación. Las ramas de los árboles se movían apenas al pasar el aire. La luna logró, por fin, derramar sobre el campo una onda escasa y espectral. Periquín vio entre unos cuantos cadáveres, uno que tenía galones; tembloroso de temor, se acercó a ver al podía reconocer al capitán. Se le erizó el cabello. No era él, sino un teniente que había muerto de un balazo en el cuello, tenía los ojos desmesuradamente abiertos, faz siniestra y, en la boca, un rictus sepulcral y macabro. Por poco se desmaya el chico. Pero huyó pronto de allí, hacia el bosque, donde creyó oír algo como un gemido. A su paso tropezaba con otros tantos muertos, cuyas manos creía sentir agarradas a sus pantalones.

Con el corazón palpitante, desfalleciendo, se apoyó en el tronco de un árbol, donde un grillo empezó a gritarle desde su hendidura:

—¡Periquín, Periquín, Periquín! ¿Qué estás haciendo aquí?

El pobre niño volvió a escuchar el gemido y su esperanza calmó su miedo. Se internó entre los árboles y a poco oyó cerca de sí, bien claramente:

—¡Ay!

Él era, el capitán Andrés, atravesado de tres balazon, tendido cobre un charco de sangre. No pudo hablar. Pero oyó bien la voz trémula:

—¡Capitán, capitán, soy yo!

Probó a incorporarse; apenas pudo. Se quitó con gran esfuerzo un anillo, un anillo de boda; y se lo dio a Periquín, que comprendió... La luna lo vela todo desde allá arriba, en lo profundo de la noche, triste, triste, triste...

Al volver a acostarse, el herido tuvo estremecimientos y expiró. El chico, entonces, sintió amargura, espanto, un nudo en la garganta, y se alejó buscando el campamento.

Cuando volvieron las tropas de la campaña, vino Periquín con ellas. El día de la llegada se oyeron en el hotel X grandes alaridos de mujer, después que entró un chico sucio y vivaz al cuarto número I. Uno de los criados observó asimismo que la viuda, loca de dolor, abrazaba, bañada en llanto, a Periquín, el famoso limpiabotas, que llegaba día a día gritando: —¡Lustren!, y que el maldito muchacho tenía en los ojos cierta luz de placer, al sentirse abrazado, el rostro junto a la nuca rubia, donde de un florecimiento de oro crespo, surgía un efluvio perfumado y embriagador.

LA NOVELA DE UNOS TANTOS

Ayer tarde, mientras sentado en el balcón leía yo un periódico, tocaron a mi puerta. Era un hombre pálido y enfermo, apoyado en un bastón, con el traje raído y de mala tela. Con una voz débil me dirigió el saludo. Yo soy como el santo de la capa, que le dio la mitad al pobre; y no me alabo. He tenido entre mis triunfales días de oro, algunas horas negras, y por eso veo en toda amargura algo que pone en mi alma el ansia de aliviar; y en toda pobreza, algo que me anima a dar un pedazo de mi pan a la boca del necesitado; y en toda desesperanza una fortaleza íntima que me obliga a derrochar mi tesoro de consuelos.

(Y en un paréntesis te pregunto a ti, joven y renuente soñador, ¿no es cierto que más de una vez has sentido —en una mañana opaca en que tu espíritu estaba lóbrego—, no has sentido, digo, como que se te abría el cielo en alegría inmensa, ofreciéndote una promesa de felicidad cuando has sacado la única moneda de la bolsa de tu chaleco, para dejarla en la mano del mendigo ciego o de la viejita limosnera?).

Parecía el infeliz hombre un viejo, en sus veintiocho años viriles, molidos, aplastados por la masa de la enfermedad. Canijo, apenado, como el que va a solicitar un favor que casi humilla, estrujaba su sombrero usado, contra sus flacos fémures que resaltaban debajo de la funda del pantalón. Empezaba con palabras bajas una conversación cortada y sin objeto. Que esto, que lo otro, que lo de más allá; que éramos del mismo lugar, que había nacido en mi tierra caliente: que tenía un libro de versos míos, ¿a dónde vamos a parar?; que yo debía conocer y recordar a un mi compañero de colegio, muchachón que usaba en el recreo, porque era rico en aquellos tiempos pasados, un gorro de terciopelo rojo que era envidia de todos los chicos: en fin, el hijo de aquel francés que era vicecónsul, el hijo del gordo monsieur Rigot.

¡Que no lo había de recordar! Ya lo creo que lo recordaba. ¡Como que abríamos los colegiales internos tamaña boca cuando llegaban a traerle en tiempo de vacaciones, en un grande y hermoso carruaje! ¡Como que nos tiraba de las orejas y nos veía muy por sobre el hombro el crecido y soberbio Juan Martín, el hijo de monsieur Rigot! ¡Como que en la mesa era él quien se comía el mejor pan, y gozaba de un poquillo de vino y era tratado, en fin, a cuerpo de príncipe! ¡Que no le había de recordar! Había hecho época en mi ciudad de bautizo, porque el vicecónsul no escatimó nada para esplendores, fiestas y bullas. Lo habían criado al chico con mimos y gustos en la casa lujosa del gabacho; había tenido el primer velocípedo, trajes europeos, vistosos y finos, juguetes regios. Y ¡oh Juan Martín! cuando se dignaba jugar con nosotros, sacaba de su bolsillo para mirar la hora, su pequeño reloj de oro brillante.

Ésta es la historia de tantos muchachos a quienes Dios trae al mundo en carroza de plata para llevárselos en andas toscas.

Aquel chiquillo vio pasar sus años en boato y grandeza. Ya púber, siempre amado de su padre, el buen francés, y de su madre, una santa mujer que le perdonaba todas sus picardigüelas, se acostumbró a la vida loca y agitada de caballerito moderno; gastar a troche y moche, vestir bien, tener queridas lindas; si son carne de tablas, mejor; jugar; y allá el viejo que dejará la herencia.

Mucho tiempo pasé sin ver a Juan Martín después de aquellos días de colegio. Cuando aún sonaba su nombre, por razón de sus buenos caballos y las innumerables botellas de cerveza que consumía, yo no era su amigo. ¡Qué lo iba a ser! Él había estado en Europa, hablaba alemán. Se relacionaba únicamente con los dependientes rubios de las casas extranjeras y usaba monoclo. Adelante; adelante. Como el buen vicecónsul era un bolonio, el mejor día se lo llevó el diablo. El señorito, por medio de su loca vanidad, de su fatal imprudencia, y con el "chivo" y con el bacarat, hizo que el tío Rigot se declarase en quiebra. ¡Pobre y excelente vicecónsul Rigot! Pero no tanto. Porque después que vendió sus dos haciendas y se repartieron el gran almacén los acreedores, pensó en francés lo siguiente: "Soy una bestia al dejar que este haragán botarate me ponga nada menos que en la calle. Justo es que, puesto que él me ha arruinado, me ayude a recobrar algo de mi pérdida". Y le dijo a Juan Martinito en claro español: "O te rompo el alma a palos, o te vas al país vecino, donde hay universidad, a hacerte una profesión". El mozo optó por lo último.

Ahora, siga la narración el hombre pálido y miserable que estaba ayer delante de mí.

Llegué aquí, señor, y comencé mis estudios. Mis padres, a pesar de su mala fortuna, me señalaron una buena pensión. Vivía en una casa de huéspedes. Al principio hice todo lo que pude por estudiar; pero esta maldita cabeza se resistía. Luego, acostumbrado a mi vida de antes, tenía la nostalgia de mis días borrascosos y opulentos. ¡Eh! Un día dije: ¡pecho al agua! y volví a las andadas. Aquí no me veía mi padre. En las clases me hice de muchos amigos, y en los restaurantes aumentó la lista de ellos. Se sucedían las borracheras y los desvelos. En mis estudios no adelantaba nada. Pero estaba satisfecho; y mis amigos me ayudaban a desparramar mi pensión a los cuatro vientos. Pasó un año, dos, tres, cuatro. De repente dio vuelta rápida la rueda de mi fortuna. En un mismo año murieron mi padre y mi madre. Quedé como quien dice, en el arroyo, sin encontrar ni un árbol en que ahorcarme. ¿Qué sabía yo? Nada. Hasta el alemán se me había olvidado. Mis compañeros de orgías me fueron dejando poco a poco. Pero yo no dejaba de frecuentar ni las cantinas ni ciertas casas... ¿me entiende usted? Vicioso, humillado, una mañana, tras varias noches de placer abyecto, sentí un dolorcito en la garganta; y luego, señor, y luego vino esta espantosa enfermedad que me taladró los huesos y me emponzoñó la sangre. Viví por un tiempo en un barrio lejano, casi, y sin casi, de limosna.

En un cuartucho sucio y sobre una tabla, me retorcía por el dolor, sin que nadie me diese el más pequeño consuelo. Una vecina anciana tuvo un día compasión de mí, y con remedios caseros me puso en estado de levantarme y salir a la calle, roto, desgreñado, infame; casi con el impulso de tender la mano para pedir al que pase medio real! He visto a algunos de mis amigos de café... ¡No me han conocido! Uno me dio un peso y no quiso tocar mi mano por miedo del contagio. Supe que estaba usted aquí, y he venido a rogarle que haga por mí lo que pueda. No me es posible ya ni caminar. Voy a morir pronto. Me hace falta un pedazo de tierra para tenderme.

¡Oh! perdona, pobre diablo, perdona, harapo humano, que te muestre a la luz del sol con tu amargo espanto; pero los que tenemos por ley servir al mundo con nuestro pensamiento, debemos escudriñar, buscar el mal y sacar el ejemplo de su escondido agujero, con el pico de la pluma. El escritor deleita, pero también señala el daño. Se muestra el azul, la alegría, la primavera llena de rosas, el amor; pero se grita: ¡cuidado! al señalar el borde del abismo.

Lee tú mi cuento, joven bullicioso que estás con el diario en la cama, sin levantarte aún, a las once del día. Lee estos ren-glones si eres rico, y si pobre y estudiante, y esperanza de tus padres, léelos dos veces y ponte a pensar en el enigma de la esfinge implacable.

Allá va, flacucho y derrengado, con su corrupta carne, allá va apoyado en su bastón, anciano de veintiocho años, ruin y miserable; allá va Juan Martinito, en viaje para la tumba, camino del hospital.

FEBEA

Febea es la pantera de Nerón.

Suavemente doméstica, como un enorme gato real, se echa cerca del César neurótico, que le acaricia con su mano delicada y viciosa de andrógino corrompido.

Bosteza, y muestra la flexible y húmeda lengua entre la doble fila de sus dientes, de sus dientes finos y blancos. Come carne humana, y está acostumbrada a ver a cada instante, en la mansión del siniestro semidiós de la Roma decadente, tres cosas rojas: la sangre, la púrpura y las rosas.

Un día lleva a su presencia Nerón a Leticia, nívea y joven virgen de una familia cristiana. Leticia tenía el más lindo rostro de quince años, las más adorables manos rosadas y pequeñas; ojos de una divina mirada azul; el cuerpo de un efebo que estuviese para transformarse en mujer —digno de un triunfante coro de exámetros, en una metamorfosis del poeta Ovidio.

Nerón tuvo un capricho por aquella mujer: deseó poseerla por medio de su arte, de su música y de su poesía. Muda, inconmovible, serena en su casta blancura, la doncella oyó el canto del formidable "imperator" que se acompañaba con la lira; y cuando él, el artista del trono, hubo concluido su canto erótico y bien rimado según las reglas de su maestro Séneca, advirtió que su cautiva, la virgen de su deseo caprichoso, permanecía muda y cándida, como un lirio, como una púdica vestal de mármol.

Entonces el César, lleno de despecho, llamó a Febea y le señaló la víctima de su venganza. La fuerte y soberbia pantera llegó, esperezándose, mostrando las uñas brillantes y filosas, abriendo en un bostezo despacioso sus anchas fauces, moviendo de un lado a otro la cola sedosa y rápida.

Y sucedió que dijo la bestia:

—Oh Emperador admirable y potente. Tu voluntad es la de un inmortal; tu aspecto se asemeja al de Júpiter, tu frente está ceñida con el laurel glorioso; pero permite que hoy te haga saber dos cosas: que nunca mis zarpas se moverán contra una mujer que como ésta derrama resplandores como una estrella, y que tus versos, dáctilos y pirriquios, te han resultado detestables.

EL ÁRBOL DEL REY DAVID

Un día —apenas había el viento del cielo inflado, en el mar infinito, las velas de oro del bajel de la aurora—, David, anciano, descendió por las gradas de su alcázar entre los leones de mármol, sonriente, augusto, apoyado en el hombro de rosa de la sulamita, la rubia Abisag, que desde hacía dos noches, con su cándida y suprema virginidad, calentaba el lecho real del soberano poeta.

Sadoc, el sacerdote, que se dirigía al templo, se preguntó:

—¿Adónde irá el amado señor?

Adonías, el ambicioso, de lejos, tras una arboleda, frunció el ceño al ver al rey y a la niña, al fresco del día, encaminarse a un campo cercano, donde abundaban los lirios, las azucenas y las rosas.

Natán, profeta, que también los divisó, inclinóse profundamente y bendijo a Jehová, extendiendo los brazos de un modo sacerdotal.

Reihí, Semeí y Banaís, hijos de Joída, se postraron y dijeron:

—¡Gloria al ungido; luz y paz al sagrado pastor!

David y Abisag penetraron a un soto, que pudiera ser un jardín, y en donde se oían arrullos de palomas, bajo los boscajes.

Era la victoria de la primavera. La tierra. y el cielo se juntaban en una dulce y luminosa unión. Arriba, el sol, esplendoroso y triunfal; abajo, el despertamiento del mundo, la melodiosa fronda, el perfume, los himnos del bosque, las algaradas jocundas de los pájaros, la diada universal, la gloriosa armonía de la Naturaleza.

Abisag tenía la mirada fija en los ojos de su señor. ¿Meditaba quizá en algún salmo el omnipotente príncipe del arpa? Se detuvieron.

Luego penetró David al fondo de un boscaje, y retornó con una rama en la diestra.

—¡Oh mi sulamita! —exclamó—. Plantemos hoy, bajo la mirada del eterno Dios, el árbol del infinito bien, cuya flor es la rosa mística del amor inmortal, al par que el lirio de la fuerza vencedora y sublime. Nosotros le sembraremos; tú, la inmaculada esposa del profeta viejo; yo, el que triunfé de Goliat con mi honda, de Saúl con mi canto y de la muerte con tu juventud.

Abisag le escuchaba como en un sueño, como en un éxtasis amorosamente místico, y el resplandor del día naciente confundía el oro de la cabellera de la virgen con la plata copiosa y luenga de la barba blanca.

Plantaron aquella rama, que llegó a ser un árbol frondoso y centenario.

Tiempos después, en días del rey Herodes, el carpintero José, hijo de Jacob, hijo de Natán, hijo de Eleazar, hijo de Eliud, hijo de Akim, yendo un día al campo, cortó del árbol del santo rey lírico la vara que floreció en el templo, cuando los desposorios con María, la estrella, la perla de Dios, la Madre de Jesús, el Cristo.

ESTA ERA UNA REINA

¿Gloriana? Quizás. O tal vez Viriana, o todas ellas, y a la cabeza de la tropa, Mab, fueron madrinas suyas.

Se llama Amelia, nombre que como oís, sienta bien a una princesa. Está en Madrid triunfando con su belleza, la reina gen-til que se casó por amor con un príncipe rubio, la reina Amelia de Portugal. Jamás ha hecho el torno de la gracia un cuello a que mejor sienten las perlas y los luminosos diamantes reales; y rara vez se ha visto cuerpo más a propósito para el manto. Además, esta linda señora es lo que se llama "una reina simpática". Yo he estado buscando esta madrugada dos o tres rimas líricas que, a la manera románica de mi amigo Duplessis, ensalzaran a la regia beldad; pero Mariano de Cavia, periodista endiablado, me ha sacado de mi ensueño cortesano esta mañana, que ha gritado desde los balcones de El Liberal: ¡Viva la reina barbiana! Eso es: esta dama, alta de cuerpo, de rango y de hermosura, encanta, sobre todo, porque es muy mujer, porque tiene una cara de cielo y porque al verla mirar y sonreír, se olvida uno de los heráldicos lises y de las coronas de oro, ante la flor de juventud que se presenta perfumada por una divina primavera, flor que arranca a los labios un despropósito andaluz: el viva de Cavia, la capa al suelo, o: ¡Me la comería! Anoche, en verdad, no daban tantos deseos de comerla, sino de besar su pequeña diestra de marfil rosado, cuando después de subir la escalera del palacio real, entre lacayos estirados, en un cuadro de *féerie,* se hallaba uno en los incomparables salones, y sonaban las palmadas de etiqueta, y se abría calle entre la aristocrática muchedumbre, y venían juntas la Regente, doña Cristina, erguida, majestuosa, y, risueño el precioso rostro, la reina Amelia, una reina de cuento azul, propia para prometida del príncipe de Trebizonda, o del príncipe de Camaralzamán; —y para hacerle la genuflexión, y el marqués feliz darle el beso correcto en la mano que ella tiende, haciendo la gran merced. En vez de Camaralzamán venía el marido dichoso, D. Carlos, a quien a pesar del sport y de sus frescos veintinueve años se le ha agrandado un poco la barriga. La Orleáns gusta de hablar lengua española. Así saluda en ese idioma al viejo general conocido, a las nobles ricas hembras a quienes su coronada amiga le presenta. Camina como una diosa, como una diosa joven y gallarda. El *patuit dea* la denunciaría en todos lugares. Los ojos son lo que aquí en España se ¡laman gachones; húmedos y dulces, pero siempre majestuosos. Pero ¿y el pajecillo? ¿Y el enano que se echa cerca de ella como un alegre perro? ¿Y la madrina del carro alado y de la estrella en la frente? Las que venían tras ella, como sacadas de los cuentos, eran condesas regordetas, sofocándose, no dando paz al abanico; las damas de honor entradas en años, con su andar de pato ésta, algo miope aquélla, brazos gordos, sedas y terciopelos; esmeraldas y brillantes. El rey de los hidalgos portugueses, menos simpático que su padre don Luis, el literato, saluda con marcialidad a un lado y otro. Y han pasado las majestades, ya se ve, sobre todas las cabezas, allá lejos, en el extremo del salón de porcelana, la estrella de diamantes que tiembla en la diadema de la augusta Amelia de Portugal.

Alguien —¿quién ha de ser? ¡un amigo poeta! — se acerca a mi lado y evoca en mi memoria la figura de Ruy Blas.

Y a propósito: los diarios dan esta mañana la noticia de que el rey ha cazado ayer en el Prado diez perdices.

FUGITIVA

Pálida como un cirio, como una rosa enferma. Tiene el cabello oscuro, los ojos con azuladas ojeras, las señales de una labor agitada, y el desencanto de muchas ilusiones ya idas... ¡Pobre niña!

Emma se llama. Se casó con el tenor de la compañía, siendo muy joven. La dedicaron a las tablas cuando su pubertad florecía en el triunfo de una aurora espléndida. Comenzó la comparsa y recibió los besos falsos de dos amantes fingidos de la comedia. ¿Amaba a su marido? No lo sabía ella misma. Reyertas continuas, rivalidades inexplicables de las que pintaría Daudet; la lucha por la vida en un campo áspero y mentiroso, el campo donde florecen las guirnaldas de una noche, y la flor de la gloria fugitiva; horas amargas, quizá semiborradas por momentos de locas fiestas; el primer hijo; el primer desengaño artístico; ¡el príncipe de los cuentos de oro, que nunca llegó!; y en resumen, la perspectiva de una senda azarosa, sin el miraje de un porvenir sonriente.

A veces está meditabunda. En la noche de la representación es reina, princesa, delfín o hada. Pero bajo el bermellón está la palidez y la melancolía. El espectador ve las formas admirables y firmes, los rizos, el seno que se levanta en armoniosa curva; lo que no advierte es la constante preocupación, el pensamiento fijo, la tristeza de la mujer bajo el disfraz de la actriz.

Será dichosa un minuto, completamente feliz un segundo. Pero la desesperanza está en el fondo de esa delicada Y dulce alma. ¡Pobrecita! ¿En qué sueña? No lo podría yo decir. Su aspecto engañaría al mejor observador. ¿Piensa en el país ignorado adonde irá mañana, en la contrata probable, en el pan de los hijos? Ya la mariposa del amor, el aliento de Psiquis, no visitará ese lirio lánguido; ya el príncipe de los cuentos de oró no vendrá. ¡Ella está, al menos, segura de que no vendrá!

¡Oh, tú, llama casi extinguida, pájaro perdido en el enorme bosque humano! Te irás muy lejos, pasarás como una visión rápida; y no sabrás nunca que has tenido cerca a un soñador que ha pensado en ti y ha escrito una página a tu memoria, quizá enamorado de esa palidez de cera, de esa melancolía, de ese encanto de tu rostro enfermizo, de ti, en fin, paloma del país de Bohemia, que no sabes a cuál de los cuatro vientos del cielo tenderás tus alas, el día que viene.

UN CUENTO PARA JEANNETTE

Jeannette, ven a ver la dulzura de la tarde. Mira ese suave oro crepuscular, esa rosa de ala de flamenco, fundido en tan compasivo azul. La cúpula de la iglesia se recorta, negra, sobre la pompa vespertina, Jeannette, mira la partida del día, la llegada de la noche; y en este amable momento haz que tu respirar mueva mis cabellos, y tu perfume me dé ayuda de ensueños, y tu voz, de cuando en cuando, despedace, ingenuamente el cristal sutil de mis meditaciones.

Porque tú tienes la culpa ¡oh, Jeannette! De no ser duquesa. Mucho lo dice tu perfil, tu orgulloso y sonrosado rostro, igual en un todo al de la trágica María Antonieta, que con tanta gracia sabía medir el paso de la pavana. Si J'Suzzette, J'adore Suzon, dice el omnipotente Lírico de Francia, en un verso en que Júpiter se divierte. Tú, Jeannette, no eres Jeannetton, por la virtud de tu natural imperio, y así como eres Jeannetton, por la virtud de tu natural imperio, y así como eres Jeannette, te quiero Jeannette. Y cuando callas, que es muchas veces, pues posees el adorable don del silencio, mi fantasía tiene a bien regalarte un traje de corte que oculta tus percales, y una gran cabellera empolvada y unos caprichos de pájaro imperial que comiera gustoso fresas y corazones; — y una guillotina...

Jeannette, ¿qué te dice el crepúsculo? Yo lo miro reflejarse en tus ojos, en tus dos enigmáticos y negros ojos, en tus dos enigmáticos y negros y diamantinos ojos de ave extraña. (Serían los ojos del papemor fabulosos como los tuyos).

Yo te cantaré ahora un cuento crepuscular, con la precisa condición de que no has de querer comprenderlo: pues sin intentas abrir los labios, volarán todos los papemores del cuento. Oye, nada más; mira, nada más. Oye, si suenan músicas que has oído en un tiempo, cuando eras jardinera en el reino de Mataquín y pasaban los príncipes de caza; ve, si crees reconocer rostros en el cortejo, y si las pedrerías moribundas de esta tarde te hacen revivir en la memoria un tiempo de fabulosa existencia...

Este era un rey... (En tu cabecita encantadora, mi Jeannette, no acaban de soltarse las llaves de las fuentes de colores? ¿No te llama el acento de Tus Mil y una noches?).

El rey era Belzor, en las islas Opalinas, más allá de la tierra en que viviera Camaralzamán. Y el rey Belzor, como todos los reyes, tenía una hija; y ella había nacido en un día melancólico, al nacer también en la seda del cielo el lucero de la tarde.

Como todas las princesas, Vespertina —éste era su nombre— tenía por madrina una hada, la cual el día de su nacimiento había predicho toda suerte de triunfos, toda felicidad, con la única condición de que, por ser nacida bajo signos arcanos especiales, no mostraría nunca su belleza, no saldría de su palacio de plata pulida y de marfil, sino en la hora en que surgiese, en la celeste seda, el lucero de la tarde, pues Verpertina era una flor crepuscular. Por eso cuando el sol brillaba en su melodía, nada más triste que las islas solitarias y como agotadas; más cuando llegaba la hora delicada del poniente, no había alegría comparable a la de las islas. Verpertina salía, desde su infancia, a recorrer sus jardines y kioscos, y ¡oh, adorable alegría!, ¡oh, alegría llena de una tristeza infinitamente sutil... los cisnes cantaban en los estanques, como si estuviesen próximos a las más deliciosa agonía; y los pavos reales, bajo las alamedas, o en los jardines de extraña geometría, se detenían, con aires hieráticos, cual si esperasen ver venir algo...

Y era Vespertina que pasaba, con paso de blanca sombra, pues su belleza dulcemente fantasmal dábale el aire de una princesa astral, cuya carne fuese impalpable y cuyo beso tuviese por nombre: Imposible.

Bajo sus pies brillaban los ópalos y las perlas; en las frescas rosas blancas, en los trémulos tirsos de los jazmineros.

Delante de ella iba su galgo de color de la nieve, que había nacido en la luna, el cual tenía ojos de hombre.

Y todo era silencio armonioso a su paso, por los jardines, por los kioscos, por las alamedas, hasta que ella se detenía, al resplandor de la luna que aparecía, a escuchar la salutación del ruiseñor, que le decía:

—Princesa Vespertina, en un en país remoto está el príncipe Azur, que ha de traer a tus labios y a tu corazón las más gratas mieles. Mas no te dejes encantar por el encanto del príncipe rojo, que tiene una coraza de sol y un penacho de llamas.

Y Vespertina íbase a su camarín, en su palacio de plata pálida y marfil... ¿A pensar en el príncipe Azur? No, Jeannette, a pensar en el príncipe Rojo.

Porque Vespertina, aunque tan etérea, era mujer, y tenía una cabecita que pensaba así: El ruiseñor es un pájaro que canta divinamente; pero es muy parlanchín, y el príncipe Rojo debe de tener jaleas y pasteles que no sabe hacer el cocinero del rey Balzor.

El cual dijo un día a su hija:

—Han venido dos embajadores a pedir tu mano. El uno llegó en una bruma perfumada, y dijo su mensaje acompañando las palabras con un son de viola. El otro, al llegar, ha secado los rosales del jardín, pues su caballo respiraba fuego. El uno dice: Mi amo es el príncipe Azur. El otro dice: Mi amo es el príncipe Rojo.

Era la hora del crepúsculo y el ruiseñor cantaba en la ventana de Vespertina a plena garganta: Princesa Vespertina, en un país remoto está el príncipe Azur, que ha de traer a tus labios y a tu corazón las más gratas mieles. Mas no te dejes encantar por el encanto del príncipe Rojo, que tiene una coraza de sol y un penacho de llamas.

—¡Por el lucero de la tarde! —dijo Vespertina—, juro que no me he de casar, padre mío, sino con el príncipe Rojo.

Y así fue dicho al mensajero del caballo de fuego el cual partió sonando un tan sonoro olifante, que hacía temblar los bosques.

Y días después oyóse otro mayor estruendo cerca de las islas Opalinas; y se cegaron los cisnes y los pavos reales.

Porque como un mar de fuego era el cortejo del príncipe Rojo; el cual tenía una coraza de sol y un penacho de llama; tal como si fuese el sol mismo.

Y dijo:

—¿Dónde está, ¡oh, rey Belzor, tu hija, la princesa Vespertina? Aquí está mi carroza roja para llevarla a mi palacio.

Y entre tanto en las islas era como el mediodía, la luz lo corroía todo, como un ácido; y del palacio de marfil y de plata pálida, salió la princesa Vespertina.

Y acontecía que no vio la faz del príncipe Rojo, porque de pronto se volvió ciega, como los pavos reales y los cisnes; y al querer adelantarse a la carroza, sintió que su cuerpo fantasmal se desvanecía; y, en medio de una inmensa desolación luminosa, se desvaneció como un copo de nieve o un algodón de nube... Porque ella era una flor crepuscular; y porque, si el sol se presenta, desaparece en el azul el lucero de la tarde.

Jeannette, a las flores crepusculares, sones de viola, a los cisnes, pedacitos de pan en el estanque; a los ruiseñores, jaulas bonitas, y ricas jaleas como las que quería comer la golosa Vespertina, a las muchachas que se portan bien.

—¡Zut! —dice Jeannette.

ROJO

—¿Pero es que excusáis a Palanteau, después de una crueldad semejante? –exclamaron casi todos los que se hallaban en la redacción, dirigiéndose asombrados al director Lemonnier, que paseaba victoriosamente su cuerpo flaubertiano y hacía tronar su voz de bronce.

—¡Sí, señores! —respondió. Y cruzándose de brazos con majestad: Palanteau no merece la guillotina. Quizá la casa de salud... Es cierto que ha avanzado hasta el crimen; que ha dado motivo a largas crónicas y reportazgos de sensación; que el asesinato que ha cometido es el más sangriento y terrible de este año; que entre los crímenes pasionales... Pero escuchadme. ¡Vosotros no estáis al tanto de cómo ha ido hasta allí ese desgraciado!

Se sentó en un sillón; puso los codos sobre las rodillas y continuó:

—Yo le conocí mucho, casi desde niño. Ese pintor de talento, hoy perdido para el arte y cuyo nombre está deshonrado, nació en la tierra de Provenza, con lo cual veis si tendrá mucho sol en la cabeza. Desde muy temprana edad quedó huérfano, y comenzó una vida errante y a la ventura. Pero tenía buenos instintos y pensó en no ser inútil. Sentía allá dentro el hormigueo del arte. En los paisajes de la Crau, en la extensión de la Camargue, bajo el soplo sonoro del mistral, el muchacho fue alimentando su sueño... ¡Sí!, él sería "alguien"; quería que su nombre sonara, como el del buen señor Roumanille, el de los versos...

Estuvo en Arles, de aprendiz de músico; estuvo en Avignon sirviendo en casa de un cura; estuvo en Marsella, a la orilla del mar, en tarde cálida y dorada, donde él sintió por primera vez el impulso de su vocación; la luz se le reveló, y desde ese día quiso ¡ya veis si lo consiguió! ser uno de nuestros grandes pintores: él mismo me lo ha contado después. Privaciones, sufrimientos, luchas. Por fin, vino a París: hizo la gran batalla. Casi llegó a desesperar; pero un día cayóle en gracia al viejo Meissonier. Éste le ayudo, le hizo célebre. Y desde entonces comenzó la boga de esas telitas finas, originales, brillantes; de esos paisajitos preciosos que llevan su firma. Palanteau había hecho carrera. Pero no era rico, ni podía serlo, porque en pleno París, le gustaba mucho viajar por el país de Bohemia... ¡Pobre muchacho! ¿Amó? No lo sé. Creo que tuvo su pasioncilla desgraciada. Poco a poco fue volviéndose taciturno. París le hizo palidecer, le hizo olvidar su hermosa risa meridional, le enflaqueció. A veces me parecía que Palanteau no tenía todos los tornillos del cerebro en su lugar, y me preguntaba ¿será un *détraqué*?

Él sufría y su sufrimiento se le revelaba en el rostro. Entonces procuraba aliviarse con la musa verde y con seguir las huellas de los pies pequeños que taconean por el asfalto. Yo le decía cuando le encontraba:

—¡Cásate, Palanteau, y serás dichoso!

Y era en ese solo instante cuando él reía como buen provenzal... ¡Pobre muchacho! Entre tanto, supe que cometía ciertas extravagancias. Desafió a un periodista que criticaba a Wagner; dejó de pintar por largo tiempo; insultó en público a Bouguereau; se hizo boulangista; ¡el demonio! Y un buen mediodía se me aparece en mi casa y me saluda con esta frase:

—¡Me caso!

—¡Loado sea Dios, Palanteau! Ya serás hombre formal. ¿Y con quién te casas?

Me contó la cosa. Era una joven de buena familia, honrada, pobre, excelente para el menaje, o como él decía: "muy mujercita de la casa".

Él quería tener quien lo mimara, le sufriera sus caprichos, le zurciese los calcetines, le amarrase el pañuelo al cuello sobre el gabán en las noches de frío; en fin, quien le comprendiese y le amara.

—Quiero algo como la buena Lorraine de su amigo Banville —decía.

—¡Bravo, Palanteau! Piensa usted con juicio, con talento. Déme usted esa mano.

Se fue. En esos días tuvo el pobre ataques epilépticos. A poco, se casó, y partió a Bélgica. Ahora vais a conocer el proceso de esa vida triste que hoy ha concluido en la más espantosa tragedia.

En la familia de Palanteau ha habido locos, hombres de gran ingenio, suicidas e histéricas. ¡Eso, eso! ¿Comprendéis? Las admirables acuarelas, los retratos que emulaban a Carolus Durand, las telas admiradas que han hecho tanto ruido en el Salón, todo eso era, amigos míos, producto de un talento que tenía por compañero el más tremendo estado morboso. ¿Conocéis los estudios de medicina penal que se han hecho en Italia? Yo estoy con Lombroso, con Garofalo y con nuestro Richet. Y además, es un hecho que el talento y la locura están íntimamente ligados; pues aunque, a propósito de la pérdida intelectual de nuestro querido Maupassant, ha habido quienes nieguen la exactitud de esta afirmación, la experiencia manifiesta lo contrario. Nacen los infelices mártires, según la frase medical, progenerados. Luego el medio, las circunstancias, las contrariedades, los abusos genésicos o alcohólicos; las fuertes impresiones... ¡Llega un momento en que el arpa de los nervios siente en sus cuerdas una mano infernal que comienza una sinfonía macabra!

Se ponen ejemplos de hombres ilustres que no han tenido encima la garra de la neurosis: Galileo, Goethe, Voltaire, Descartes, Chateaubriand, Lamartine, Lesseps, Chevreul, Víctor Hugo. Pero ¡ah!, delante de ellos pasa el desfile de los precitos: Ezequiel, Nerón —caso de patología histórica—, Dante, Colón, Rousseau, Pascal, Hégésippe Moreau, Baudelaire, Comte, Villemain, Nerval, Prévost—Parado, Luis de Baviera, el rey ideal; Montanus, Schumann, Harrington, Ampére, Hoffmann, Swiff, Schopenhauer, Newtom, el Tasso, Melebranche, Byron, Donizetti, Paul Verlaine, Rollinat...¡Dios mío! Es una lista inacabable. Pues bien Palanteau pertenece a esa familia maldita, es miembro atávico de una generación de condenados...

Se puso de pie; alzó el brazo derecho; prosiguió:

—Esas puñaladas no ha sido él quien las ha dado: ha sido el horrible ananke de su existencia. ¿Sabéis cuál fue la causa de todo? El choque de dos caracteres. Madame Palanteau era honrada, pura, pero fría y dura como el hierro. El triste pintor necesitaba una hermana de caridad. Era un *grand enfant* enfermo, a propósito para una clínica; y ya conocéis cómo hay que tratar a esa clase de desequilibrados.

Lombroso, al hablar de María Bashkirtseff, señala como síntomas o, más bien, como fundamentos de la locura moral, la extrañeza de carácter, la falta de afectos, la megalomanía, la inmensa vanidad: todo eso lo tenía Palanteau. Excéntrico, apasionado, raro, vibrante; así era. Y todo ese temperamento, todo ese estado morboso, todo ese delicado y espantoso cristal, chocaba con aquella femenilidad férrea y helada, incomprensible y hosca.

¿Se amaban? Sí. Y allí está lo más atroz de la historia. Choque tras choque, llegó la catástrofe. Un día, amándose mucho, estando ambos en un suave ensueño de futura dicha, dice él de pronto —era una tarde aurea y tibia:

—¡Mira, qué bella nube violeta!

—No es violeta —respondió ella dulcemente.

—¡Si! —arguyó él, como avergonzado, poniéndose purpúreo.

—No —volvió ella a responder sonriendo. Entonces, Palanteau, transfigurado, alocado, acercóse más a su adorada mujercita y le lanzó en pleno rostro esta palabra:

—¡Estúpida!

¡Ah!, veo que estáis de acuerdo conmigo, por la lástima que se os pinta en la cara. ¡Pobre muchacho! Ésa fue la primera vez. Palanteau lloró, pidió perdón, se creyó infamado, perdido, y fue presa de su aterrador nerviosismo. La segunda vez... —¡oh!, ella no comprende nada; cruel por ignorancia, vengadora de imposibles agravios, encendía más aquella negra hoguera—, la segunda vez fue ante un crucifijo. Él poseía, como todos los soñadores, el espíritu y el ansia del misterio. El pintor de las blancas anadyomenas desnudas se sentía atraído por el madero de Cristo; el artista pagano, se estremecía al contemplar la divina media luna que de la frente de Diana rodó hasta los pies de Maria. "Al inclinarse ante la cruz, vio que se reían de él; y allí, en presencia de la santa escultura del martirio, con la sangre agolpada y los nervios vibrantes, ¡alzó la mano y dio una bofetada! Un minuto, un segundo después, ¡cayó de hinojos llorando y se llamó canalla!

Eso pasó hace algún tiempo. ¡La tercera vez, amigos, la tercera vez fue la siniestra y fúnebre tragedia! No es el caso del Posdnicheff de Tolstoi, el caso imaginado por un enfermo preso de delirio místico; tampoco es el de Lantier. Volará mi palabra; ya es tarde; seré conciso. La tercera vez, él había llegado al mayor grado de exaltación en que puede templarse el cordaje de la neurosis; veíalo todo con desesperación, y casi con un desvarío completamente patológico. Y la desgraciada sin saberlo —¡porque, yo os lo juro que no lo sabía!— atizaba momento por momento aquel horno fulminante. Ya no era lo de las veces primeras; sino que, juzgándole maligno en vez de desequilibrado o lleno de turbación, procuró herir la más peligrosa de las sensitivas.

Fue en una crisis. El día estaba cálido, pesado. Palanteau se paseaba en su taller. Una modelo acababa de desvestirse e iba a tomar la posición, cuando... —¡sí, tal como os lo cuento!—, cuando se abrió la puerta y apareció ella..

Increpóle... El artista callaba. Injurióle... El artista callaba. Desprecióle...

—¿Sí? —rugió el epiléptico. La crisis llegó a su colmo. —No, no más sólo falta que me engañes...

—¡Quizá! —exclamó ella, para herirle, con un rictus felino.

Y alli fue, señores, cuando Palanteau dio el salto de que tanto se ha hablado, descolgó el arma, y ciego, completamente inconsciente, ¡apuñaleó a su mujer! Creo que no se le absolverá.

La justicia anda a gatas en el mundo. Para mí, en vez de entregárselo a Monsieur de Paris, deben llevárselo a mi amigo Charcot. ¡Pobre muchacho! En todo caso, él será más feliz con que le corten el pescuezo. Buenas tardes.

HISTORIA DE UN SOBRETODO

Es el invierno de 1887, en Valparaíso. Por la calle del Cabo hay gran animación. Mucha mujer bonita va por el asfalto de las aceras, cerca de los grandes almacenes, con las manos metidas en espesos manguitos. Mucho dependiente del comercio, mucho corredor, va que vuela, enfundado en su sobretodo. Hace un frío que muerde hasta los huesos. Los cocheros pasan rápidos, con sus ponchos listados; y con el cigarro en la boca, al abrigo de sus gabanes de pieles, despaciosos, satisfechos, bien enguantados, los señorones, los banqueros de la calle Prat, rentistas obesos, propietarios, jugadores de bolsa. Yo voy tiritando bajo mi chaqueta de verano, sufriendo el encarnizamiento del aire helado que reconoce en mí a un hijo del trópico.

Acabo de salir de la casa de mi amigo Poirier, contento, porque ayer tarde he cobrado mi sueldo de El Heraldo, que me ha pagado Enrique Valdés Vergara, un hombrecito firme y terco... Poirier, sonriente, me ha dicho mirándome a través de sus espejuelos de oro: "Mi amigo, lo primero ¡comprarse un sobretodo!". Ya lo creo. Bien me impulsa a ello la mañana opaca que enturbia un sol perezoso, el vientecillo que viene del mar, cuyo horizonte está borrado por una tupida bruma gris.

He allí un almacén de ropa hecha. ¿Qué me importa que no lleve mi sobretodo la marca de Pinaud? Yo no soy un Cousiño, ni un Edwards. Rico almacén. Por todas las partes maniquíes; unos vestidos como cómicos recién llegados, con ropas o grandes cuadros vistosos, levitas rabiosas, pantalones desesperantes; otros con macferlanes, levitones, esclavinas. En las enormes estanterías trajes y más trajes, cada cual con su cartoncito numerado. Y cerca de los mostradores, los dependientes —iguales en todo el mundo—, acursilados, peinaditos, recompuestos, cabezas de peluquero y cuerpos de figurines, reciben a cada comprador con la sonrisa estudiada y la palabra melosa. Desde que entro hago mi elección, y tengo la dicha de que la pieza deseada me siente tan bien como si hubiera sido cortada expresamente por la mejor tijera de Londres. ¡Es un ulster, elegante, pasmoso, triunfal! Yo veo y examino con fruición de los ditirambos que el vendedor repite extendiendo los faldones, acariciando las mangas y procurando infundir en mí la convicción de que esa prensa no es inferior a las que usan el príncipe de Gales o el duque de Morny... —"Y sobre todo, caballero, le cuesta a usted muy barato!". "Es mía" —contestó con dignidad y placer. —¿Cuándo vale?". —"Ochenta y cinco pesos" ¡Jesucristo!... cerca de la mitad de mi sueldo, pero es demasiado tentadora la obra y demasiado locuaz el dependiente. Además, la perspectiva de estar dentro de pocos instantes el cronista caminando por la calle del Cabo, con un ulster que humillará a más de un modesto burgués, y que se atraerá la atención de más de una sonrosada porteña... Pago, pido la vuelta, me pongo frente a un gran espejo el ulster, que adquiere mayor valor en compañía de mi sombrero de pelo, y salgo a la calle más orgulloso que el príncipe de un feliz y hermoso cuento.

¡Ah, cuán larga sería la narración detallada de las aventuras de aquel sobretodo! El conoció desde el palacio de la Moneda hasta los arrabales de Santiago; él noctambuleó en las invernales noches santiaguesas, cuando las pulmonías estoquean al trasnochador descuidado; él ceñó "chez" Brinck, donde los pilares del café parecen gigantescas salchichas, y donde el mostrador se asemeja a una joya de plata; él conoció de cerca de un gallardo borbón, a un gran criminal, a una gran trágica; él oyó la voz y vió el rostro del infeliz y esforzado Balmaceda.

Al compás de los alegres tamborileos que sobre mesas y cajas hacen las "cantoras", él gustó, a son de arpa y guitarra, de las cuencas que animan al roto, cuando la chicha hierve y provoca en los "potrillos" cristalinos, que pasan de mano en mano. Y cuando el horrible y aterrador cólera morbo envenenaba el país chileno, él vio, en las noches solitarias y trágicas, las carretas de las ambulancias, que iban cargadas de cadáveres. ¡Después, cuántas veces, las trémulas rosas de oro de las admirables constelaciones del Sur" Si el excelente ulster hubiese llevado un diario, se encontrarían en él sus impresiones sobre los pintorescos chalets de Viña del Mar, sobre las lindas mujeres limeñas, sobre la rada del Callao.

Él estuvo en Nicaragua: pero de ese país no hubiera escrito nada, porque no quiso conocerle, y pasó allá el tiempo, nostálgico, viviendo de sus recuerdos, encerrado en su baúl. En El Salvador si salió a la calle y conoció a Menéndez y a Carlos Ezeta. Azorado, como el pájaro al ruido del escopetazo, huyó a Guatemala cuando la explosión del 22 de junio. Allá volvió a hacer vida de noctámbulo; escuchó a Elisa ZanJheri, la artista del drama, y a su amiga Lina Cerne, que canta como un ruiseñor.

Y un día, ¡ay! su dueño, ingrato, lo regaló.

Sí, fui muy cruel con quien me había acompañado tanto tiempo. Ved la historia. Me visitaba en la ciudad de Pedro de Alvarado un joven amigo de las letras, inteligente, burlón, brillante, insoportable, que adoraba a Antonio de Valbuena, que tenía buenas dotes artísticas, y que se atrajo todas mis antipatías por dos artículos que publicó, uno contra Gutiérrez Nájera y otro contra Francisco Gavidia. El muchacho se llamaba Enrique Gómez Carillo y tenía costumbre de llegar a mi hotel a alborotarme la bilis con sus juicios atrevidos y romos y sus risitas molestas. Pero yo le quería, y comprendía bien que en él había tela para un buen escritor. Un día llegó y me dijo: — "Me voy para París". — "Me alegro. Usted hará más que las recuas de estúpidos que suelen enviar nuestros gobiernos". Prosiguió el charloteo. Cuando nos despedimos, Enrique iba ya pavoneándose con el ulster de la calle del Cabo.

¡Cómo el tiempo ha cambiado! Valdés Vergara, el "hombrecito firme y terco", mi director de El Heraldo, murió en la última revolución como un héroe. Él era secretario de la Junta del Congreso, y pereció en el hundimiento del "Cochrance" Poirier, mi inolvidable Poirier, estaba en México de ministro de Balmaceda, cuando el dictador se suicidó... Valparaíso ha visto el triunfo de los revolucionarios; y quizá el dueño de la tienda de ropa hecha, en donde compré mi sobretodo, que era un excelente francés, está hoy reclamando daños y perjuicios. ¿Y el ulster? Allá voy. ¿Conocéis el nombre del gran poeta Paul Verlaine, el de los Poemas saturninos? Zola, Anatolio France, Julio Lemaitre, son apasionados suyos. Toda la juventud literaria de Francia ama y respeta al viejo artista. Los decadentes y simbolistas le consultan como a un maestro. France, en su lengua especial, le llama "un salvaje Soberbio y magnífico". Mauricio Barrés, Moréas, visitan en "sus hospitales" al "pobre Lélian". El joven Gómez Carrillo, el andariego, el muchacho aquel que me daba a todos los diablos, con el tiempo que ha pasado en parís ha cambiado del todo.

Su criterio estético es ya otro; sus artículos tienen una factura brillante aunque descuidada, alocada; su prosa gusta y da a conocer un buen temperamento artístico. En la gran capital, a donde fue pensionado por el gobierno de su país, procuró conocer de cerca de los literatos jóvenes, y lo consiguió, y se hizo amigo de casi todos, y muchos de ellos le asistieron, en días de enfermedad, al endiablado centroamericano, que a lo más contara veintiún años. Pues bien, en una de sus cartas, me escribe Gómez Carrillo esta postdata: "¿Sabe usted a quién le sirve hoy su sobretodo? A Paul Verlaine, al poeta... Yo se lo regalé a Alejandro Sawa —el prolonguista de López Bago, que vive en París— y él se lo dio a Paul Verlaine. ¡Dichoso sobretodo!

Sí, muy dichoso; pues del poder de un pobre escritor americano, ha ascendido al de un glorioso excéntrico, que aunque cambie de hospital todos los días, es uno de los más grandes poetas de la Francia.

LAS PÉRDIDAS DE JUAN BUENO

Éste era un hombre que se llamaba Juan Bueno. Se llamaba así porque desde chico, cuando le pegaban un coscorrón por un lado, presentaba la cabeza por otro. Sus compañeros lo despojaban de sus dulces y bizcochos, le dejaban casi en cueros, y cuando llegaba a la casa, sus padres, un por aquí, otro por allá, a pellizco y mojicón, le ponían hecho un San Lázaro. Así fue creciendo, hasta que llegó a ser todo un hombre.

¡Cuánto sufrió el pobrecito Juan! Le dieron las viruelas y no murió, pero quedó con la cara como si hubiesen picoteado en ella una docena de gallinas. Estuvo preso por culpa de otro Juan, que era un Juan Lanas. Y todo lo sufría con paciencia, a punto de que todo el mundo, cuando decían: ¡Allá va Juan Bueno!, soltaban la risa. Así las cosas, llegó un día en que se casó.

Una mañana, vestido con manto nuevo, sonriente, de buen humor, con su gloria de luz en la cabeza, sus sandalias flamantes y su largo bastón florido, salió el señor San José de paseo por el pueblo y que vivía y padecía Juan Bueno. Se acercaba la Navidad e iba él pensando en su niño Jesús y en los preparativos del nacimiento, bendiciendo a los creyentes y tarareando, de cuando en cuando, uno que otro aire de villancico. Al pasar por una calle oyó unos lamentos y encontró ¡oh cuadro lastimoso! A la mujer de Juan Bueno, pim, pam, pum, magullando a su infeliz consorte.

—Alto ahí —gritó el padre putativo del divino Salvador—. ¡Delante de mí no hay escándalos!

Así fue. Calmóse la feroz gorgona, se hicieron las paces, y como Juan refiriese sus cuitas, el Santo se condolió, le dio unas palmaditas en la espalda, y despidiéndose le dijo:

—No tengas cuidado. Ya cesarán tus penas. Yo te ayudaré en lo que pueda. Ya sabes, para lo que se ofrezca: en la parroquia, en el altar a la derecha. Abur.

Contentísimo quedó el buen Juan. Y no hay palabra para qué decir si iría donde su paño de lágrimas, día a día y casi hora a hora. ¡Señor, que esto!¡ Señor que lo otro!¡ Señor, que lo de más allá! Pedía todo y todo le era concedido. Lo que sí le daba vergüencita contarle al santo era que su tirana no perdía la costumbre de aporrearle. Y cuando San José le preguntaba: ¿Qué es ese chichón que tienes en la cabeza?, él reía y cambiaba de conversación. Pero San José bien sabía...y le alababa la paciencia.

Un día llegó con la cara muy afligida.

—Se me ha perdido —gimoteó— una taleguilla de planta que tenía guardada. Quiero que la encontréis

—Aunque ésas son cosas que corresponden a Antonio, haremos lo que se pueda.

Y así fue. Cuando Juan volvió a su casa, halló la taleguilla.

Otro día llegó con un carrillo hinchado y un ojo a medio salir:

—¡Que la vaca que me distes se me ha desaparecido!

Y el bondadoso anciano:

—Anda, que ya la encontrarás.

Y otra vez:

—¡Que el mulo que me ofrecisteis se fue de mi huertecito!

Y el Santo:

—Vaya, vaya, vete que él volverá.

Y por tal tenor.

Hasta que una ocasión el Santo no se encontraba con muy buen humor, y se apareció Juan Bueno con la cara hecha un tomate y la cabeza como una anona. Desde que le vio:

—Hum, hum —hizo el Santo.

—Señor, vengo a suplicaros un nuevo servicio. Se me ha ido mi mujer, y como vos sois tan bueno...

San José alzó el bastón florido y dándole a Juan en medio de las dos orejas, le dijo con voz airada:

—¡Anda a buscarla a los infiernos, zopenco!

LA RESURRECCIÓN DE LA ROSA

Amiga pasajera: voy a contarte un cuento. Un hombre tenía una rosa; era una rosa que le había brotado del corazón. ¡Imagínese usted si la vería como un tesoro, si la cuidaría con afecto, si sería para el adorable y valiosa la tierna y querida flor! ¡Prodigio de Dios! La rosa era también un pájaro; parlaba dulcemente, y, en veces, su perfume era tan inefable y conmovedor, como si fuera la emanación mágica y dulce de una estrella que tuviera aroma.

Un día, el ángel Azrael pasó por la casa del hombre feliz, y fijó sus pupilas en la flor. La pobrecita tembló, y comenzó a padecer y estar triste, porque el ángel Azrael es el pálido e implacable mensajero de la muerte. La flor desfalleciente, ya casi sin aliento y sin vida, llenó de angustia al que en ella miraba su dicha. El hombre se volvió hacia el buen Dios, y le dijo:

—Señor: ¿para qué me quieres quitar la flor que nos diste?

Y brilló en sus ojos una lágrima.

Conmovióse el bondadoso Padre, por virtud de la lágrima paternal, y dijo estas palabras:

—Azrael, deja vivir esa rosa. Toma, si quieres, cualquiera de las de mi jardín azul.

La rosa recobró el encanto de la vida. Y ese día, un astrónomo vio, desde su observatorio, que se apagaba una estrella en el cielo.

UN SERMÓN

El 1º de enero de 1900, llegué muy temprano a Roma, y lo primero que hice fue correr a la basílica de San Pedro a prepararme un lugar para oír el sermón que debía predicar en lengua española un agustino de quien se esperaba gran cosa según los periódicos. ¡Ay de mí! Creí llegar muy a buen tiempo y he ahí que me encuentro poblada de fieles la sagrada nave. Gentes de todos lugares, y principalmente peregrinos de España, Portugal y América, habían madrugado para ir a colocarse lo más cerca posible del orador religioso. Luché, forcejeé; por fin logró colocarme victoriosamente. Grandes cirios ardían en los altares. El altar mayor resplandecía de oro y de luz, con sus soberbias columnas salomónicas. Toda la inmensa basílica estaba llena de un esplendoroso triunfo. De cuando en cuando potentes y profundos estallidos de órgano hacían vibrar de harmonía el ambiente oloroso a incienso. El gran pulpito se levantaba soberbio y monumental, aguardando el momento de que en él resonase la palabra del sacerdote. Pasó el tiempo.

Como un leve murmullo se esparció entre todos los fieles, cuando llegó el ansiado instante. Apareció el agustino, calada la capucha, con los brazos cruzados. De su cintura ceñida, al extremo de un rosario de gruesas cuentas colgaba un santocristo de hierro. Arrodillóse enfrente del altar y permaneció como un minuto en oración. Después, despacioso, grave, solemne, subió las gradas de la cátedra. Descubrió su cabeza, cabeza grande, con una bruñida calva de marfil, entre un cerquillo de cabellos canos. Era el fraile de talla más baja que alta, de ojos grandes y relampagueantes. Al pasar, vi su frente un tanto arrugada, y en su afeitado rostro las huellas del más riguroso ascetismo. Alzó la mirada a lo alto. Sobre su frente la paloma mística extendía sus alas. Diríase que el Santo Espíritu inspirador, el que envió a los apóstoles al celeste fuego, se cernía en el augusto y sacro recinto; que la lengua del fraile recibía en su anhelo de suprema purificación una hostia paradisíaca, en que le infundía el don de elocuencia y fortaleza el divino Paráclito. Fray Pablo de la Anunciación —así el nombre— comenzó a hablar.

Dijo las palabras latinas con voz apagada. Después, después no podéis imaginaros nada igual. Pensad en un himno colosal cuya primera soberana harmonía comenzase con el fiat del Génesis y acabase con el sublime espanto del Apocalipsis; y apenas os acercaréis a lo que de aquella boca brotó conmoviendo y asombrando. Eran Moisés y su pueblo delante del Sinaí; era la palabra de Jehová en el más imponente de los levíticos; era el estruendo vasto de los escuadrones bíblicos; las visiones de los profetas ancianos y las arengas de los jóvenes formidables; eran Saúl endemoniado y el lírico David calmándole a son de harpa; Absalón y su cabellera; los reyes todos y sus triunfos y pompas; y tras el pasmo de las Crónicas, el Dolor en el estercolero, Job el gemebundo. Después el salmo florido o terrible pasaba junto al proverbio sabio, y el cántico luego, todo manzana y rosa y mirra, de donde hizo volar el orador una bandada de palomas. ¡Truenos fueron con los profetas! Terriblemente visionario con Isaías, con Jeremías lloró; le poseyó el "deus" de Ezequiel; Daniel le dio su fuerza; Oseas su símbolo amargo; Anión, el pastor de Tecua, su amenaza; Sofonías su clamor violento; Aggeo su advertencia, Zacarías su sueño y Malaquías sus "cargas" isaiáticas.

Mas nada como cuando apareció la figura de Jesús, el Cristo, brillando con su poesía dulce y altísima sobre toda la antigua grandeza bíblica. La palabra de fray Pablo modulaba, cantaba, vibraba, confundía, armonizaba, volaba, subía, descendía, petrificaba, deleitaba, acariciaba, anonadaba, y en espiral incomparable, se remontaba, kalofónica y extrahumana, hasta la cúpula en donde los clarines de plata saludan al Vicario de Cristo en las excelsas victorias pontificales. Mateo surgió a nuestra vista; Marcos se nos apareció; Lucas hablónos del Maestro; el "predilecto" nos poseyó; y después que el gran San Pablo nos hizo temblar con su invencible prestigio, fue Juan el que nos condujo a su Patmos aterrador y visionario; Juan, por la lengua de aquel religioso sublime, ¡el primero de cuantos han predicado la religión del Mártir de Judea que padeció bajo el imperio de Augusto!

Rayo de unción fue la frase cuando pintó los hechos de los mártires, las vidas legen-darias de los anacoretas; las cavernas de los hombres pálidos cuyos pies lamía la lengua de los leones del desierto; Pablo el ermitaño, Jerónimo, Pacomio, Hilarión, Antonio; y los mil pre-dicadores y los innumerables cristianos que murieron en las hogueras de los paganos crueles; y entre ellos, como lises cándidos de candidez celeste e intacta, las blancas vírgenes, cuya carne de nieve consumían las llamas o despedazaban las fieras, y cuya sangre regada en el circo fertilizaba los rosales angélicos en donde florecen las estrellas del Paraíso. El orador acabó su sermón: "La gracia de Nuestro Señor Jesucristo sea con vosotros". Amén.

Al salir, todavía sintiendo en mí la mágica influencia de aquel grandioso fraile, pregunté a un periodista francés, que había ido a la iglesia a tomar apuntes:

—¿Quién es ese prodigio? ¿De dónde viene este admirable chrysóstomo?

—Como debéis saber, hoy ha predicado su primer sermón —me dijo—. Tiene cerca de setenta años. Es español. Se llama fray Pablo de la Anunciación. Es uno de los genios del siglo pasado. En el mundo se llamaba Emilio Castelar.

LA MISS

Al subir a la cubierta, lo primero que escuché fue un suave grito tembloroso, un tantico gutural:

—¡Ohoou! ¡ Ohoou!

—¿Qué le pasa a miss Mary? —pensé.

Miss Mary me hacía señas y movía la linda cabeza rubia, co-mo presa de una inmensa desolación. Me llegué a la borda, cer-ca de ella, y por la dirección de sus miradas comprendí la causa de sus extrañas agitaciones. En un bote, cerca de uno de los grandes lanchones carboneros, como hasta seis negrillos armaban una chillona algazara, desnudos, completamente desnudos, riendo, moviéndose, gesteando como micos. Brillaba opaco por la bruma gris el sol de África. Se alzaban entoldadas de nubes os-curas las áridas islas. San Antonio, a lo lejos, casi esfumada sobre el fondo del cielo, la roca del faro con su torre y su bandera; San Vicente, rocallosa, ingrata, con la curva de su bahía; sus costas de tierra volcánica, y sus alturas infecundas, llenas de jorobas y de picos, del color del hierro viejo. La población de triste as-pecto con sus techos de madera y de tejas rojas. Una cañonera portuguesa, cerca de nuestro barco, se balanceaba levemente al amor del aire marino, y un vapor de la Veloce echaba el ancla no lejos, un vapor de casco blanco sobre el que hormigueaban cabezas de emigrantes italianos.

—¡Míster, musiú, señó!

Los negrillos desnudos estiraban los brazos hacia los pasajeros, mostraban los dientes, hablaban con modos bárbaros, palabras en inglés, en español, en portugués; y uno de ellos, casi ya en la pubertad, un verdadero macaco, era el que más llamaba la atención por sus contorsiones y gritos delante de mi amiga la espantada miss. Aquellos animalitos pedían peniques, los peniques que les arrojan siempre los viajeros y que ellos atrapan en el agua, nadando con la agilidad de las anguilas; pero los pedían en el traje adámico de sus hermanos los monos, y el pudor inglés, vibrando conmovido, hacía sus trémulas explosiones, por boca de aquella tierna hija de la ciudad de Southampton. Tantas fueron las manifestaciones de su extraña pena, que yo, con la mirada, tan solamente con la mirada, le dije todas estas cosas: "Ofelia, vete a un convento. Get thee to a nunnery".

No es el santo, el divino pudor ese tuyo, tan quisquilloso. El pudor tiembla en silencio, o protesta con las rosas de las castas mejillas. Jamás ha pronunciado la palabra shocking. En sus manos lleva al altar de la Virtud blancos lirios, gemelos de aquellos que llevó Gabriel el Arcángel a la inmaculada —esposa del viejo carpintero José, cuando la saludó—: "Llena eres de gracia".

Las almas pudorosas no sienten ofensa alguna delante de las obras naturales y a la vista de la desnudez inocente.

Eva, nuestra inmemorial abuela, no advirtió la vergüenza de su cuerpo sino después de haber escuchado a Lucifer.

Esos escrúpulos tuyos, señorita de Inglaterra, hacen pensar en que miras el misterio del mundo a través de los cristales del pecado.

Para que el pudor sienta las flechas que se le lanzan, es preciso que por algún lado esté ya hendida su coraza de celeste nieve.

Preciso es también que el espectáculo que contemplan los ojos tengan en sí germen de culpa o fondo de maldad. ¿Quién es el inmundo fauno que puede sentir otra cosa que la emoción sa-grada de la belleza al mirar la armoniosa y soberana desnudez de la Venus de Milo? ¿Acaso pensó el admirable San Buenaventura en emponzoñar de concupiscencia las almas, al recomendar la lectura de los poetas paganos? ¿Quién se atreve a colocar la hoja de parra a los querubines de los cuadros o a los niños dioses de los nacimientos? Los libros primitivos y santos nombran cosas y hechos con palabras que hoy son tenidas por impuras y pecaminosas.

Y Ester y Ruth han visto, como tú, coros de niños desnudos, seguramente no tan negros ni tan feos como estos africanitos, y no han gritado, linda rubia: ¡Ohoou! Lo que hiere el pudor son las invenciones infernalmente hermosas del incansable príncipe Satán, son aquellos bailes, aquellas desnudeces, aquellas exhibiciones incendiarias, maldecidas por Agustín, condenadas por Pablo, anatematizadas por Jerónimo, por las homilías de los escritores justos y por la palabra de la Santa Madre Iglesia. El desnudo condenado por la castidad no es el de la virginal Diana, ni el de Sebastián lleno de flechas; es el desnudo de Salomé la danzarina, o el de la señorita Niní Paite en—l'air, profesora de coreografía y de otras cosas.

Por lo demás, arroja unos cuantos peniques a esos pobres simios, que tienen tan rojas y blancas risas, y deja de leer ese libro de Catulle Mendés, que he visto en tus manos ayer por la tarde...

Fuimos tres pasajeros a tierra, y miss Mary con nosotros. Recorrimos juntos el pueblo, rodeados de negritas finas y risueñas, que pregonaban sus collares de conchas y sus corales nuevos. Vimos el perfil lejano de la cabeza de la gigantesca estatua labrada en un monte a golpes de siglo por la naturaleza. Y en todo este tiempo no volví a escuchar la voz de la inglesa en su onomatopeya conocida: —¡Ohoou!—, que había quedado fija en mi memoria.

Era un tipo gentil de sajona. Tenía fresco y rosado el rostro, seda dorada en el cabello, sangre viva y dulce en los labios, cue-llo de paloma, busto rico, caderas con las curvas de una lira, y coronada la euritmia de su bello edificio con una pícara gorra de jockey. En su conversación tenía inocencias de novicia y ocurrencias de colegiala. Contóme —¿por qué tanta franqueza en tan poco tiempo de amistad?— contóme una rara historia de noviazgo, en las poéticas islas de Wight; pintóme al novio, ga-llardo y principal, un poco millonario, y otro poco noble. Díjome que acababa de salir de un colegio de religiosas. Hablábame blandamente, mirándome con sus húmedos ojos azules, y como un pájaro encantador del país británico, cantaba con rítmicas inflexiones, en lengua inglesa.

A tal punto había femenil atracción en la miss, que fui sintiendo por ella cierto naciente cariño, deseo de pronunciarle con la boca otro discurso que el que le había enderezado con los ojos. En medio del mar, ya cuando habíamos dejado la región de África, más de una vez, al claro de la luna, que argentaba las olas y envolvía en alba luz el barco, nos recitamos versos arrulladores y musicales, de enamorados poetas favoritos. Ella también, en voz baja, daba al aire de la noche sollozos de romanza, quejas de Schubert y alguna amable risa de Xanrof. Deliciosa viajera, ángel que iba de duelo, según me decía, para Río de Janeiro, a casa de un señor, su tío, pastor protestante.

Allá iba, ya lejos, en la rada de Río, sobre un vaporcito, la hechicera y cándida Mary, y se despedía de mí agitando, como un ala columbina, su pañuelo, el pañuelito blanco de los adioses.

—¡Gracias a Dios! —rugió cerca de mí un viejo y calvo pasajero inglés—, gracias a Dios, que ya deja el barco esa plaga.

—¿Esa qué? —exclamé asustado.

—Pues no ha sabido usted —repuso— que desde el capitán abajo, durante toda la travesía...

No le dejé concluir. ¡Mi dulce Ofelia!

Y recordando sus húmedos ojos azules, sus sonrisas y el libro de Catulle Mendés, no hallé palabra mejor para expresar mi asombro, que la onomatopeya gutural de su pudor inglés ante los desnudos negrillos africanos:

—¡Ohoou!

EL LINCHAMIENTO DE PUCK

Eso de linchamientos es cosa vieja.
Esto pasó en la selva de Brocelianda.

Puck, iba negro como un legítimo africano, pues se había ¡caído en el tintero de un poeta!

Salió al campo, y en cuanto una mariposa blanca le miró, se puso a gritar: "¡Socorro! ¡Socorro!", igual a una de las jóvenes norteamericanas cuya inocencia es atacada por los negros del Sur, y vengada por la horca yankee, al eco de un humanitario clamor victorioso.

No bien la mariposa hubo pedido auxilio, la turba de gorriones que puebla los árboles, los mochuelos atorrantes y las palomas pudibundas y amorosas, dijeron: "¡A ése!".

"¡A ése!", trompeteó una rana desde su arroyo. "¡A ése!", dijo una reina de abejas, asomándose a la puerta de su panal. Un escarabajo viejo, rodando su bola, dijo también en voz baja: "¡A ése!".

Perseguido por las tropas de las veloces espíritus del bosque, perseguido aún por emisarios de sus amigos los hados, iba en pre-cipitada carrera Robin Buen Chico, sin que nadie le conociese, por su obscuro disfraz de tinta, y por lo veloz de su paso.

"¡Soy yo, amigos, amigos míos!", gritaba él.

Mas ninguno reconocía al que puede tomar todas las formas, hasta la de un cangrejo asado, en un vaso; a Puck el pícaro y jovial, que tiene el rostro de un niño y alas de libélula.

¿Qué importaba que se le reconociese? El furor popular estaba en contra suya, y la mariposa blanca, quejosa y ofendida, pedía el castigo del infame viejo.

Cerca de un haya fue cogido el fugitivo por un bicho y una urraca.

¡A la horca! ¡A la horca! —fue el grito general.

No hubo ni tribunal de amor ni consejo de guerra.

Las rosas, los pájaros, los seres todos de la floresta, estaban contra el infeliz.

No había cuerda para ahorcarle; pero el hada cruel que dio a Byron la cojera, se arrancó un cabello cano, y con él colgó a Puck de un laurel casi seco.

No teman las niñas que amen al dulce genio, querido y premiado por la amable madrina Mab y por el celeste poeta Shakespeare.

Puck, aunque fue linchado por negro libidinoso, en la selva de Brocelianda, vive todavía, sano, lindo, bueno, cantador de canciones y recitador de versos.

Vive, porque, felizmente, pasó por allí, donde él estaba colgado, un hada caritativa, que con las tijeras con que cortó los vestidos de Cenicienta, cortó la cuerda de Puck.

EN LA BATALLA DE LAS FLORES

Anteayer por la tarde vi salir de lo de Odette a un apuesto y rubio caballero que a primera vista se me antojó un príncipe sajón de incógnito; pero al verle andar, yo no tuve ninguna duda: incessu patiut..., y como iba a subir a una preciosa victoria, dirigíme a él más que de prisa: —Señor..., ¿seréis vos acaso?... (Cerca, ya pude reconocer su cabellera luminosa, bajo el sombrero de verano; los ojos celestes, el olímpico talante).

—Sí —me dijo sonriendo—. Soy yo. He entrado a buscar un clavel blanco, de una especie exquisita para el ojal; pues según sé, es la flor prisa. Si gustáis acompañarme, iremos a Subimos al elegante vehículo, arrastrado por dos preciosos potros, y regido por un cochero rubicundo, todos tres ingleses.

Apolo —pues no era el caballero rubio— me ofreció un rico cigarrillo, y empezó a hablarme de esta manera:

—Desde hace mucho tiempo dicen por allí que los dioses nos hemos ido para siempre. ¡Qué mentira! Cierto es que el Cristo nos hizo padecer un gran descalabro. El judío Enrique Heine, que tanto nos conocía, contó una vez nuestra derrota; y un amigo suyo, millonario de rimas, aseguró que nos habíamos declarado en huelga. La verdad es que si dejamos el Olimpo, no hemos abandonado la Tierra. ¡Tiene tantos encantos, para los mismos dioses! Unos hemos tenido buena suerte; otros muy mala: no he sido yo de los más afortunados. Con la lira debajo del brazo he recorrido casi todo el mundo. Cuando no pude vivir en Atenas me fui a Paris; allí he luchado mucho tiempo, sin poder hacer gran cosa. ¡Con deciros que he sido, en la misma capital del arte, fámulo y mandadero de un bibliopola decadente! Me decidí a venir a América, a probar fortuna, y un buen día desembarqué en la Ensenada, en calidad de inmigrante. Me resolví a no hacer un solo verso, y en efecto: soy ya rico, y estanciero;

—Primeramente se han olvidado de mí casi todos. Las antiguas musas se quejan porque han sido sustituidas por otras modernas y terribles. La artificialidad sustituye a lo que antes se llamaba la inspiración. Erato se nombra ahora Morfina. Y en una incomprensible Babel, se hablan todas las lenguas, menos la que yo enseñé antaño a mis favorecidos. Por otra parte, cuando yo no tengo un solo templo, Mercurio y Clito impera. Los que vos llamáis poetas se ocupan ya demasiado de la vida práctica. Sé de quien ha dejado un soneto sin el terceto último, por ir a averiguar en la Bolsa un asunto de tanto por ciento.

—Pero: ¿a vos no os hace falta —le dije—, la tiranía dulce de la rima?

—Aquí internos —respondióme—, he de confesar que no he dejado de ocuparme en mi viejo oficio. En ciertas horas, cuando el bullicio de los negocios se calma y mis cuentas quedan en orden, dejo este disfraz de hombre moderno, y voy a hacer algunas estrofas en compañía de los silfos de la noche y de los cisnes de los estanques. Paso por la casa de Guido Spano, y me complazco en dejar mi divino soplo en su hermosa cabeza argentada de viejo león jovial. Visito a Oyuela y le reprendo porque ha muchos días no labra el alabastro de sus versos; y en la casa de Obligado renuevo en el alma del poeta el fuego de la hoguera lírica. Después, otras visitas. Y por último, la que más quiero; las que hago a los cartuchos destartalados de los poetas pobres, a las miserables covachas de los infelices inspirados, de los desconocidos, de los que no han sentido nunca una sola caricia de la fama. Aquellos cuyo nombre no resuena, ni resonará jamás en la bocina de oro de la alada divinidad; pero que me llaman, y me son fieles, envueltos en el velo azul de los ensueños.

En cuanto a mí lira, la tengo guardada en un espléndido estuche; y de cuando en cuando me doy el placer de acariciar sus cuerdas.

—¿Os habréis vuelto acaso dilettante?

—Suelo, en mi calidad de sportsman, recitar en los salones, y aparentar que soy un elegante aficionado a la poesía; más de un álbum u más de dos abanicos conservan algunas rimas que he procurado hacer resonar de la manera más decadente que me ha sido posible; porque, según parece, ello está de moda. Ahora, con la fiesta de la primavera he sentido en mí la necesidad del canto, y me ha sido preciso anda con los ojos bajos para que la gente no se fije en la llamada sagrada que debe iluminar mi faz. ¿No comprendéis que si se supiese quién soy, vendría muy a menos?

—En verdad tenéis razón en sentiros inspirado con la victoria de las flores ilustres: Palermo es hoy el campo pagano y bello donde se celebra, como en los buenos días antiguos, la pomposa beldad de Flora:

Die, quibus in terris inscripti nomina regum Nascantur flores...

Habíamos llegado a Palermo al eco del latín de Virgilio. La fiesta había comenzado. Banderas y flores; trofeos perfumados; derroche de pétalos y de aromas. El amor y la galantería se hacían la guerra amable del corso floral.

¿Apolo había comenzado a recitar? No lo sé; pero al pasar entre los carruajes de donde esa rosa que se llama la porteña, encarnaba la más dulce de las primaveras, en medio del ir y venir de los ramilletes, oí una voz que decía así:

—El poeta ha cantado el génesis de las flores. Cómo nació la gladiola, el laurel divino, el jacinto, el mirto amoroso, y semejante a la carne de la mujer, la rosa cruel, Herodías en flor del claro jardín...; y la blancura sollozante del lirio, que rodando sobre mares de suspiros, que ella despierta a través del incienso azul de los horizontes pálidos, sube, en un ensueño, hacia la luna que llora.

Luego, tras una pausa:

—La rosa, como una emperatriz, arrastró su manto de púrpura. La aurora, el día de sus bodas, regaló un collar de diamantes a la flor porfirogénita. El lirio es Parsifal. Pasa, con su vestido blanco, el cándido caballero de la castidad. Los pensamientos son doctores que llevan con dignidad su traje episcopal; y cuando el amor o el recuerdo los consagran, tal como los metropolitanos y los abades en las basílicas y monasterios, hallan ellos su tumba en los libros de horas y en los eucologios. El tulipán, esplendoroso como un Buckingham, se pavonea con la aureola de su lujo. Las violetas conventuales, como un coro de novicias, rezan un padre nuestro por el alma de Ofelia. Sobre un palanquín y bajo un parasol de seda viene la crisantema, medio dormida en un vapor de opio, soñando con su país nippón: en tanto que el loto azul se alza hieráticamente, como buscando la mano de los dioses. Los asfódelos feudales y las alegres lilas, consultan su horóscopo con el astrólogo heliotropo; y las blancas bohemias llamadas margaritas dicen la buena aventura a los enamorados.

Las campánulas, desde sus campanarios verdes, tocan a vísperas o anuncian bodas o funerales, mientras las camelias cantan entre pétalos un aire de la Traviata. ¿Quién se acerca al eco de la voz de Mignón? El azahar epitalámico y adorable...

Se interrumpió el monólogo.

En un elegantísimo carruaje se erguía una dama joven y gallarda, que por su hermosura mereciera ser coronada reina del corso. Apolo se arrancó el clavel de la solapa y lo arrojó a la beldad. Esto sucedía frente al palco de la prensa, donde la batalla estaba en su mayor agitación.

Después seguí escuchando:

—La batalla de las flores ¿qué es junto a la batalla de las miradas?

Los suspiros no luchan porque son los enviados de las mutuas súplicas.

En un corso como éste, las flores suelen llevar malos mensajes, y suelen ser mentirosas. He visto a un caballero enviar un ramillete al cual había confiado esta frase: "Yo te amo", cuando en su corazón todo el fuego amoroso es ya pura ceniza. Una niña gentil y vivaz ha encargado a cuatro azahares la misma respuesta... Y una rosa se ha puesto más roja de lo que era al llevar tan extraña declaración.

¡Tiempo feliz de los trajes claros, de los tules y de los sombreros de paja! ¡Horas amables sobre los terrazos, y en los claros de luna; horas en que en los parques y jardines celebran las flores sus walpurgis y agua mía azules! En tanto que la primavera traiga siempre la eterna carta de amor; en tanto que las mejillas de las mujeres sean tan frescas como los centifolias; en tanto que la gran naturaleza junte su soplo fecundo en el ardiente efluvio de los corazones, los dioses no nos iremos; permaneceremos siempre en la tierra y habrá besos y versos, y un Olimpo ideal levantará su cima coronada de luz incomparable sobre los edificios que el culto de la materia haga alzar a la mano del hombre.

LAS RAZONES DE ASHAVERO

En un país cuyo nombre no recuerdo, y que probablemente no aparece en ninguna de las cartas geográficas conocidas, quisieron los habitantes darse la mejor forma de gobierno. Fueron tan cuerdos que, para mejor obrar, aunque había en el país muchos sabios ancianos y políticos ilustres, se dirigieron a consultar con un poeta, el cual les contestó:

—No obstante de que estoy gravemente ocupado, pues tengo entre manos el epitalamio de un jazmín, la salutación a una niña y un epigrama para la estatua de un silvano, pensaré y os aconsejaré lo que debéis hacer. Pero os pido el plazo de tres días para daros mi respuesta.

Y como era ese poeta más poeta que el rey Salomón, hablaba y comprendía la lengua de los astros, de las plantas, de los animales y de todos los seres de la naturaleza. Fuese, pues, el primer día al campo, meditando en cuál sería la mejor forma de gobierno. Bajo un frondoso roble halló echado a un león, como Carlomagno bajo el pino de la gesta.

—Señor rey —le dijo—, bien sé que vuestra majestad pudiera ser una especie de don Pedro de Braganza con melena, ¿querría decirme cuál es para un pueblo la mejor forma de gobierno?

—Ingrato —le contestó el león—. ¡Nunca pensé que, desde que Platón os arrojó cruelmente de su república, pudieseis poner en duda las ventajas de la monarquía, vosotros, los poetas! Sin la pompa de las grandezas reales no tendríais para realzar vuestros versos ni púrpura, ni oro, ni armiño. A menos que prefirieseis el rojo de la sangre de las revoluciones, el dublé constitucional, y el blanco de la pechera de la camisa del señor Carnot, por ejemplo. El crinado Numen ha prohibido que se pronuncie la palabra "democracia" en su imperio. La república es burguesa; y alguien ha hecho observar que la democracia huele mal. Monsieur Thiers por su sequedad pondría en fuga a todas las abejas del Himeto. El honorable Jorge Washington o el honorable Abraham Lincoln sólo pueden ser cantados propiamente por un espléndido salvaje como Walt Whitman, Victor Hugo, que tanto halagó esa inmensa y terrible hidra que se llama pueblo, ha sido, sin embargo, el espíritu más aristocrático de este siglo. Por lo que a mi toca os diré que los pueblos más felices son aquellos que son respetuosos con la tradición; y que desde que existe el mundo, no hay nada que dé mayor majestad a las florestas que el rugido de los leones. Así, pues, ya conocéis mi opinión: monarquía absoluta.

A poco rato encontró el poeta pensativo, un tigre, sobre los huesos de un buey, cuya carne acababa de engullirse.

—Yo —dijo el tigre—, os aconsejo la dictadura militar. Se agazapa uno sobre la rama de un árbol o tras una abrupta peña; cuando pasa un tropel de búfalos libres, o un rebaño de carneros, se grita ¡viva la Libertad¡ y se cae sobre la más rica presa, empleando lo mejor que sea posible los dientes y las uñas.

A poco vino un cuervo y se puso a despilfarrar la osamenta que había dejado el felino.

—A mí me gusta la República —exclamó—, y sobre todo la República Americana, porque es la que nos da mayor número de cadáveres en los campos de batalla. Esos festines son tan frecuentes que para nosotros no hay nada mejor, a no ser las carnicerías de las tribus bárbaras. Y a fe de "Maitre Corbeau", que digo palabra de verdad.

Del ramaje de un laurel dijo una paloma, interrogada por el poeta:

—Yo soy teocrática. Encarnado en mi cuerpo, el Santo Espíritu desciende sobre el Pontífice que es sumo sacerdote y tres veces rey, bajo la luz de Dios. El pueblo más feliz sería aquel que tuviese por guía y cabeza, como en tiempos bíblicos, al mismo Creador de todas las cosas

La zorra contestó:

—Mi querido señor, si el pueblo elige un presidente habrá hecho muy bien. Y si proclama y corona a un monarca, merecerá mis aplausos. Tened la bondad de dar mis mejores saludos a uno u otro; y, decidle que si se me envía una gallina gorda el día de la fiesta la aceptaré con gusto y me la comeré con plumas y todo.

Una abeja contestó:

—Nosotros en una ocasión quisimos derrocar a la reina del enjambre, que es algo así como la Reina Victoria, pues debéis de saber que una colmena se parece mucho a la Inglaterra de hoy en su forma gubernativa. Pero dinos tan mal resultado el solo intento, que toda la miel de esa cosecha nos salió inservible. Otrosí, que tuvimos un aumento de zánganos y pasamos el rato peor de toda nuestra vida. Desde esa vez resolvimos ser cuerdas: nuestro alvéolo es siempre sexangular y nuestro jefe una hembra.

—¡Viva la república! —gritó un gorrión, picando las frutas del árbol en que estaba—. ¡Ciudadanos del bosque, atención! ¡Pido la palabra! ¿Es posible que desde el día de la creación estéis sujetos a la más abominable tiranía? ¡Animales! La hora ha llegado; el progreso os señala el derrotero que debéis seguir. Yo vengo de las ciudades que habitan los bípedos pensantes, y allí he visto las ventajas del sufragio universal y del parlamentarismo. Yo conozco un receptáculo que se llama urna electoral y puedo disertar sobre el habeas corpus. ¿Quién de vosotros negará las ventajas del selt government y del home—rule? Los leones y las águilas son sujetos que deben desaparecer. ¡Abajo las águilas! ¡Especie de pajarraco, ve! Proclamemos la república de los Estados Unidos de la montaña y del aire, proclamemos la libertad, la igualdad y la fraternidad. Establezcamos el gobierno propio, del animal y por el animal. Yo, vamos al decir, puedo ser elegido mañana primer magistrado; lo propio que el respetable señor oso, o el distinguido señor zorro. ¡Por de pronto, a las armas! ¡Guerra, guerra, guerra! Y después habrá paz.

—Poeta —dijo el águila—, ¿has escuchado a ese demagogo? Yo soy monárquica, ¿y cómo no, siendo reina, y habiendo siempre acompañado a los coronados conquistadores como César y Bonaparte? He visto la grandeza de los imperios de Roma y de Francia. Mi efigie está en las armas de Rusia y del grande imperio de los alemanes. Ave Caesar, es mi mejor salutación.

A lo cual objetó el poeta que, como el ave de Júpiter, si hablaba latín en la tierra del yankee, era para exclamar: E pluribus unum.

—La mejor forma de gobierno —dijo el buey—, es aquella que no imponga el yugo ni la mutilación.

Y el gorila:

—¿Forma de gobierno? Ninguna. Aconsejad a ese pueblo que vuelva al seno de la naturaleza; que abandone eso que llama civilización y retroceda a la primitiva vida salvaje, en la cual creo poder encontrar la verdadera libertad. Yo, en cuanto a mí, protesto de la calumnia de Darwin, pues no encuentro bueno nada de lo que hace y piensa el animal humano.

El segundo día el poeta oyó otras opiniones.

LA ROSA: Nosotros no sabemos de política nada más que lo que murmura don Diego de noche y el girasol de día. Yo, emperatriz, tengo mi corte, mis esplendores y mis poetas que me celebran. Admiro tanto a Nerón como a Luis XIV. Amo este hermoso apellido: Pompadour. No tengo más opinión que ésta: la Belleza está sobre todo.

LA FLOR DE LIS: ¡Paso a S.M. Cristianisima!

EL OLIVO: Francamente, yo os aconsejo la república. Una buena república, he allí el ideal. Mas también he de deciros que en la mayor parte de vuestros países republicanos no hay año en que no me dejen sin ramas, para adorar con ellas el templo de la paz... después de la guerra anual.

EL CAFÉ: Hágase la comparación entre los millones de quintales que se exportaban en el Brasil en tiempo de don Pedro, y los que hoy se exportan; y el resultado será mi respuesta.

LA CAÑA DE AZUCAR: Os aconsejo la república, y os pido trabajéis por la libertad de Cuba.

EL CLAVEL: ¿Y el general Boulanger?

EL PENSAMIENTO: Según el traje que visto, según el color que tengo, así es mi opinión.

EL MAIZ: República.

LA FRESA: Monarquía.

Por la noche consultó el poeta a las estrellas, entre las cuales existe la más luminosa de las jerarquías. Venus dijo lo mismo que la rosa.

Marte reconoció la autocracia del Sol; tan solamente turbada la majestad de los profundos cielos la fugitiva demagogia de los aerolitos.

Al tercer día dirigióse a la ciudad a dar su respuesta a los habitantes; y en el camino iba pensando en cuál de todas aquellas distintas opiniones que había escuchado estaría más en razón y sería más a propósito para hacer la felicidad de un pueblo.

De repente vio venir un viejo encorvado como un arco, que tenía largas barbas, semejantes a un chorro de nieve, y sobre los blancos bigotes una curva nariz semítica, parecida a un perico rojo que quisiera picarle la boca.

—¡Ashavero! —exclamó el poeta.

El anciano que venía de prisa, apoyado en un grueso bastón, se detuvo. Y al explicar el poeta el caso en que se encontraba, comenzó a decir Ashavero de la manera siguiente:

—Sabes que es verdad conocida que el diablo no sabe tanto por diablo cuanto por viejo. Yo no soy el diablo y he de entrar algún día al reino de Dios; mas he vivido tanto que mi experiencia es mayor que el caudal de agua del océano. ¡Así también es de amarga! Mas he de decirte que en lo que respecta al modo mejor de regir las naciones, no sabría con toda exactitud señalarte éste o el otro. Porque desde que recorro la tierra he visto los mismos males en repúblicas, imperios y reinados, cuando los hombres que han estado en el trono, o en el poder por elección del pueblo, no se han guiado por principios sanos de justicia y de bien. He visto reyes buenos, como padres de sus súbditos y presidentes que han sido para el Estado suma de todas las plagas. El lugar común de que cada pueblo tiene el gobierno que merece, no dejará siempre de hacer meditar. Cierto es que cuando Atila pasa, los pueblos tiemblan como pobres rebaños de corderos. Viene a veces Harún—al Raschid, a veces Luis XI, Repúblicas hay muchas, desde la de Platón hasta la de Boulanger, y desde la de Venecia hasta la de Haití... El pueblo tiene mucho de niño y de mujer. Un día amará la monarquía por la corona de oro; otro día adorará la república por el gorro colorado.

Los hombres se abren el vientre y se destrozan el cerebro a bayonetazos y balazos; hoy colocan en una silla superior a alguien que dirija los asuntos comunes. A poco se le hace descender y se coloca a otro, por el mismo procedimiento. O se realizan ceremonias de engaños y simulacros de democracias, y se lleva en triunfo al elegido a son de tambores y clarines pacíficos. En verdad te digo que la humanidad no sabe lo que hace. Advierte en la naturaleza el orden y la justicia de la eterna y divina inteligencia. No así en las obras de los humanos, donde la razón que les ilumina parece que les hiciese caer cada día en un abismo nuevo. Por eso debo decirte que no está en la forma de gobierno la felicidad de un país, antes bien en la elección de aquellos que dirijan sus destinos, sean jefes republicanos o majestades de derecho divino.

Más habló el judío viejo, con palabras que ya parecían de Salomón, ya de Pero Grullo. Y tal fue su elocuencia en los asuntos políticos del mundo, que el poeta repitió punto por punto sus largas oraciones delante los ciudadanos congregados que aguardaban su respuesta.

No bien había acabado de hablar alzóse en torno suyo una tempestad de protestas y de gritos. Un ciudadano rojo que había leído libros de los clásicos griegos púsole sobre la frente una corona de rosas, después de lo cual aquellas gentes tan discretas que consultaban sus asuntos públicos con un maestro de poesía le echaron del lugar, con grande algazara, entre la sonrisa de las flores, el escándalo de los pájaros, y el asombro de las teorías resplandecientes que recorren el azul de los astros.

PRELUDIO DE PRIMAVERA

La otra noche, cuando concluimos de comer –era en una noble y amable morada–, las damas se dirigieron al salón. En el comedor se encendieron los cigarros. Un elocuente diputado parafraseaba una peregrina ocurrencia de Tolstoi; un poeta silencioso meditaba, apretado en su ulster. La política atizó sus fuegos. En tanto, yo entablé conversación con una rosa pálida que entre las flores de la mesa mostraba sus hojas anémicas, brotadas en la aristocracia de las estufas.

—Rosa Argentina —le dije—, ¿acaso no están contenta con la llegada de la primavera?

—Ah —exclamó—, no sabéis que apenas viviré algunas horas más una vida que ha sido alentada con calores artificiales? ¡Oh erudición! —me interrumpió la rosa conmovida.

Después, continuó con la melodía delicada de su voz floral—: En verdad que, como dijo un rimador de Italia, la primavera es la juventud del año...

—¡Oh, erudición! —interrumpí, en desquite—. Y la juventud es la primavera de la vida. Es la fiesta del campo, la sinfonía primaveral celebra las caricias de los pájaros; en los jardines hace la niña sus ramos, y su rostro es la mejor rosa de los parterres floridos; el trino vuela alegre por el aire azul, y Mab, muy de mañana, hace un paseo entre los claveles y las azucenas diciendo con su lindo acento: ¡Buenos días, señoritas! ¡Muy buenos días, caballeros! Ya veréis a las porteñas, cuando, dejando sus vestidos de invierno, sus pieles y sus manguitos, vayan con sus trajes claros y alegres, a hacer reinar sus ojos, en la dulce agonía de la tarde, al desfile lujoso de Palermo. Los gorriones, parlanchines y petulantes, narran en los árboles, a voz en cuello, mil historias famosas. Por las noches, en más de un palacio elegante habrá luces, sonrisas y danzas.

La rosa hacía ondular su blanda vocecita, conociéndose innegablemente su deseo de imitar a Sarah Bernhardt.

—Y bien —prorrumpí—, y tu diminuta alma aromal —puesto que yo sé como tú la inmortalidad del alma de las flores—, ¿en dónde estará la primavera próxima?

—Dios nos deja la elección del paraíso. Yo he elegido el mío; unos labios rojos que quizá hayas contemplado algunas vez con inefable deleite. ¡Oh —concluyó, — felices las rosas humanas!

—¿Por qué?

—Porque pueden gozar un sol eterno: el amor. Para los corazones que aman, la primavera dura todo el año!

RESPECTO A HORACIO (PAPIRO)

... Fijos los ojos en un voluminoso rollo, abstraído por la lectura, a la sombra del árbol, no se dio cuenta el dueño de la quinta —hasta que un ruido de voces se escuchó muy cerca— de que llegaban sus convidados. Cuatro hermosos esclavos iban delanteros, llevando la litera en que el noble Mecenas se dignaba acudir a la cita del poeta. Atrás se escuchaban el venir de la alegre concurrencia; la risa de Lidia, alegre y victoriosa, era un anuncio de júbilo en la fiesta. La voz de Aristio Fusco, franca y cordial, vibraba al par de la de Elio Lamia, el gran enamorado, famoso por sus escándalos. Y no eran superados sino por la de Albio Tíbulo que, comentando un sucedido, pregonaba a plena garganta la veleidad de la mujer romana.

Bajo una viña se detuvieron todas las literas y, a una sola voz, todas las bocas saludaron al dueño de la casa, que se dirigió sonriente, alzando los brazos, satisfecho, complacido, aceptando el honor:

—¡Buen día, Horacio!

Horacio repartía sus saludos, y hacía señas a esclavos y servidores; sobre todo a su esclava preferida, que, cerca de él, tenía ya lista un ánfora de Grecia, llena de vino, y sonreía...

Cuando las copas estuvieron llenas de exquisito vino de Sa-bina, el caballero Arecio, que con Augusto el emperador privaba, como era notorio, dijo discretas razones en honor del poeta, y celebró el sublime culto de las musas que dan la dicha del alma la felicidad incomparable de los verdes laureles. Recordó también al César que, protegiendo a los maestros líricos, cumplía un celeste designio, y se hacía merecedor de los más encendidos himnos y más cordiales elogios. Todas las voces, todas las ma-nifestaciones de aplauso fueron para el favorito. Solamente Ligurino, mancebo rubio que agitaba, como una soberbia melena, el oro de su tesoro capilar, haciendo una mueca ligera alzó la copa y se mostró arrogante y desdeñoso. Reíase no muy discretamente de las palabras pronunciadas por el amigo imperial y, mirando de soslayo, satirizaba al anfitrión.

Quintilio Varo, tímidamente, con los labios entreabiertos, ha-bla de Solón y de Arquesilao, diciendo que han sido buenos ama-dores del vino. Líber debe ser el Dios preferido.

—¡Bebe! —exclama Horacio—. Los que a Catón acusan, no tienen el justo conocimiento de la vida.

Una carcajada de cristal se escucha, y es Lidia que agita con la diestra un ramo de rosa y muestra entre el rojo cerco de su risa la picara blancura de sus dientes.

—Amo el vino —dice— lo propio que la boca de Telefo. Es gran placer mío la música de los hexámetros de Flacco y me gozo en deshojar esta flor en nombre de Venus, mi reina.

Ligurino, semejante a un efebo, dice:

—Opino como la hermosa —y su rostro se empurpura, sobre su cuerpo delicado y equívoco.

Mirtala tiene clavados los ojos en Horacio. Mírlala, la altiva liberta, que, no lejos, está meditabunda, apoyada la barba en la mano. Crispo Salustio se hace oír y clama en alabanza de quien tan cordialmente hospeda.

—No hay aquí —dice— las grandes riquezas de Creso, ni las copas de oro en que beben los varones a quienes la suerte ha colocado sobre tronos y pingües preeminencias; no apuramos cécubo principal, ni jugo de parras egregias; mas la casa del poeta trasciende al dulce perfume de la amistad leal, protegida por el amable aliento de las musas.

Todos los circunstantes dirigen su mirada hacia el lírico que ha empezado a hablar acompasando sus palabras en suaves mo-vimientos de cabeza, que hacen temblar sobre su frente la corona de mirto fresco que no ha poco tejiera el esclavo favorito. Dice el poeta su amor tranquilo por la naturaleza; canta la leche fresca, el vino nuevo, las flores de la primavera, las mejillas de las muchachas y la ligera gracia de los tirsos. Recuerda fraternalmente a Propercio y a Virgilio, saluda el nombre glorioso de Augusto y tiende su diestra hacia su amigo Mecenas, que le escucha bondadoso y sonriente. Parafrasea a Epicuro y enciende una hermosa antorcha de poesía en el alegre templo de Anacreonte. Desgrana dáctilos como uvas; deshoja espondeos como rosas; presenta al caballo Pegaso alado y piafante, mascando el suave freno tiburtino. Elogia una ánfora del tiempo del cónsul Manlio, ánfora llena de licor, ánfora que puedo describir, puesto que la estoy mirando: Alrededor de la panza tiene figurada una viña copiosa; bajo la viña el gran Baco en su florida juventud y rodeado de ménades y de tigres, cuyas fauces se humedecen con la dulzura que les impone la majestad del numen; cerca está la figura de Sileno, que ríe viendo danzar un coro de faunos, los cuales levantan sobre sus cabezas sortijas de caireles y pámpanos recién cortados.

Cuando Horacio, después de un largo rato de discurso, ha sido abrazado por Mecenas y por Fusco, y halagado con sonrisas por el coro de sus lindas amigas, yo me he retirado a la arboleda en donde el poeta hace siempre su paseo favorito.

Yo, Lucio Galo, que sufro bajo el orgullo de los patricios, escribo esta página confesando un mal hecho, que he llevado a término premeditadamente, pues lo he pensado desde el día primero en que he puesto mis pies en el suelo de esta villa. Amo a Filis la esclava de Jantias, el Foceo. He sufrido hondas amarguras, ásperas tristezas. He bebido el vinagre de los celos, he visto los besos de Jantias a Filis y me he mordido los puños abru-mado en mi esclavitud y lleno de desesperación, puesto que ella me ha dado su alma. Convencido de que Horacio atiza la pasión del más odiado de los rivales, he ido, ahora mismo, a cortar con un hacha el tronco del más pesado árbol de la arboleda, para que si la suerte me ayuda, Horacio quede aplastado como un ratón bajo una piedra.

Yo, Lucio Galo, un lustro después de haber escrito lo ante-rior, confieso que no me arrepiento de lo intentado. Filis era indigna de mi cariño, es cierto. El árbol no dio muerte al vate ilustre y él ha dejado al mundo los lindos versos que empiezan así: lile et nefasto te posuit die...?

LA PESCA

Yo había visto a mis pies la destrozada cabeza de ciervo en que las cuerdas amadas habían sabido decir mis sueños armoniosos y mis dulces esperanzas, a los vientos errantes. No tenía ya más instrumento —caja de mi música íntima, lira mía rota bajo la tempestad, en el naufragio!

Mi pobre barca estaba hecha pedazos; apenas a la orilla del amargo mar, se balanceaba, triste ruina de mi adorada ilusión; y la red estaba rota, deshecha como la lira...

(La esposa había salido a buscar al pescador, dejando encendido el hogar en la cabaña; y mecía al niño dormido en sus brazos, al vuelo de la brisa de la noche).

—¡Ay! ¡Ay! ¡Ay! —grité al océano negro, lleno de cóleras hondas y misteriosas–. Los dioses son injustos y terribles; ¿qué mal hacían al mundo mi lira hecha de la testa de un ciervo, y mi barca pequeña y ligera, y mi red conocida y querida de los tritones y de las sirenas?

(—¡Eh! —grita la mujer con el niño en los brazos—, ¿cenaremos hoy? —Arde en la choza el resto de un buen juego).

—¡Ay! ¡Ay! ¡Ay! —grité al cielo—, ¿los dioses son sordos y malos?

Allá a lo lejos, en lo negro de la playa, bajo lo negro de las nubes, vi venir una figura blanca, con aspecto de nieve y de lino.

Fue acercándose poco a poco, hacia donde yo me encontra-ba, con los brazos desfallecidos, delante de mi lira rota, mi bar-ca rota, mi red destrozada.

Y era Él.

—¡Oh! —exclamé—, ¿no me queda más que la muerte?

—Poeta de poca fe —me dijo—, echa las redes al mar.

El cielo se aclaró, brillaron las luminosas constelaciones; las olas se llenaron de astros danzantes y fugaces.

Eché las redes en las aguas llenas de astros, y ¡oh prodigio! cunea salieron más cargadas. Era una fiesta saltante de estrellas; la divina pedrería viva, se agitaba alrededor de mis brazos gozosos.

(Él partió sobre las espumas al lado del Oriente blanco y maravilloso, coronado de su indescriptible nimbo, dejando en las arenas y pequeñas conchas las huellas de sus divinos pies descalzos.)

Los buenos hombres de los alrededores nunca vieron mayor alegría en la casa del pescador, después de la tempestad.

¡Oh, qué rica cena! El pescador fumaba su pipa, mientras la lira sagrada cantaba; la mujer hilaba en la rueca; y el niño jugaba al calor del hogar, con dos grandes anillos –huesos restantes del pez Saturno.

CÁTEDRA Y TRIBUNA

Cátedra: Entro con Dios y enseño. Va mi aliento sobre las multitudes.

Tribuna: Mi aliento viene del hombre y se agita sobre los pueblos.

Cátedra: ¡Oh cedro!

Tribuna: ¡Oh palma, oh lauro!

Cátedra: Soy la lengua del Santo Espíritu, soy el fuego parlante, soy el verbo combustivo, soy el único intermedio entre la inmensidad divina y la espiritualidad humana.

Tribuna: Yo tengo de divina lo que tú me has dado, ¡oh Libertad! El trueno tribunicio atraviesa las nubes populares y su eco profundo y vencedor es el clarín que anuncia el carro de los victoriosos que sojuzgan las Naciones.

Cátedra: Yo soy la voz que brota bajo las tiaras. Yo soy la infalibilidad pontificia; yo soy Pedro el divino pescador y León delante de Atila. Yo broto de una altura que está sobre todas las alturas humanas. Mi soberanía teológica empieza en el fuego blanco de la custodia invisible que jamás podrá contemplar ojo de hombre sin caer quien la mire como cae el cuerpo muerto.

Tribuna: ¡Oh águila!

Cátedra: ¡ Oh paloma!

Tribuna: ¿Y Cicerón?

Cátedra: ¿Y Ambrosio y Crisóstomo y Agustín?

Tribuna: A la púrpura de los soles orientales se esperezan los tigres de los imperios y los reales leones.

Cátedra: Sobre los blancos manteles eucarísticos están los corderos en cuyo balido suena la armonía de David.

Tribuna: ¡Fanfarria, vibra!

Cátedra: ¡ Salterio, canta!

Tribuna: ¡Libertad, cuántos crímenes se cometen en tu nom-bre!

Cátedra: ¡Padre, perdónalos porque no saben lo que hacen!

Tribuna: Diré la verdad. Desde el principio del mundo, yo soy el órgano de la colectividad humana. Míos son los gobiernos, míos los triunfos cívicos, míos desde los antiguos himnos con que se celebraban las degollaciones de los ejércitos enemigos, hasta ese monstruoso y sonoro estruendo que se llama la Marsellesa. Esdras hizo brillar mi relámpago delante de Saúl; Moisés, delante del faraón memorable.

Víctor Hugo profetizó cuando yo, bajo sus plantas, fui una isla. Antes Pablo fue mío.

Cátedra: Mío fue Juan, que tuvo también su isla. En su vuelo aquilino sobrepujó todas las tempestades, y su lenguaje fue un celeste y profundo lenguaje de visión. La divinidad, cuando concede el don de la palabra dominadora y ese especial don crisostómico que junta la miel con la fuerza, hace que mis manos lancen esos rayos.

Tribuna: ¡Alma inmensa del mundo! Yo soy la que predica la victoria del derecho, la sagrada fuerza de la ley. Yo soy quien hace llevar a tu altar los trofeos pomposos y los estandartes llenos de la sangre de las batallas. Yo hago mover a un mismo tiempo y por un mismo impulso la espada del César y la guillotina de la revolución. Y quemo y purifico la boca del poeta con las brasas que quedan de los tronos incendiados.

Cátedra: Yo con los carbones de Ezequiel.

HISTORIA PRODIGIOSA DE LA PRINCESA PSIQUIA

(SEGÚN SE HALLA ESCRITA POR LIBORIO, MONJE, EN UN CÓDICE DE LA ABADÍA DE SAN HERMANCIO EN ILIRIA)

I
DE LA CIUDAD EN QUE MORABA LA PRINCESA PSIQUIA, Y DEL REY MAGO, SU PADRE

Muy más allá del territorio de Emesa, en Fenicia, en tiempo de las persecuciones de Segundo y de las santas prédicas del santo varón Onofre, Liborio, monje, escribió la peregrina historia de la princesa Psiquia, la cual fuele narrada por un gentil purificado con las aguas del bautismo; el cual gentil había habitado la ciudad portentosa en donde se verificaron los sucesos en estas páginas rememorados. Este monje Liborio fue amigo de Galación, el santo, y de Epistena, que padecieron martirio bajo el poder del emperador Decio.

Y era en la ciudad en donde habitaba el rey Mago, la mayor y más grande de todas las ciudades de un vastísimo y escondido reino de Asia, en donde los hombres tenían colosales estatuas y costumbres distintas, y maneras de otro modo que todos los otros hombres y por cuanto no había llegado todavía, en el tiempo en que pasó la historia que nos ocupa, la luz que los Apóstoles derramaron por todo el mundo en nombre de Nuestro Señor Jesús, aquellos gigantes gentiles adoraban figuras e ídolos de metales diversos y de formas enormes y tremendas. Era la ciudad como una montaña de bronce y de piedra dura, y los palacios monumentales tenían extrañas arquitecturas ignoradas de los cristianos, murallas inmensas, columnas y escaleras y espirales altísimas, que casi se perdían en la altura de las nubes. Y cerca había bosques espesos y muy grandes florestas en donde los cazadores del rey cazaban leones, águilas y búfalos.

En las plazas de la gran ciudad estaban los ídolos y ante ellos encendían hogueras en donde se quemaban robles enteros y se celebraban fiestas misteriosas y sangrientas, que contemplaba desde una silla de oro y hierro del rey, que era un rey mago que sabía la ciencia de los hechizos y conocía, como el rey Salomón, muchas cosas ocultas, al punto de que los pájaros del aire y las bestias del campo no tenían para él secretos; ni tampoco las ramas de los árboles, ni las voces de las montañas. Porque había estudiado toda la ciencia de Oriente, en donde la magia era temida en gran conocimiento, y era su sabiduría obra del espíritu maligno, del cual N. S. J. C. nos libre. En el centro de la ciudad colosal estaba la morada de rey, toda de mármol y piedra de ónice, coronada por maravillosas cúpulas y torres; y en medio de ella, en un quiosco primoroso, rodeado de un delicioso jardín, en donde se veían lindísimas aves de magníficos colores y flores olorosas de países recónditos, vivía la hermosa hija del monarca, Psiquia, la cual superaba en blancura a la más blanca de las garzas reales y a los más ilustres cisnes.

II

DESCRIPCIÓN DE LA BELDAD DE PSIQUIA, Y DE CÓMO SU PADRE INICIÓ A LA PRINCESA EN LOS SECRETOS DE LA MAGIA

Entre todos los habitantes del reino, era Psiquia una excepción, pues en aquel país de gigantes, en la ciudad monumental, su figura no era desmesurada, antes bien fina y suave, de modo que al lado del rey su padre, coloso de anchas manos y largas crines rojas, tenía el aspecto de una paloma humana o una viva flor de lis. Sus ojos eran dos enigmas azules, sus cabellos resplandecían como impregnados de sol, su boca rosada era la más bella corola: la euritmia de su cuerpo, una gloria de armonía; y cuando su pequeña mano blanca se alzaba, bajábase, blandamente domada, la frente del gran rey de cabeza de león, el cual habíala iniciado en los secretos de la magia, dándole a conocer las palabras poderosas de los ensalmos y de las evocaciones, las frases de las músicas, del aire, las lenguas de las aves, y la íntima comprensión de todo lo que se mueve y vive sobre la faz de la Tierra. Así la princesa reía a sonoras carcajadas cuando escuchaba lo que decían los pájaros del jardín, o se quedaba meditabunda al oír el soliloquio del chorro de una fuente o la plática de los rosales movidos por el viento.

Era en verdad bellamente prodigioso el contemplar cómo entre las fieras, tigres, leones, elefantes, panteras negras, que en circos y fosos guardábanse, iba ella como entre corderos, por la virtud de su poder secreto intacta y triunfante, y parecía una reina de la naturaleza que todo lo dominaba con el supremo encanto de su beldad, o mirarla rodeada de las más raras aves, a las cuales oía sus confidencias, o fija, desde su quiosco florido, en los astros del cielo, en los cuales había aprendido a leer. Y sucedió que tan llena de ciencia de magia como estaba, un día amaneció desolada y triste, bañada en lágrimas, y no pronunciaba palabra, como si fuera una estatua de piedra o mármol.

III
DE LOS VARIOS MODOS QUE EL REY EMPLEÓ, PARA AVERIGUAR LA CAUSA DE LA DESOLACIÓN DE LA PRINCESA, Y CÓMO LLEGARON TRES REYES VECINOS

En vano el rey dirigía sus palabras y amables razones a su bella hija, pues ella permanecía sin decir palabra de la causa que la tenía en tan lamentable tristeza y mudez. Y como el soberano pensase ser cosas de amor las que tenían absorta y desolada a la princesa, mandó a cuatro de sus más fuertes trompeteros a tocar en la más alta de las torres de la ciudad y hacia el lado que nace la aurora cuatro sonoras trompetas de oro. El claro clamor fue alegrando las montañas, y con la obra de su magia, haciendo cantar de amor a las aves, y reverdecer de amor a los árboles, y humedecerse de amor las fauces de las fieras, y reventar de amor los botones de las flores, y el aire alegre, y a las rocas mismas sentir como si dentro de sus duras cortezas tuvieran un corazón. Y a poco fueron llegando, primeramente un príncipe de la China, en un palanquín que venía por el aire y que tenía la forma de un pavo real, de modo que la cola pintada naturalmente con todos los colores del arco iris servíale de dosel incomparable, obra todo de unos espíritus que llaman genios. Y después un príncipe de Mesopotamia, de gallardísima presencia, con ricos vestidos, y conducido en un carro lleno de piedras preciosas, como diamantes, rubíes, esmeraldas, crisoberilos, y la piedra peregrina y brillante dicha carbunclo.

Y otros príncipes del país de Golconda, también bellos y dueños de indescriptibles pedrerías, y otro de Ormuz, que dejaba en el ambiente un suave y delicioso perfume, porque su carroza y sus vestidos y todo él, estaban adornados con las perlas del mar de su reino, las cuales despiden aromas excelentísimos como las más olorosas flores, y son preferidas por las hechiceras nombradas hadas, cuando hacen, como madrinas, presentes en las bodas de las hijas de los reyes orientales. Y luego un príncipe de Persia, que tenía una soberbia cabellera, e iba precedido de esclavos que quemaban perfumes y tocaban instrumentos que producían músicas exquisitas.

Y otros príncipes más de la Arabia feliz, y de los más remotos lugares de la India, y todos fueron vistos por la princesa, que no pronunciaba una palabra y estaba cada día más triste; y ninguno de ellos logró ser el elegido de ella o tornarla despierta al amor como ellos lo habían sido desde sus países lejanos, al eco de las mágicas trompetas de oro. Por lo cual el rey sufrió gran descorazonamiento, y como quisiese siempre averiguar la causa del mal de Psiquia, envió a sus cuatro más fuertes trompeteros a tocar, en la más alta de las torres de la ciudad y hacia el lado del país de la Grecia, cuatro sonoras trompetas de plata. Del lado del país de los griegos llegó entonces una gran carroza en donde maravillosos liristas hacían sonar sus liras, y jóvenes hermosas agitaban palmas en una alta figura de mujer; con grandísimo decoro extendían dos alas como un ángel, y tenían cerca de sus labios, asido con la diestra, un largo clarín. Psiquia miré el carro glorioso Y no dijo palabra. Entonces envió el rey otros cuatro gigantescos trompeteros a tocar, en la más alta de las torres de la ciudad, cuatro sonoras trompetas de bronce, a todos los cuatro puntos del horizonte.

Oyáse un gran estruendo, y era que venían de todos los lados del mundo los caballeros que combatían y tenían en su brazo la fuerza, vestidos de hierro, y cabalgaban en caballos vestidos de hierro también, y a su paso temblaba la tierra. Los más bravos venían de entre los sarracenos, de la tierra de Galia, en donde había la más terrible lucha, y del reino que fue después Inglaterra. De todos los lugares venían, y ningún aparato de potencia y ningún signo de victoria pudo hacer que Psiquia hiciese oír su encantadora voz.

Y entonces subió el rey mismo a la más alta torre de la ciudad y tocó en el gran cuerno que tenla siempre en su cintura, tres veces, de tal guisa que hubo como un temblor extraño por todos los alrededores. Al son del cuerno mágico fueron llegando todos los sabios llenos de la ciencia de Oriente, que como eran tan sabios eran reyes y conocían los secretos de la magia. Los persas tenían riquísimas mitras y vestiduras que mostraban, bordados, los signos del Zodiaco; los de la India iban casi desnudos, con el misterio en los ojos y las cabelleras copiosas y luengas; otros, hebreos, tenían sobre los pechos, pintados en telas color de jacintos, palabras sagradas y nombres arcanos; otros, de lejanos países, tenían coronas de oro y barbas trenzadas con hilos de oro, y en las manos sortijas de oro y gemas preciosas. Mirólos a todos la princesa y permaneció muda. Mas avino que llegaron los últimos, tres reyes vecinos llamados Baltasar, de la raza de Jafet; Gaspar, de la raza de Cam; Melchor, de la raza de Sem. Todos tres estuvieron largo rato contemplando a la princesa Psiquia, después de lo cual hablaron al desconsolado monarca, de la manera que se va a saber.

DE CÓMO LOS TRES REYES VECINOS HABLARON DE UN ILUSTRE Y SANTO EXTRANJERO LLAMADO TOMÁS QUE EN EL PAÍS DE ELLOS HABÍALOS BAUTIZADO EN NOMBRE DEL VERDADERO DIOS

Dijeron los tres reyes que en los ojos de la princesa se miraban resplandores de los deseos profundos e insaciables; que la ciencia de los magos no era suficiente a apagar la sed del alma de Psiquia; que ellos habían conocido las tradiciones balamitas y habían profundizado los misterios de los astros, habían ido a un lugar lejano, hacía tiempo, a ofrendar oro, incienso y mirra a un Dios nuevo, el único grande y todopoderoso, al cual encontraron en un pesebre, y que habían sido guiados por una estrella, y que en esos mismos instantes estaba aún en el país de ellos un enviado de aquel Dios, llamado Tomás, el cual les había infundido una mejor sabiduría de la que antes poseyeran y los había bautizado en nombre de Nuestro Señor Jesucristo, cuyo poder e imperio destruían la influencia y el poderío de los ídolos y todas las argucias de Satanás, principio de los malos espíritus. A lo cual el gigantesco rey mago envió en busca del extranjero Tomás, el cual entró en la ciudad, y en aquel mismo instante cayeron al suelo despedazados los ídolos de las plazas, porque era Tomás, el santo que tocó las llagas del Cristo resucitado, e iba por lejanos países predicando las verdades del Evangelio. Y al ver al santo, púsose en pie la princesa Psiquia y pronunció las siguientes palabras:

—¡Oh enviado del más grande de los dioses, considera cuál será mi desolación y mi honda pena, pues ya no puedo llevar a mis labios el agua única que puede calmar la sed de mi alma! No es el amor, ¡oh príncipes!, lo que está oculto a mis ojos, pues sé cómo son sus raras dulzuras, sus portentosas maravillas y los secretos todos de su poder, y por eso mis labios no se han movido cuando los herederos de los grandes reinos y los más bellos mancebos han venido a enamorarme; no es la gloria, cuyas palmas conozco y he escuchado resonar en el más espléndido y admirable de los carros triunfales; no es la fuerza, y así no me he conmovido ante el desfile de los conquistadores que han pasado cubiertos de hierro, con sus enormes hachas y espadas, semejantes por su fortaleza a los invisibles caballeros de los truenos; no es la ciencia, cuya última palabra he aprendido, ¡oh padre!, gracias a ti y a los genios que han venido a mis evocaciones; y así tampoco delante de los sabios y magos ha pronunciado mi lengua una sola palabra. ¡Oh extranjero! –

exclamó con voz más alta y solemne, el secreto cuya posesión será mi única dicha, tan solamente un hombre puede enseñármelo, un hombre de tu país, que en estos momentos pasa a muchas leguas de aquí, camino de la Galia, vestido con una áspera túnica, apoyado en un tosco bordón, ceñidos los riñones con una cuerda. Ruégote, ¡oh enviado del verdadero Dios!, vea yo mi felicidad sabiendo el misterio que ansío conocer, y así seré la princesa más feliz de la Tierra.

—¡Oh desdichada! —respondió Tomás ante los oyentes maravillados—, ¿no sabes que tus deseos son contra la voluntad del Padre? ¿No sabes que ningún humano, fuera de ese peregrino que pasa camino de la Galia, puede poseer el más tremendo de los secretos, el secreto que ansías conocer? Mas sea en bien de Nuestro Señor, y cúmplase su voluntad. Y subió Tomás el santo a la más alta de las torres de la ciudad y clamó con voz fuerte por tres veces: "¡Lázaro! ¡Lázaro! ¡Lázaro!...".

V

EN QUE CONCLUYE LA HISTORIA PRODIGIOSA DE LA PRINCESA PSIQUIA

Y viose venir a un hombre vestido con una áspera túnica, apoyado en un tosco bordón, ceñidos los riñones con una cuerda. A su paso todas las cosas parecía que temblaban misteriosamente. Era pálido. No se podía contemplar sus ojos sin sufrir un vértigo desconocido.

Mas los ojos de Psiquia, sonriente, se clavaron en ellos, como queriendo penetrar violentamente en alguna oculta y profunda tiniebla. Él se acercó con lentitud a la princesa y le habló dos palabras al oído. Psiquia escuchó y quedó al instante dulcemente dormida.

—Psiquia, Psiquia –rugió el enorme rey de cabeza de león.

Psiquia estaba dormida para siempre.

Tomás visitó a los gigantes vecinos de los tres reyes magos, y así ganó muchas almas para el cielo y para la gloria de Nuestro Señor Jesucristo, Salvador del mundo, al cual sean dados gloria, honor e imperio, per infinita saecula saeculorum. Amén. Aquí concluye la historia de la princesa Psiquia.

CUENTO DE LA SONRISA DE LA PRINCESA DIAMANTINA

Cerca de su padre, el viejo emperador de la barba de nieve, está Diamantina, la princesa menor, el día de la fiesta triunfal. Está junto con sus dos hermanas. La una viste de rosado, como una rosa primaveral; la otra de brocado azul, y por su espalda se amontona un crespo resplandor de oro. Diamantina viste toda de blanco; y es ella, así, blanca como un maravilloso alabastro, ornado de plata y nieve; tan solamente en su rostro de virgen, como un diminuto pájaro de carmín que tuviese las alas tendidas, su boca, en flor, llena de miel ideal, está aguardando la divina abeja del país azul.

Delante de la regia familia que resplandece en el trono como una constelación de poder y de grandeza, en el trono purpurado sobre el cual tiende sus alas un águila y abre sus fauces un león, desfilan los altos dignatarios y guerreros, los hombres nobles de la corte, que al pasar hacen la reverencia. Poco a poco, uno por uno, pausadamente pasan. Frente al monarca se detienen cortos instantes, en tanto que un alto ujier galoneado dice los méritos y glorias en sonora y vibrante voz. El emperador y sus hijas escuchan impasibles, y de cuando en cuando turban el solemne silencio, roces de hierros, crujidos de armaduras.

Dice el ujier:

—Éste es el príncipe Rogerio, que fue grande en Trebizonda y en Bizancio. Su aspecto es el de un efebo, pues apenas ha salido de la adolescencia; mas su valor es semejante al del griego Aquiles. Sus armas ostentan un roble y una paloma; porque teniendo la fuerza, adora la gracia y el amor. Un día en tierra de Oriente...

El anciano imperial acaricia su barba argentina con su mano enguantada de acero, y mira a Rogerio, que, delicado y gentil como un San Jorge, se inclina, con la diestra en el puño de la espada, y con exquisita arrogancia cortesana.

Dice el ujier:

—Éste es Aleón el marqués. La Galia le ha admirado vence-dor, rigiendo con riendas de seda su caballo negro. Es Aleón el mago, un Epífanes, un protegido de los portentosos y desconocidos genios. Dícese que conoce yerbas que le hacen invisible, y que posee una bocina labrada en un diente de hidra, cuyo ruido pone espanto en el alma y eriza los cabellos de los más bravos. Tiene los ojos negros y la palabra sonora. En las luchas pronuncia el nombre de nuestro emperador, y nunca ha sido vencido ni herido. En su castillo ondea siempre una bandera negra.

Aleón, semejante a los leones de los ardientes desiertos, pasa. ¡La princesa mayor, vestida de rosado, clava en él una rápida y ardiente mirada.

Dice el ujier:

—Éste es Pentauro, vigoroso como el invencible Heracles. Con sus manos de bronce, en el furor de las batallas, ha abollado el escudo de famosos guerreros. Usa larga la cabellera, que hace temblar heroica y rudamente como una fiera melena. Ninguno corre como él al encuentro de los enemigos y bajo la tempestad. Su brazo descoyunta, y parece estar nutrido por las mamas henchidas de una diosa yámbica y marcial. Trasciende a bestia montaraz.

La princesa del traje azul no deja de contemplar al caballero tremendo que con paso brusco atraviesa el recinto. Sobre su casco enorme se alza un grueso penacho de crin.

Del grupo de los que desfilan se desprende un joven rubio, ya barba nazarena parece formada de un luminoso toisón. Su madura es de plata. Sobre su cabeza encorva el cuello y den-las alas olímpicas un cisne de plata.

Dice el ujier:

—Éste es Heliodoro el Poeta.

Ve el concurso temblar un instante a la princesa menor, a la princesa Diamantina. Una alba se enciende en el blanco rostro de la niña vestida de brocado blanco, blanca como un maravi-lloso alabastro. Y el diminuto pájaro de carmín que tiene las alas tendidas, al llegar una abeja del país azul a la boca en flor llena de miel ideal, enarca las alas encendidas por una sonrisa, dejando ver un suave resplandor de perlas...

HISTORIA DE UN 25 DE MAYO

Patria, carmen et amor...

Es la víspera del día argentino.

Parisina salta muy temprano del lecho; ríe, canta como un pájaro, va y viene; vuelca el polvo de arroz; charla y se viste de modo que queda linda como una princesa; sacude mi pereza soñolienta; heme ya despabilado; esto listo; me abotona los guantes; al salir de la casa me pregunta, alegre y fresca:

—Raúl, ¿recuerdas los versos de Méndez sobre el 14 de julio?

—¿Cómo no los he de recordar? Son una música de estrofas, una bandada de rimas, un orfeón de consonantes, con que el amor y la alegría celebran también el día de la patria francesa. Así nosotros, ¡oh, Parisina!, Parisina parisiense y argentina, celebraremos también la fiesta del sol de Mayo. Es el glorioso sol que vieron brillar aquellos viejos augustos, aquellos jóvenes bizarros, aquellos batalladores que primero pensaron en esta tierra, que la libertad era una bella cosa. Es el sol hermoso del amor también, pues da luz jovial de la primavera, el hogar de las rosas, el fuego acariciador y fecundador de la tierra en el mejor tiempo del año.

¿En dónde celebraríamos ese gran día sonoro de músicas y florecido de banderas? ¿Iríamos, como los enamorados de Francia van a los dulces recodos del Sena, con nuestra cesta del lunch, con nuestro vino, a gozar solos, en un rincón del bosque de Palermo, o en la isla risueña que besa el arroyo de Maciel? O a recorrer las calles de nuestra gran Buenos Aires, hirvientes de muchedumbres vestida de fiesta, a oír las fanfarrias que pasan, a mirar la plaza de Mayo y su vieja pirámide?

En vacilaciones estamos, en la gran avenida. Parisina exclama:

—¡Mira qué jinete de penacho blanco!

Un vigilante viene en su caballo, casqueado, ornado el casco de largas y blancas crines. Tras él se adelanta una gran masa humana con banderas y estandartes, al sonar de himnos y marchas: son los italianos. Son los italianos que saludan a este pueblo de América que con ellos fraterniza, que les da sol y albergue, y tierra y trabajo, y apretón de manos y abrazos cuando se nombra el triunfante Garibaldi, o cuando se padece en Abbi-Garima.

La masa humana se adelanta: los balcones se constelan de ojos de mujeres; las manos blancas riegan flores, los hombres aplauden.

—¡Viva la República Argentina! ¡Viva Italia!

Parisina me dice con voz armoniosa:

—Escucha: ¿qué es la patria? ¿Es el lugar en donde se nace? ¿El Lugar en donde se vive?

¿Es el cielo y el suelo y la hierba y la flor que conoció la infancia? Te diré, querido mío, que al son de los himnos yo tengo todas las patrias. Como esos italianos son argentinos ahora, yo, parisiense, soy ahora argentina e italiana. ¿Por qué? Por la influencia del entusiasmo y por el amor de este hermoso sol que alumbra en el continente un tal espléndido país; y sobre todo, porque apoyada en tu brazo, jamás he visto pasar más jubilosas horas: la patria está en donde somos felices!

—Por eso —le contesto—, pequeño y adorable pájaro cosmopolita, parece que hoy te hubieses adornado como la ciudad y que estuvieses preparada para celebrar el día de mañana, más encantadora y bella que nunca. Sobre la gracia de oro de tus cabellos, tu lindo sombrero se ha posado como una gran mariposa; tus ojos están iluminados de alegría; tu voz suena como la más perfecta de las músicas, tienes tus mejillas de gala, tu andar de los días grandes; y estás cariñosa y gentil, como si hubieses concedido asueto a todos tus cuotidianos relámpagos nerviosos...

Y he aquí que un grupo de franceses en la calle de Florida, al pasar la gente italiana, alza una bandera de Italia y clama por la unión de la gente latina.

Y, mi filósofa rubia, las cosas de la política son obra de los gordos y calvos senadores.

Los pueblos no entienden el mundo como los gobiernos. Sobre una calzada de Crispis pasa la fraternidad de la patria de Dante y la patria de Hugo...

Y como la filosofía para Parisina es mucho mejor con helados de fresa, nos sentamos a una de las mesitas bulevarderas, en donde mi amiga bella pudo gustar a un tiempo mismo su helado de fresas y su filosofía.

Al día siguiente, henos listos para la partida de campo. Ella prepara la cesta, del mismo modo que allá en París para ir a Bougival. Como en Bougival tendremos en un rinconcito florido, conocido de muy pocos, a la orilla del Río de Plata, juventud, pollo, fiambre, pastel de hígado, vino delicioso y amor ardiente.

Yo me reharé un alma de estudiante; Parisina olvidará que admira a Botticelli y se encarnará más o menos en Mimi Pinsón. Y subimos al coche de alquiler, y vamos camino de nuestro rinconcito, mientras a lo lejos una música nos anuncia que los mortales están oyendo el grito sagrado.

Allá, a las orillas del río, el mantel sobre las hierbas húmedas soporta la riqueza de la cesta. Somos tres, con la soledad. El aire liviano nos roza con su raso invisible. Un olor de campo nuevo nos llega de lo hondo del boscaje; el río, inmenso y grisáceo, dice cosas en voz muy baja.

Un vuelo de pájaro sobre nuestras cabezas; Parisina canta una canción y yo destapo una botella de vino rojo. Un pollo frío jamás ha encontrado dos tan preciosos apetitos.

Ella tiene con los dedos su pata de pollo, con la gracia con que asiría un bouquet. Devora como una niña. En el único vaso del pic-nic, está contento y toca llamada el vino de Francia.

¡Oh, próceres, oh, bravo caballero San Martín!, ¡oh, severos padres de la patria argentina, férreos capitanes!, ¡oh, Belgrano, oh, Rivadavia!, y tú, ¡oh, joven y egregio Moreno!, debéis estar contentos cuando al par de los cañonazos del ejército, de las marchas marciales, de las ceremonias ciudadanas, de los épicos estandartes, recibís el ramillete de la égloga, la celebración que os hace la juventud y el amor. Vuestras glorias pasan sobre nuestras frentes, como una cabalgata de walkirias, mientras los ojos de Parisina brillan en sus dulces aguas de diamantes azules; al par de nuestros clarines canta esta pícara y alegre calandria de oro, que me pica el corazón como una cereza. A los truenos de la artillería, contestará una salva de besos. Y al par de los discursos oficiales y de las arengas patrióticas, esos encendidos labios femeninos dirán versos de amados poetas, rondeles sonoros y sonetos galantes; y nos vendrá de lo invisible como un aliento para vivir la vida y gozar de los años primaverales, en esta vasta tierra ubérrima, en que se ha de vaciar la urna de las razas.

Parisina se arregla el cabello; vuelve a posarse en esa áurea gracia la gran mariposa del sombrero; en mi cerebro trabaja como un gnomo el espíritu del verso, alistándome un almacén de rimas que luego han de brotar en sus rítmicas teorías, en honra de la patria universal de las almas y del hogar inmenso de los corazones.

Y la joven rubia, cuya encantadora y simbólica persona pone en mí un goce de ensueños y una visión de amor, quita un botón de rosa del ramo de su corpiño, y gozosa y triunfante, me condecora.

LUZ DE LUNA

I

Una de las tristes noches de mi vida —aquella en que más me martirizaba el recuerdo de la más pérfida de las mujeres—, dirigí mis pasos fuera de la gran ciudad, en donde las gentes hacen sus negocios y se divierten en la sociedad y en el sport.

En el tranquilo cielo estaba, como en una pálida bruma de ensueño, misteriosamente fatal, la Luna. Su resplandor descendía a bañar de plata las grandes planicies y a enredar en los árboles, negros de noche, temblorosos hilos de luz.

¿Por qué será? —dije con una voz tan secreta que solamente la escuchó mi alma—; ¿por qué será que hay almas solitarias con las cuales se encarniza el dolor? Y recordé que el poeta de los Poemas saturninos encuentra el origen de ciertas amargas existencias en el astro extraño, Saturno.

II

Por el camino que al claro de Luna se extendía, ancho y blanquecino vi venir una carreta desvencijada, tirada por dos escuálidos jamelgos viejos. Seguramente era una compañía de saltimbanquis, pues alcancé a ver un negro oso, trajes de farsa, panderos y baúles viejos. Mas cerca, no tuve duda alguna; reconocí al doctor Casandra, a la señorita Colombina, a Arlequín...

Una súbita inquietud se apoderó de mí. Entre toda aquella comparsa faltaba un rostro caro a la pálida y melancólica Selene.

Colombina sonrió maliciosamente, hizo un pícaro guiño y después se inclinó en una bella reverencia. Arlequín dio tres saltos. El doctor se contoneó. El oso pareció decirme, con una mirada: "Estás convidado a la cacería de Atta–Troll". Y cuando busqué en mis bolsillos alguna moneda de cobre, ya los dos jamelgos viejos y escuálidos iban lejos, con un brote inusitado, al argentado brillo de la Luna.

III

Largo rato quedé sumido en mis acostumbradas meditaciones. De repente vi llegar, en carrera azorada y loca, por el camino blanquecino y ancho la figura cándida de Pierrot. ¡Debía de haber corrido mucho! Su cara expresaba la angustia; sus gestos, la desolación. Con su conocida mímica explicaba de qué modo se había quedado atrás; cómo sus compañeros le habían abandonado mientras él contemplaba, en un celestial éxtasis, el rostro de la Luna.

Yo le indiqué la senda que seguía la carreta. Le manifesté cómo yo era un lírico amigo suyo, que vagaba esa noche,. al amor de Selene, martirizado por el recuerdo de la más pérfida de las mujeres. Y él sinceró en su máscara de harina la más profunda manifestación de condolencia.

Después siguió, en carrera precipitada, en busca de la alegre compañía. Y mi alma sintió una inmensa amargura, sin saber por qué, al contemplar cómo se perdía, en la extensión del camino, aquella pobre figura del hombre blanco, de Pierrot, el silencioso enamorado de la Luna.

GESTA MODERNA

El día gris se presta a las ilusiones.
Y en el aire, he aquí los mirajes:
Un campo de pelea, grande y noble concurrencia, dos caballeros reales, armaduras, yelmos, morriones; Turín y Orleáns van a luchar.
¡Batid, tambores; sonad, clarines!

Las damas tienen rosas en los corpiños, las banderas flotan a los heroicos vientos, el cielo está azul como el éxtasis; imponen, hermosas, las anguilas bordadas.

Solares, irradian los oros de las joyas. Nada como el ojo de la princesa que ilumina de glorioso presagio al príncipe novio.

¡Batid, tambores; sonad, clarines!

Un caballo, crin de Berbería, golpea el suelo con sus zuecos de bronce; otro caballo, ojo de llama, sacude la cabeza, y relin-cha como en el libro de Job.

Un príncipe tuvo por madrina una hada; otro por padrino a un encantador. Y el uno ama la rosa blanca y el unicornio, y el otro el clavel rojo y la quimera.

¡Batid, tambores; sonad, clarines!

El escudero del uno es buen citarista; el escudero del otro sabe juegos de manos, y a la hora de asar el jabalí, junto al hogar no hay como él para decir decires y contar cuentos.

El escudero del uno tiene una mejilla partida de un sablazo: al escudero del otro le faltan cuatro dedos: ambos son gordos y tienen buen apetito.

¡Batid, tambores; sonad, clarines!

El torneo empieza y al primer choque, las dos armaduras pa-recen bañadas de plata, flordelisadas de fuego. En los estrados dice una voz que el uno se asemeja a San Miguel Arcángel; y otra le contesta que el otro es igual a San Jorge, aquel divino hermafrodita que da de beber a su caballo después de matar al dragón.

¡Batid, tambores; sonad, clarines!
Un águila pasa por el cielo y dice: ¡Turín!
Otra águila pasa por el cielo y clama: ¡Orleáns!
A lo cual contesta un estandarte ondulando al viento norte.
A lo cual contesta otro estandarte ondulando al viento sur.

Y un águila se coloca en la punta de un asta y otra en la otra.

¡Batid, tambores; sonad, clarines!

Al segundo choque un príncipe es desarzonado; y al caer hace la armadura como un trueno de oro. Y el águila de su estan-darte, parte, triste, a decir a Francia el duelo.

El de Turín hace caracolear su caballo; del corpiño de la prin-cesa novia se desprende la más rosada rosa y de su sonrisa, tam-bién la más rosada, vuela una promesa.

¡Batid, tambores; sonad, clarines!

Y el miraje, cruel fata-morgana, cambia, y la musa me tira de las orejas.

He aquí dos levitas; he aquí dos reales clubmen; he aquí un Orleáns periodista y un Turín espadachín.

Y mientras el arte quiere unir lo que las políticas rompen, y circula más fragante y potente que nunca la sangre latina, y la alondra canta a la loba, el hijo del duque de Chartres reportea poco discretamente; por lo cual el hijo de Amadeo le mete el sable en la barriga.

¡Batid, tambores; sonad, clarines!

POR EL RHIN

Ayer mañana, muy de mañana, mi vecina comenzó a cantar; despertó como un canario; canta como un canario; es rubia, es hija de Alemania. Diréis que el oro es poca cosa si miráis bañada de sol la cabeza de ese pajarito alemán, que tiene por nombre Margarita, y que no hay duda lo recortó la madre con sus tijeras de algún Fausto iluminado por algún mágico viñetista.

> *Pres de la fenétre...*
> *le profil blond d'une Margaréte.*

El verso de Gustave Kahn danzaba en mi memoria. ¿Y la rueca Margarita? ¿Y la meca?

> *Près de la fenêtre...*

Más azules que los vergissmeinnicht sus dos pupilas celestiales miran con la franqueza de una dulce piedra preciosa, o un de ágata rara como las piedras fabulosas de los cuentos, que miraban como ojos... Al mirar, sus claros ojos matinales contribuyen a la alegría del día. "Buenos días, vecina, buenos días". ¿Y la rueca, Margarita, y la rueca?

¡Ah! sí, yo la he de hablar más de cerca y si me lo permiten sus dos puros ojos, haremos juntos un viaje por el Rhin. ¡Por el Rhin! En compañía de dos ojos más azules que los vergiss-meinnicht se hace el único viaje que puede soñar un poeta.

Y le he hablado por fin, muy de cerca, y ella me ha contado en curioso idioma muy bravas cosas.

El padre, semejante a un burgomaestre clásico, rico de abdo-men y unido a su pipa por la más estrecha de las simpatías, da lecciones de música. ¿Por eso cantará con tanta afinación el canario alemán? Mientras conversamos, el burgomaestre hojea una partitura y ahuma el ambiente con la conciencia de una solfatara.

Yo le digo a Margarita de los versos de Kahn, y le propongo que hagamos el viaje del Rhin juntos, esa misma mañana; y corno ella accede y me mira fijamente, partimos a Alemania, como sobre la espalda nevada de un cisne.

No sé qué encanto especial tienen las mujeres germánicas, que a más de producir en nosotros el hechizo del ensueño, nos infunden exquisitamente —costumbre quizá heredada de willis o mujeres— cisnesas— una honda voluptuosidad ... La latina os quema; la germana os trae el calor de por dentro, como un cordial. Y así, por mucho que naveguéis a la luz de la luna y oigáis la voz de Lorelei, de pronto os sentiréis amorosamente abrasados... ¿No es cierto, oh divino Heine?

Y Kahn:

> *Elle dépose de ses doigts lents le missel*
> *où un bout de ciel*
> *luit en un candide bleuet.*

¿Qué flor es ésa, Margarita, rubia Margarita, la que tu mano corta después de dejar el antiguo libro de misa? ¿Es una margarita, es una no-me-olvides? No; es una rosa, cuyo corazón compite con la sangre de tus labios.

Es domingo: el campanario soltó sus palomas de oro del pa-lomar de piedra antigua. Es día alegre. El burgomaestre repasa una partitura. Mi vecina y yo vamos camino del Rhin. Ya estamos en él. Allá está el castillo. Más allá el burgo. Allá, más allá, la casa de Margarita.

> *Les voiles de vierges bleus et blancs*
> *semblent planer sur l'opale du Rhin...*

—¿Y la rueca, Margarita?

Margarita está en la ventana de su casa; ha ido ya a misa... Es día domingo, pero no importa: ella hila.

—¡Margarita! te vengo a visitar desde muy lejos, en compa-ñía de mi vecina, cuyos ojos son hermanos de los tuyos. Margarita está con la rueca. Margarita me gratifica con una sonrisa; y teje, teje, teje...

Ha tiempo murió el abuelo, que fue coracero del gran Federico. Margarita tiene una abuela, cuyas grandes y liliales cofias aprueban, al andar, acciones honestas. La abuela supo de amor heroico y ardiente, hace tiempo, hace largo tiempo. La procesión de años es tan extensa, que apenas se alcanzan a ver los que van por delante...

—Buena abuelita, ¿Margarita tiene novio?

—Novio tiene Margarita. No es el estudiante, que tiene una cruz de San Andrés dibujada a sable en la mejilla derecha. No es el dueño de la fábrica, a quien han amenazado los obreros con una degollina si no les aumenta el salario. El novio de Margarita es el propietario de la viña; el buen mozo rojo, que tiene un bello perro, un bello fusil y un coche de dos ruedas tirado por una linda jaca.

—¿Y para cuándo el matrimonio?

—Para la próxima cosecha. En las cubas rebosa el vino blanco.

La abuela charla, charla. Margarita teje, teje, teje.

—¿Y los poetas, abuela?

—Los espantajos alejaron todos los gorriones del plantío de coles; Margarita no entiende de música sino lo necesario para tararear un vals de Strauss.

La noche va a llegar. Aparecen los animales crepusculares, a la orilla del bosque, a la orilla del río.

El viejo Rhin va diciendo sus baladas. La vagarosa bruma se extiende como un sueño que todo lo envuelve; baja al recodo del río, sube por los flancos del castillo; la noche, hela allí, co-ronada de perlas opacas y en la cabellera negra el empañado cuarto creciente...

Ya la casita de la rubia hilandera está envuelta en sueño.

Entrada la noche, comienza el desfile, frente a la ventana en donde, flor de leyenda, estaba asomada la niña que hilaba en la rueca.

Pasa como un enjambre de abejas de oro, murmurando, el coro de canciones que salen de los vientres de los laúdes viejos, donde viven haciendo un panal de melodías, alrededor del cual el diablo ronda, hecho moscardón... Pasa el diablo, en traje de gala.

En traje de gala va Mefistófeles, todos ya lo sabéis, un bajo de ópera. Sus cejas huyen hacia arriba, como las de los faunos; sobre su frente la pluma tiembla, los bigotes enrollan sus rabos de alacrán; la malla color de fuego aprieta la carne enjuta; a la cintura va el puñal de guardarropía y el espadín infeliz que no pincha, ni tiene el azufre de un fósforo.

Pasa Mefistófeles; un pobre diablo. Pasa el hombre pálido y pensativo y gentil; pasa Fausto. Todo vestido de negro; va de luto por él mismo. Entre su pobre cabeza yace el sedimento de cien vejeces. A través de la bruma, el cuarto creciente compasivo le envía un rayo que le dora la pálida frente, y hace brillar sus ojos rodeados de ojeras.

Pues ha hecho tanto la fiesta, ha gustado tanto de la vida alegre, que está seriamente amenazado de tabes dorsalis. Va la manera de caminar; de modo que parece que junto a él una Muerte de Durero ritmándole el paso, al son de una sorda cornamusa.

Pasa la vieja dueña, con el faldellín ajado por avaricias y concupiscencias seniles. Junto a ella, una araña, una escoba, un sapo; y el gordo perro judío que da dinero con absurdo interés y se paga las niñas de doce años; y el gordo perro cristiano que extorsiona al circunciso y al incircunciso, y se receta el plato de cenizas de Sodoma.

Pasa Valentín, matachín; agujereado el pellejo a duelos; borracho como una mosca. Se hará de la vista gorda, como le deis un empleo en la agencia del banco, una querida y una bicicleta.

Pasa el organista, que tocó en la iglesia a la hora de la misa y que por dentro es un luterano extra: así ama él a la monja, la regordeta Sor Sicéfora de los Gozos, que le regala con hojaldres y carnecitas bien manidas, con salsa abacial.

Pasa el gran Wolfgang, patinando. Su cabeza sobrepasa la floresta; su holgada capa negra deja ver su pecho constelado de estrellas.

Empujado por una musa ciega y triste, pasa luego, entre a grupo de gentes vestidas de negro, que sollozan y llevan los rostros cubiertos, pasa en su carretilla de paralítico, el pobre Heine va alimentando en su regazo a un cuervo funesto, a quien da de comer un puñado de diamantes lunares.

Y junto al tullido, como un paje familiar, va un oso.

Pasa, furioso, el pecho desnudo, los gestos violentos, la mirada fulminante, mascando una hostia, estrangulando un cordero, hombre extraño, que grita:

—Yo soy el magnánimo Zarathustra: seguid mis pasos. Es 1a hora del imperio: ¡yo soy la luz!

Alrededor del vociferador caen piedras.

—¡Muerte a Nietzsche el loco!

Pasa el desfile, bajo el palio gris de la bruma...

Volvemos del viaje al Rhin.

No lo repetiremos.

He perdido las señas de la casa de Margarita.

¿Qué decía el son de la rueca?

¿En qué estábamos, dulce vecina?

Hauptmann se subió al campanario y tocó a somatén.

El viejo cara de burgomaestre ha concluido la partitura y limpia el flautín.

—Vecina, no me ha dicho todavía en qué se ocupaba.

—¿No se lo he dicho? Soy modista. ¿Y usted?

—Yo poeta.

PAZ Y PACIENCIA

Como hubiese caminado por varios días entre valles y florestas en donde vi maravillosas visiones, advertí de pronto que la tierra que hollaban mis pies era ya blanca como la sal o la nieve pura, ya rosada, de un rosa suavísimo que encantaba con su color. Como he leído en el Cavalca de una tierra semejante, comprendí que había llegado a los alrededores del Paraíso terrenal; el cual, como es sabido, existe sobre este mundo, tan lleno de delicias como cuando lo creó la palabra del Señor antes de la locura de Adán. Y más se afirmó mi creencia, al ver una ancha puerta de oro adornada con flores rarísima y de dulces olores, las cuales tenían tal vida como si estuviesen habitadas por espíritus humanos.

Mas no viendo la figura terrible del querubín armado, habría vacilado en mi creencia, si no escuchara la voz con que me hablara una de aquellas flores hechiceras, la cual volando de su tallo, como una mariposa o un pájaro de encanto, vino a posarse en mi hombro.

Oí la suave voz:

Este que ves aquí es por cierto el lugar que te imaginas, aunque no haya percibido al querub armado de espada coruscante y fulminante. Es el jardín que creó el Señor en los comienzos del mundo, y en el cual habitaron el Hombre y la Mujer hasta el día que dijo su secreto la Serpiente. El querub partió después de que el trueno de Dios habló a los culpables y a la espada celeste les desterró.

Dije: "¿Quién habita, hoy, pues, este lugar; y por qué he logrado penetrar hasta el sagrado recinto?".

Y la voz de la viva flor: "Has logrado llegar, porque en un instante de tu existencia has vuelto a la inculpada naturaleza y has unido tu alma inocente de los animales y de las cosas, retornando así a la vida primitiva y adámica, antes de la desobediencia. En cuanto a quienes habitan y reinarán —hasta cierto día en que aparecerá de nuevo sobre la tierra el juez , en divinidad y en cuerpo purificado ya el ser humano—, son dos seres puros y extraordinarios elevados por la voluntad del Todopoderoso. Ellos dos habitan fraternalmente en el Paraíso, y reinan en la maravilla de su virtud".

¿Podré saber —interrumpí— cómo se llaman¡

Y la voz de la flor:

"Paz y Paciencia".

Pasé por la puerta de oro ornada de las flores paradisíacas. Y clamé: "¡Paz en el nombre de Dios!".

Y de un boscaje misterioso brotó una figura que me maravilló.

Dos ojos dulces y grandes, llenos de una desconocida luz de bondad y de amor; como una media luna de oro sobre la gran testa; como una piel de seda y oro sus fuertes formas que descansaban sobre cuatro pilares de vida.

¡Hermana Paz —dijo—, yo te saludo en el nombre de Dios!

Hermano —respondió en una lengua más sublime que la lengua humana—, sé bien venido a este lugar porque has tenido en un instante de la existencia la suerte de unirte con la inculpada naturaleza y juntar tu alma de hombre, contaminada desde antiguo, con el alma de los animales y las cosas.

Me llamo Paz, y soy aquel buey que en el establo de Judea calentó con su aliento la carne de un niño que juntó la miseria con la Divinidad y la corona con el martirio. ¡Oh, cómo temblaba de frío el cuerpo del Príncipe entre la paja y el estiércol! El anciano viajero había traído a la bella y pálida parturienta sobre las espaldas de mi hermano...

¡Hermana Paciencia —dije—, yo te saludo en nombre del Señor!

Al lado de Paz, surgió la más hermosa figura. ¡Oh, cuán profundas miradas, bajo las orejas que bañaban desde el abismo celeste dos chorros de luz que jamás contemplados por ojos de pecador! La figura despedía de sí un misterioso encanto y hablaba también con un idioma que debía regocijar a los arcángeles.

Yo te saludo —contestóme— en nombre de Dios. Sé el bienvenido, pues no has podido llegar hasta nosotros sino por la ciencia de la Fe y por la gracia del Amor.

Y ambas lenguas narraron a mi espíritu embelesado la historia prodigiosa del Nacimiento del Niño Dios; cómo calentaron son sus fauces al recién nacido; cómo el milagro estelar condujo a los reyes magos, y cómo alegraron el campo vecino, en la noche azulada y armoniosa, los cantos de los pastores.

Ya comprendo —dije después de escuchar el hermoso misterio— cómo por tal servicio hecho al Rey de los humildes habéis venido vosotros dos a morar realmente en el Paraíso creado por los hombres.

Y Paz y Paciencia desaparecieron de mi vista y habló de nuevo la voz de la flor viviente:

"En verdad te digo que éste es el verdadero misterio. ¿Cuál ha sido el premio del buey bueno sobre el haz de la tierra? Sangre y martirio. El yugo es suyo; su dulzura natural parece que atrajera la crueldad humana; suyas son la castración, la fatiga de arar los campos, los aguzados púas, y por último la degollación para servir de carne al contaminado. ¿Cuál ha sido el premio del buen asno sobre el haz de la tierra?

Él, cuyos ojos y cuyo silencio encierran todas las filosofías de los sabios, es el emblema de la estupidez; sobre sus espaldas amontonaron los hombres las cargas y el ridículo; y el mismo Satán busca su forma al presentarse en los aquelarres y en las tentaciones a los santos y hombres de virtud. Ambos han sido ludibrio y risa, y el palo y el cuchillo sus galardones".

Por tanto, he ahí que viene el Mesías que anuncia la libertad de los seres inocentes y esclavizados por el Hijo de la Culpa, y mientras sufren en la tierra sus hermanos, Paz y Paciencia habitarán el Paraíso de Jesucristo!

Y la flor viva volvió a su tallo, y yo sentí como si en mi corazón hubiese caído una gota de un perfume divino.

LA ETERNA AVENTURA DE PIERROT Y COLOMBINA

El alba despierta a Pierrot tirándole suavemente de una oreja. Es Pierrot, el mismo doctor Blanco de Mendés, el amigo de Banville, el eterno enamorado de la Luna.

Pierrot no siente el peso del Tiempo. Él vive, come, y sueña. Hacer la rueda a Colombina es cosa que viene después, a pesar de ese pícaro de Arlequín que pretende coronar, no de oro, al hombre blanco.

"Pierrot —le dice el alba—, hoy es día de Carnaval. Perezoso, levántate. Ve a mirar el rostro de Colombina, que ha pasado una buena noche soñando con el baile de hoy. Pues tu mujercita es aficionada a las alegres fiestas, y danza y ríe, cuando tú no estás presente. Ella asegura que tu peor defecto es la tristeza. Te crees poeta, en lo cual no anda muy descaminada; te cree soñador. Y ella gusta de los ricos trajes de seda, de las joyas de oro, de las perlas y de los diamantes. Tú, en realidad, Pierrot, a pesar de tu gula y tu afición al vino, eres triste; y a las mujeres no les gustan los hombres tristes. Levántate, Pierrot, y piensa en no dejar escapar el amor de tu compañera, alegre como un pájaro y linda como una rosa".

Pierrot se despereza, y de un salto, se levanta.

Colombina, que ha aprendido muchas cosas, sabe Nietzsche: esteta prerrafaelista y ababún. Hace la gran dama a maravilla y recibe a su marido con aires de princesa, envuelta en un largo peinador.

Y Pierrot, que no las tiene todas consigo, un tanto celoso, desde hace días, comienza por rogar, y ordenar a su cara mitad que no vaya al baile. A las órdenes que se evaporan ante el mármol de Colombina, suceden las súplicas, y Pierrot suplicante, no puede más que Pierrot autoritario. En vano se pone de rodillas, en vano hace una cara triste, semejante a la faz de su olvidada Selene... Colombina, impasible, dícele que irá al baile.

"Pues bien —dice Pierrot, cambiando de tono—. Iremos al baile, iremos juntos. Danzaremos, reiremos, y pasaremos las más preciosas horas".

Él mismo va a preparar el traje que va a lucir Colombina; él mismo se presenta lleno de risa, y proclama gustoso que no hay nada mejor que un baile de Carnaval, en compañía de una bella mujer.

Colombina le deja hacer. Pues en su cabecita de pájaro tiene las más caprichosas ideas respecto a la felicidad conyugal. ¿No ha recibido un mensaje de Arlequín, en el cual mensaje el elegante amante le prometía cielos y tierra por un vals en el baile carnavalesco?

Ella cree que no ofenderá a Dios ni a Pierrot acompañando a Arlequín a comer écrevisser en cabinet particulier.

¡Pícara Colombina!

Y he aquí la pareja lista para partir al baile.

El Hombre Blanco, cándido como un cisne, como un ensueño virginal, con su sombrero blanco, su cara blanca, su traje blanco, su alma blanca.

Y colombina de negro, con su sombrero de negro, sus guantes negros, sus medias y zapatos negros, su traje negro que deja ver muchas cosas sonrosadas, su bastón largo y negro, y su alma de donde salen para el pobre Pierrot muchas penas negras...

Ambos contentos a la fiesta. Es el día en que la humanidad cree necesario adornarse con las joyas de la Locura. Suenan por todas partes músicas alegres. Las gentes, pasan y ríen. Las máscaras van en profusión por las calles. Todo predispone al juego y al fuego, cuya ceniza servirá para el miércoles del Memento, homo... Brazo con brazo, van Pierrot y Colombina, entre los transeúntes que dicen decires y chistes a través de las caretas y de los disfraces.

Y Colombina va acariciando en su interior una pérfida idea.

¡Pobre Pierrot!

¡Música!

¡Música!

Flores y murmullos y luces. Es el imperio del placer. El teatro está lleno e hirviente de parejas. Los disfraces más variados circulan. De los palcos vuelan las serpientes y las miradas ardientes.

Princesas, manolas, aves, gitanas, pasan, se confunden. Pierrot y Colombina penetran en el vasto recinto, en la lluvia de notas de la orquesta, entre el remolino de danzantes.

Y Colombina, que ha visto a lo lejos a Arlequín, haciéndole una seña, suéltase de pronto del brazo de su marido, y piérdese en el bullicio de la alegre muchedumbre.

Pierrot, atontado, mira a todos lados, se agita, corre aquí y allá, sin poder percibir a su consorte en fuga. Va de un punto a otro y es estrujado. Hace grandes gestos que llaman la atención de los circunstantes. Camina, se lo arrojan los que bailan, como una pelota, hasta que al fin, fatigado, lleno de tristeza y de desesperación, va asentarse descansar, en la gran escalera, iluminada por las claras lámparas eléctricas que fingen un sol meridiano.

Pasan gentes, pasan gentes, pasan, pasan, y Pierrot cree de repente ver a su mujer... No, no es ella. Es una que se le asemeja.

Y el Hombre Blanco, desesperanzado, sigue, sigue en triste actitud, observado por los que suben y bajan por la extensa y marmórea galería.

Ha pasado el tiempo, tiempo; ha desgranado el reloj muchos minutos, es ya más de medianoche; la música ha destrozado muchas veces con su alegría el corazón de Pierrot, cuando de pronto siente que una suave mano se posa sobre su hombro.

—"Es ella".

Es ella. Manifiéstale que ha sido arrastrada en el torbellino de los danzantes; que ha sido llevada por la ola de los valses; y que felizmente, ha encontrado un amigo, a su digno amigo el Sr. Arlequín, que le ha convidado a reparar sus fuerzas con una copa de champagne y écrevisses en cabinet párticulier...

Pierrot explota:

"¡Desventurada!" —Y haciendo una mueca trágica, hace que le conduzca al gabinete en que ha tenido lugar la cena.

Ahí están las señales de un buen divertimiento; el resto del vino, el resto del pastel...

Pierrot, delante de la falsa mujer junta sus manos y se pone a meditar en si hará sus hazañas de doctor Blanco, o soportará con paciencia su desgracia...

Un momento después las golosinas le tientan; se come el resto del pastel y se bebe el resto del vino, ante las miradas especiales de la esposa fatal que le acteoniza.

Ya en casa, Pierrot se echa en un sillón, inconsolable, mientras que Colombina, preciosamente, pretende inculcarle, al buen filósofo, una cantidad mayor de filosofía.

LA FIESTA DE ROMA

Lucio Varo hablaba lentamente, y sus palabras eran como ritmadas por el ruido de los remos. Una gloria vesperal empurpuraba la fiesta del cielo, y caía, regia, sobre Roma. Se hubiese pensado en una decoración voluntaria de la naturaleza en homenaje a la ciudad divina. Doraba, roja, la luz, las lejanías; caía a rayos oblicuos sobre los jardines que en lo pintoresco de la ribera atraían con la alegría de sus flores, de sus mujeres y de su vino lesbiano. Flotaba como un aire de salud universal, que inmergiese en un baño maravilloso de fuerza y de bienestar, elevando y purificando el pensamiento, ayudando a la formulación de la palabra, cuidando y transportando, como un incienso misterioso, la fragancia humana.

Como en un punto del navegar se descubriese un paraje en que se descorría a la manera de una cortina el espectáculo de las cosas inmediatas, dejando contemplar el panorama de la capital cesárea, el poeta se puso de pie, y mientras Pablo le miraba con fijeza, recostado al borde de la barca, él prosiguió, elevando un tanto la voz, armoniosamente, de modo que se pensaría escuchaba el instrumento invisible que le iba acompañando.

—He aquí la última de mis diosas —dijo—. He ahí a Roma, a quien tantas ofrendas he hecho en el templo de la Salud. En ella se sostiene la fe que me resta. Su faz, en una visión del futuro, se me aparece siempre irradiando un brillo único; su cabeza firme sobre la columna de su cuello vigoroso, sostiene el orgullo simbólico de su corona de torres. Es la diosa dueña de la inmortalidad y de la victoria, favorecida directamente del Divus Pater Júpiter, que le ha hecho el don de su voluntad y de su rayo. La loba de Rómulo, ¿saben que he pensado, era el conjunto de todas las divinidades que debían dar la existencia y la fortaleza al Padre cívico? Cuando el infante apareció a la vida del día en ella Vaticano favoreció el grito primero que anunciara el triunfante nacimiento; Fabulino desató en la len-gua la primera fórmula verbal que fue fundamental eslabón en la infinita cadena del discurso futuro; en la leche del providencial cuadrúpedo ofrecieron Educa el manjar primordial que más tarde sería en augusta transubstanciación la carne vigorizada de un pueblo omnipotente, y Potina la copa concentradora de un licor de luminosa energía; y cuando el Fundador caminó por la primera vez, al amor de los montes nativos, aprendiendo el paso que place a los númenes, con él iban

Abeona y Adeona, con él volvían Iterdica y Dominuca, todas encarnadas en la Lupa de las manos de bronce, nodriza y maestra del varón predestinado para hacer brotar de la tierra la flor insigne de la potencia y de la libertad humanas. Roma es y será invencible al Tiempo. La Salud del Pueblo Romano tendrá siempre como Vesta un fuego encendido en honor suyo, no en templos que caerán al paso de los carros de los siglos, ni custodiado por vestales frágiles a la culpa y a la muerte, sino en el alma de todo hombre libre y noble, vigilado y atizado por la mente de una raza imperecedera, sustentada por influencia suprema, en el cumplimiento de un destino imperioso.

Yo recuerdo que siendo niño conducíame mi padre a sus granjas, en tiempo en que se celebraban las fiestas de los dioses rústicos. En la campiña de mi vida había una discreta comunicación con la vida de la campiña, aunque jamás mis ojos tuvieran el sagrado terror de la visión corporal de una divinidad. Presenciaba los regocijos primaverales tomando en ellos parte, y veía saltar gozoso el chorro de la sangre del puerco votivo, del toro de la ofrenda; y luego, coronado de hojas frescas, me internaba por los bosques, saturando mi cuerpo infantil de las esencias del campo, con la confianza en la bondad de los númenes contentos, en la virtud de la suo-vetaurilia propiciatoria. Antes de que el arado desflorase la negra tierra, antes de que de la espiga copiosa se recogiese la cosecha, la plegaria se dirigía a la diosa favorecedora, el sacrificio precidáneo era ofrecido a Ceres, y aún contemplo la cabeza blanca de mi padre, encina familiar, al presidir la acción de solicitud o de gracias. Yo adornaba con flores cogidas en las vecinas praderas, los simulacros de la Primavera y de Marte Silvano; mis oídos pueriles habrían creído escuchar voces sobrenaturales que salían de los troncos de los árboles, de los carrizos, de las riberas y de los diamantes de las fuentes. Alguna vez conduje en mis manos que se alzaban en acto de honor el ánfora de aceite que se vertía sobre el bloque de piedra del ara primitiva; y aguardaba ver aparecerse la figura del lar protector, surgir del agua cercana las ninfas tutelares, mientras se despertaba en mi espíritu en flor una mezcla de curiosidad y miedo.

Creía rozarme con los dioses, pero no llegaba jamás a percibirlos. Y ya en mí había el deseo de realizar cosas grandes. De mis labios brotaban extraños ritmos y melopeas que yo inventaba, que no decían nada, incomprensibles en verdad para mí mismo, pero que irían y serían comprendidos por los seres superiores a quie-nes iban dedicados, tal los himnos antiguos en boca de los Arvales. Ya pasada la edad primera fui asiduo al culto hercúleo, y en la felicidad de mis primeros amores mis dedos entretejieron muchas coronas de rosas. Una música incesante, una luz áurea y dichosa ha precedido siempre la danza de mis horas en esos dulces años. Las Musas me favorecían, y nada turbaba mi paso por el camino del mundo. Un día cayeron en mis manos las obras de Ennio, y conocí por él a Evémero, y respiré el desconocido perfume de los versos de Epicarmo. La duda fue poco a poco filtrándose en mi alma. Sentí como la invasión de una dolencia sutil que poseía mi antiguo gozo. Después caí en un sopor indefinible, en una debilidad hasta entonces no sentida, cual si desfalleciese...

—Era el hambre de Dios —interrumpió Pablo. Varo continuó:
—Todos los dioses fueron cual ocultándose a mi deseo, o esquivándose a mi fatiga. Hasta el momento en que comprendí que la única divinidad en que podía esperar, ya perdidas las primeras ilusiones, ya puesto el pensamiento en mi tarea sobre el mundo, ya determinando la misión de nuestra raza sobre la tierra, era Roma, Roma el apoyo del amor y de la libertad futuras. Roma la Buena Diosa. Veneremos la memoria de Augusto, que ha hecho revivir el culto de Venus Generadora, de Marte Vengador y de Apolo Palatino, pues las tres divinidades se juntan, para mí, en el corazón, en el brazo y en el cerebro de Roma. La Venus maternal reproduce en la sangre romana sus llamas y sus rosas, alimentando los flancos victoriosos de donde brotarán ciudadanos innúmeros, hábiles en las artes de la paz, dueños del campo, robustos en las faenas agrícolas y gozosos en la existencia urbana, adoradores de la claridad y de la fuerza; Marte Vengador hace reverdecer los viejos laureles y crecer y vestirse de hojas fragantes los nuevos; castigará siempre las afrentas de la Patria, armará el brazo nacional y mantendrá el decoro y la dignidad Capitolina; y Apolo Palatino, no tan solamente el de Accio, ni aquél cuyo templo ostenta sobre la cuadriga de oro la figura del Sol, sino el Arquero eterno, el Numen que anima y animará por siglos de siglos la romana mente, encenderá el co-razón romano, y hará que el verbo latino, la sangre latina, perpetúen su imperio, en una victoria inacabable.

Yo sueño con una fiesta de Roma, repetida como los juegos seculares, a la cual concurrirán en lo porvenir todas las naciones del universo. Si un Dios ha de venir que se revele más grande que los dioses conocidos, hoy ocultos, o enfermos, o prófugos, él presidiría, encarnado en un sacerdote magno, los coros ofertorios y las pompas sagradas. Los ministros del culto nuevo darían gracias a la potestad divina por las victorias logradas, por la riqueza, por la conservación de la Salud popular y de la Belleza consagrada y respetada; por las espigas de los surcos y las rosas de los jardines, por los senos y vientres que dan al amor y a la patria culto y vástagos. Sería el reino apolíneo bajo la corona de Roma. Y las naciones agitarían palmas, celebrando la supremacía y la es-pada de oro de la conquistadora que daba la paz y la dicha. No en el templo de Apolo Palatino, sino en la plaza pública, resonaría el Carmen secular escrito por el primer poeta de la tierra, y cantado por un inmenso coro de hombres y mujeres poseedores de juventud y de hermosura. Se estremecería el corazón del orbe. Iría el canto bajo la azul cúpula celeste, sobre las colinas llevado por el viento propicio al mar. Ya no serán tan sólo los escitas, los indos y los medos, la Galia y la Germania, quienes acatarán a la Señora terrenal; habrá quizás mundos nue-vos que se inclinen delante de tanta majestad...

Tras una corta pausa, comenzó a recitar los versos que antes había compuesto, quizás contemplándose él mismo en el poeta venidero que cantaría el secular carmen:

¡Roma, grandiosa Roma, alta Imperia, señora del Mundo!
A tu mirada se levanta la gloria
Toda vestida de fuerza, con la palma sonora en la diestra
Y la sandalia mágica sobre el cuello de trueno.

Tú, este vino de fuego que nos pone en las venas el ritmo,
Esta violencia de la latina sangre,
Transmutaste de la ubre que a los labios sedientos de Rómulo
Llevó en el primitivo día la áspera Lupa.

Siete reyes primero contemplaron las siete colinas,
Y del prístino tronco brotó la rica prole;
Coronó la República el laurel de los montes Sabinos,
El de la bella Etruria y la palma del Lacio.
Magno desfile de altos esplendores! Las arduas conquistas,
El patricio y la plebe, literas consulares.

Hachas, lictores, haces...
¿En qué gruta aún resuena, misteriosa y divina armonía,
La olímpica palabra que en la lírica linfa,
En la lírica linfa escuchó de su náyade Numa?

Y he ahí el coro de águilas: ¿De dónde vienen victoriosas?
De los cuatro puntos del cielo; de la ruda Cartago,
De las islas felices, de la blanca y sagrada Atenas.
Y las tuyas ¡oh César! de los bosques augustos de Galia.

Y llevadas por todos los vientos
Que bajo el solar fuego soplan sus odres
Del soberbio Imperator resplandece la altiva diadema

Y su mano, al alzarse, cual la de Jove rige
Capitolina...

Pablo volvió a interrumpir:
—Yo anuncio al Dios del triunfo venidero.
Y Varo:
—¡Roma será inmortal!...

EL SALOMÓN NEGRO

Entonces —cuando Salomón va a reposar en el último sueño y mientras duermen, en un salón de cristal, fatigados grupos de satanes—, una tarde quédase desconcertado: surge ante su vista, como una estatua de hierro, una figura extraordinaria, genio o príncipe de la sombra. ¿Qué genio, qué príncipe tenebroso para él desconocido? La fuerza de su anillo ante la aparición, quedaba inútil. Pregunta:

—¿Tu nombre?

—Salomón.

Mayor sorpresa del Sabio. Fíjase luego en la rara belleza de su rostro, de un talante, de una mirada iguales a los suyos. Diríase su propia persona labrada con un inaudito azabache.

—Sí —dijo el maravilloso Salomón negro—. Soy tu igual, solo que soy todo lo opuesto a ti. Eres el dueño del anverso del disco de la tierra; pero yo poseo el reverso. Tú amas la verdad; yo reino en la mentira, única que existe. Eres hermoso como el día, y bello como la noche. Mi sombra es blanca. Tú comprendes el sentido de las cosas por el lado iluminado por el sol, yo por lo oculto. Tú lees en la luna visible, yo en la escondida. Tus djinns son monstruosos; los míos resplandecen entre los prototipos de belleza. Tú tienes en tu anillo cuatro piedras que te han dado los ángeles; los demonios colocaron en el mío una gota de agua, una gota de sangre, una gota de vino y una gota de leche. Tú crees haber comprendido el idioma de los animales; yo sé que solamente has comprendido los sonidos, no lo arcano del idioma.

Mudo Salomón, hasta entonces, exclamó:

—¡Por Dios Grande! Maléfico espíritu que a él y su mejor hechura te atreves, ¿cómo osar asegurar tales cosas? Los hombres pueden contaminarse de error; pero los animales del Señor viven en la pureza. ¿Cómo su pensar inocente pudo haberme engañado?

Y el Salomón negro:

—Evoca —dijo— al ángel de forma de ballena que te dio la piedra en que está escrito: Que todas las criaturas alaben al Señor.

Salomón puso el anillo sobre su cabeza y el ángel deforme apareció.

—¿Cuál es tu nombre cierto? —preguntó el Salomón negro.

El ángel respondió:

—Tal vez.

Y se deshizo. Salomón llamó a todos los animales y dijo el pavo real:

—¿Qué me expresaste tú?

Y el pavo real:

—Como juzgues serás juzgado.

Así pregunto a otras bestias. Y contestaron:

El ruiseñor: La moderación es el mayor de los bienes.

La tórtola: Mejor sería para muchos seres que no hubiesen visto el día.

El halcón: El que no tenga piedad de los demás, no encontrará ninguna para sí.

El ave syrdar: Pecadores: convertíos a Dios.

La golondrina: Haced el bien, y seréis recompensados.

El pelícano: Alabado sea Dios en el cielo y en la tierra.

El pájaro kata: Quien calla, está más seguro de acertar.

El águila: Por larga que sea nuestra vida, llega siempre a su fin.

El cuervo: Lejos de los hombres se está mejor.

El gallo: Pensad en Dios, hombres ligeros.

—¡Pues bien! —exclama el Salomón negro—. Tú, pavo real, mientes. Entre los humanos, es el juicio malo el único que prevalece. Y entre los animales, como entre los hombres, la confianza pone en la boca de los lobos a los corderos. Tú, ruiseñor, mientes. Nada triunfa sino el ejercicio de la fuerza. La moderación se llama mediocridad o cobardía. Los leones, las grandes cataratas, las tempestades, no son moderados. Tú, tórtola, mientes, como no hables en tu sentencia de los débiles. La debilidad es el único crimen, junto con la pobreza, sobre la faz de la tierra. Tú, halcón, mientes siete veces. La piedad puede ser la imprudencia. ¡Ay de los piadosos! El odio es el salvador y potente. Aplastad a los pequeños; rematad a los heridos; no deis pan a los hambrientos; inutilizad por completo a los cojos. Así se llega a la perfección del mundo. Tú, syrdar, mientes. Eres el pájaro de la hipocresía. Por lo demás, Dios se llama X; se llama Cero. Tú, golondrina, mientes. Eres la querida del halcón. Tú, pelícano, mientes. Eres hermano del syrdar. Y tú, paloma, mientes. Eres la barragana del ambos. Tú, kata, mientes. Quien ruge o truena, no debe callar: la razón está siempre con él. Águila, cuervo y gallo: he de encerraros en la jaula de la insensatez. Ello es tan cierto como que Salomón en su gloria nada puede contra mí, y que el ojo del gallo no penetra la superficie de la tierra para encontrar los manantiales.

Desaparecieron las bestias. Los satanes, despiertos, atisbaban a través de los cristales. Salomón, con una vaga angustia, contemplaba su propia imagen oscurecida en aquel que había hablado y a quien no podía dominar con sus ensalmos. Y el Negro iba a partir, cuando volvió a preguntarle:

—¿Cómo has dicho que te llamas?

—Salomón —contestó sonriendo—. Pero también tengo otro nombre.

—¿Cuál?

—Federico Nietzsche.

Quedó el sabio desolado, y preparóse para ascender, con el ángel de las alas infinitas, a contemplar la verdad del Señor. El pájaro Sirmorg llegó en rápido vuelo:

—Salomón, Salomón: has sido tentado. Consuélate; regocíjate. ¡Tú esperanza está en David!

Y el alma de Salomón se fundió en Dios.

LAS SIETE BASTARDAS DE APOLO

Siete figuras aparecieron cerca de mí. Todas vestidas de bellas sedas; sus gestos eran ritmos, y sus aspectos armoniosos encantaban.

Al hablar, sus lenguajes eran música; y si hubiesen sido nueve, habría creído seguramente que eran las musas del sagrado Olimpo. Había en ellas luz y melodía y atraían como un imán supremo.

Yo me adelanté hacia el grupo mágico, y dije:

—Por vuestra belleza, por vuestro atractivo, ¿seréis acaso los siete pecados capitales, o quizá los siete colores del iris, o las siete virtudes, o las siete estrellas que forman la constelación de la Osa?

—¡No! —me contestó la primera figura—. No somos virtudes, ni estrellas, ni colores, ni pecados.

Somos siete hijas bastardas del rey Apolo; siete princesas nacidas en el aire, del seno misterioso de nuestra madre la Lira.

Y adelantándose la primera, me dijo:

—Yo soy DO. Para ascender al trono de mi madre, la sublime reina, hay siete escalones de oro purísimo. Ya estoy en el primero.

Otra me dijo:

—Mi nombre es RE. Yo estoy en el segundo escalón del trono. Mi estatura es mayor que la de mi hermana Do. Pero la irradiación de nuestros cabellos es la misma.

Otra me dijo:

—Mi nombre es MI. Tengo un par de alas de paloma, y revuelo sobre mis compañeras, desgranando un raudal de trinos de oro.

Otra dijo:

—Mi nombre es FA. Me deslizo entre las cuerdas de las arpas, bajo los arcos de las violetas, y hago vibrar los sonoros pechos de los bajos.

Otra me dijo:

—Mi nombre es SOL. Tengo nombre de astro y resplandezco ciertamente entre el coro de mis hermanas. Para abrir el secreto del trono, en la puerta de plata y en la puerta de oro, hay dos llaves misteriosas. Mi hermana FA tiene la una; yo tengo la otra.

Otra dijo:

—Mi nombre es LA, penúltima del poema de Mallarmé. Soy despertadora de los dormidos o titubeantes instrumentos, y la divina y aterciopelada Filomena descansa entre mis senos.

La última estaba silenciosa, y yo le dije:

—¡Oh, tú, que estás colocada en el más alto de los escalones de tu madre la Lira: eres buena, eres bella, eres fascinadora; deberás tener entonces un nombre suave como una promesa, fino como un trono, claro como un cristal:

Y ella contestó sonriente:

–SÍ.

EN BUSCA DE CUADROS

Sin pinceles, sin paleta, sin papel, sin lápiz, Ricardo, poeta lírico incorregible, huyendo de las agitaciones y turbulencias, de las máquinas y de los fardos, del ruido monótono de los tranvías y del chocar de las herraduras de los caballos con su repiqueteo de caracoles sobre las piedras; de las carreras de los corredores frente a la Bolsa; del tropel de los comerciantes; del grito de los vendedores de diarios; del incesante bullicio e inacabable hervor de este puerto; en busca de impresiones y de cuadros, subió al Cerro Alegre que, gallardo como una gran roca florecida, luce sus flancos verdes, sus montículos coronados de casas risueñas escalonadas en la altura, rodeadas de jardines, con ondeantes cortinas de enredaderas, jaulas de pájaros, jarras de flores, rejas vistosas y niños rubios de caras angélicas.

Abajo estaban las techumbres del Valparaíso que hace transacciones, que anda a pie como una ráfaga, que puebla los almacenes e invade los bancos, que viste por la mañana terno crema o plomizo, a cuadros, con sombrero de paño, y por la noche bulle en la calle del Cabo con lustroso sombrero de copa, abrigo al brazo y guantes amarillos, viendo a la luz que brota de las vidrieras, los lindos rostros de las mujeres que pasan.

Más allá, el mar, acerado, brumoso, los barcos en grupo, el horizonte azul y lejano. Arriba, entre opacidades, el sol. Donde estaba el soñador empedernido, casi en lo más alto del cerro, apenas si se sentían los estremecimientos de abajo. Erraba él a lo largo del Camino de Cintura e iba pensando en idilios, con toda la augusta desfachatez de un poeta que fuera millonario.

Había allí aire fresco para sus pulmones, cosas sobre cumbres, como nidos al viento, donde bien podía darse el gusto de colocar parejas enamoradas; y tenía, además, el inmenso espacio azul, del cual —él lo sabía perfectamente— los que hacen los salmos y los himnos pueden disponer como les venga en antojo.

De pronto escuchó: —¡Mary! ¡Mary! Y él, que andaba a caza de impresiones y en busca de cuadros, volvió la vista.

ACUARELA

Primavera. Ya las azucenas floridas y llenas de miel han abierto sus cálices pálidos bajo el oro del sol. Ya los gorriones tornasolados, esos amantes acariciadores, adulan a las rosas frescas, esas opulentas y purpuradas emperatrices; ya el jazmín, flor sencilla, tachona los tupidos ramajes, como una blanca estrella sobre un cielo verde. Ya las damas elegantes visten sus trajes claros, dando al olvido las pieles y los abrigos invernales. Y mientras el sol se pone sonrosando las nieves con una claridad suave, junto a los árboles de la Alameda, que lucen sus cumbres resplandecientes en un polvo de luz, su esbeltez solemne y sus hojas nuevas, bulle un enjambre humano, a ruido de música, de cuchicheos vagos y de palabras fugaces.

He aquí el cuadro. En primer término está la negrura de los coches que esplende y quiebra los últimos reflejos solares; los caballos orgullosos con el brillo de sus arneses, y con sus cuellos estirados e inmóviles de brutos heráldicos; los cocheros taciturnos, en su quietud de indiferentes luciendo sobre las largas libreas los botones metálicos flamantes; y en el fondo de los carruajes, reclinadas como odaliscas, erguidas como reinas, las mujeres rubias de los ojos soñadores, las que tienen cabelleras negras y rostros pálidos, las rosadas adolescentes que ríen con alegría de pájaro primaveral, bellezas lánguidas, hermosuras audaces, castos lirios albos y tentaciones ardientes.

En esa portezuela está un rostro apareciendo de modo que semeja el de un querubín; por aquélla ha salido una mano enguantada que se dijera de niño, y es de morena tal que llama los corazones; más allá se alcanza a ver un pie de Cenicienta con zapatito obscuro y media lila, y acullá, gentil con sus gestos de diosa, bella con su color de marfil amapolado, su cuello real y la corona de su cabellera, está la Venus de Milo, no manca sino con dos brazos, gruesos como los muslos de un querubín de Murillo, vestida a la última moda de París, con ricas telas de Prá.

Más allá, está el oleaje de los que van y vienen; parejas de enamorados, hermanos y hermanas, grupos de caballeritos irreprochables; todo en la confusión de los rostros, de las miradas, de los colorines, de los vestidos, de las capotas; resaltando a veces en el fondo negro y aceitoso de los elegantes sombreros de copa, una cara blanca de mujer, un sombrero de paja adornado de colibríes de cintas o de plumas, o el inflado globo rojo, de goma, que pendiente de un hilo lleva un niño risueño, de medias azules, zapatos charolados y holgado cuello a la marinera.

En el fondo, los palacios elevan al azul la soberbia de sus fachadas, en las que los álamos erguidos rayan columnas hojosas entre el abejeo trémulo y desfalleciente de la tarde fugitiva.

PAISAJE

A poco andar se detuvo.

El sol había roto el velo opaco de las nubes y bañaba de claridad áurea y perlada un recodo de camino. Allí unos cuantos sauces inclinaban sus cabelleras hasta rozar el césped. En el fondo se divisaban altos barrancos y en ellos tierra negra, tierra roja, pedruscos brillantes como vidrios. Bajo los sauces agobiados ramoneaban sacudiendo sus testas filosóficas —¡oh, gran maestro Hugo!— unos asnos; y, cerca de ellos, un buey gordo, con sus grandes ojos melancólicos y pensativos donde ruedan miradas y ternuras de éxtasis supremos y desconocidos, mascaba despacioso y con cierta pereza la pastura. Sobre todo, flotaba un vaho cálido, y el grato olor campestre de las yerbas pisadas. Veíase en lo profundo un trozo de azul. Un huaso robusto, uno de esos fuertes campesinos, toscos hércules que detienen un toro, apareció de pronto en lo más alto de los barrancos. Tenía tras de sí el vasto cielo. Las piernas, todas músculos, las llevaba desnudas. En uno de sus brazos traía una cuerda gruesa y arrollada. Sobre su cabeza, como un gorro de nutria, sus cabellos enmarañados, tupidos, salvajes.

Llegosé al buey en seguida y les echó el lazo a los cuernos. Cerca de él, un perro con la lengua afuera, acezando, movía el rabo y daba brincos.

LA VIRGEN DE LA PALOMA

Anduvo, anduvo.

Volvía ya a su morada. Dirigíase al ascensor cuando oyó una risa infantil, armónica, y él, poeta incorregible, buscó los labios de donde brotaba aquella risa.

Bajo un cortinaje de madreselvas, entre plantas olorosas y maceteros floridos, estaba una mujer pálida, augusta, madre, con un niño tierno y risueño. Sosteníale en uno de sus brazos, el otro lo tenía en alto, y en la mano una paloma, una de esas palomas albísimas que arrullan a sus pichones de alas tornasoladas, inflando el buche como un seno de virgen, y abriendo el pico de donde brota la dulce música de su caricia.

La madre mostraba al niño la paloma, y el niño, en su afán de cogerla, abría los ojos, estiraba los bracitos, reía gozoso; y su rostro al sol tenía como un nimbo; y la madre, con la tierna beatitud de sus miradas, con su esbeltez solemne y gentil, con la aurora en las pupilas y la bendición y el beso en los labios, era como una azucena sagrada, como una María llena de gracia, irridiando la luz de un candor inefable. El niño Jesús, real como un dios infante, precioso como un querubín paradisíaco, quería asir aquella paloma blanca, bajo la cúpula inmensa del cielo azul.

Ricardo descendió, y tomó el camino de su casa.

UN RETRATO DE WATTEAU

Estáis en los misterios de un tocador. Estáis viendo ese brazo de ninfa, esas manos diminutas que empolvan el haz de rizos rubios de la cabellera espléndida. La araña de luces opacas derrama la languidez de su girándula por todo el recinto. Y he aquí que al volverse ese rostro, soñamos en los buenos tiempos pasados. Una marquesa, contemporánea de madame de Maintenon, solitaria en su gabinete, da las últimas manos a su tocado.

Todo está correcto; los cabellos que tienen todo el Oriente en sus hebras, empolvados y crespos; el cuello del corpiño, ancho y en forma de corazón, hasta dejar ver el principio del seno firme y pulido; las mangas abiertas que muestran blancuras incitantes; el talle ceñido, que se balancea, y el rico faldellín de largos vuelos, y el pie pequeño en el zapato de tacones rojos.

Mirad las pupilas azules y húmedas, la boca de dibujo maravilloso, con una sonrisa enigmática de esfinge, quizá en recuerdo del amor galante, del madrigal recitado junto al tapiz de figuras pastoriles o mitológicas, o del beso a furto, tras la estatua de algún silvano, en la penumbra. Vese la dama de pies a cabeza, entre dos grandes espejos; calcula el efecto de la mirada, del andar, de la sonrisa, del vello casi impalpable que agitará el viento de la danza en su nuca fragante y sonrosada. Y piensa, y suspira; y flota aquel suspiro en ese aire impregnado de aroma femenino que hay en un tocador de mujer.

Entretanto, la contempla con sus ojos de mármol una Diana que se alza irresistible y desnuda sobre su plinto; y le ríe con audacia un sátiro de bronce que sostiene entre los pámpanos de su cabeza un candelabro; y en el asa de un jarrón de Rouen lleno de agua perfumada, le tiende los brazos y los pechos una sirena con la cola corva y brillante de escamas argentinas, mientras en el plafón, en forma de óvalo, va por el fondo inmenso y azulado sobre el lomo de un toro robusto y divino, la bella Europa, entre delfines áureos y tritones corpulentos que sobre el vasto ruido de las ondas, hacen vibrar el ronco estrépito de sus resonantes caracoles.

La hermosa está satisfecha; ya pone perlas en la garganta y calza las manos en seda; ya, rápida se dirige a la puerta donde el carruaje espera y el tronco piafa. Y hela ahí, vanidosa y gentil, a esa aristocrática santiaguesa que se dirige a un baile de fantasía de manera que el gran Watteau le dedicaría sus pinceles.

NATURALEZA MUERTA

He visto ayer por una ventana un tiesto lleno de lilas y de rosas pálidas, sobre un trípode. Por fondo tenía uno de esos cortinajes amarillos y opulentos, que hacen pensar en los mantos de los príncipes orientales. Las lilas recién cortadas resaltaban con su lindo color apacible, junto a los pétalos esponjados de las rosas té.

Junto al tiesto, en una copa de laca ornada con ibis de oro incrustados, incitaban a la gula manzanas frescas, medio coloradas, con la pelusilla de la fruta nueva y la sabrosa carne hinchada que toca el deseo; peras doradas y apetitosas, que daban indicios de ser todas jugo, y como esperando el cuchillo de plata que debía rebanar la pulpa almibarada; y un ramillete de uvas negras, hasta con el polvillo ceniciento de los racimos acabados de arrancar de la viña.

Acerquéme, vilo de cerca todo. Las lilas y las rosas eran de cera, las manzanas y las peras de mármol pintado, y las uvas de cristal.

AL CARBÓN

Vibraba el órgano con sus voces trémulas, vibraba acompañando la antífona, llenando la nave con su armonía gloriosa. Los cirios ardían goteando sus lágrimas de cera entre la nube de incienso que inundaba los ámbitos del templo con su aroma sagrado; y allá en el altar el sacerdote, todo resplandeciente de oro, alzaba la custodia cubierta de pedrería, bendiciendo a la muchedumbre, arrodillada.

De pronto, volví la vista cerca de mí, al lado de un ángulo de sombra. Había una mujer que oraba. Vestida de negro, envuelta en un manto, su rostro se destacaba severo, sublime, teniendo por fondo la vaga oscuridad de un confesionario. Era una bella faz de ángel, con la plegaria en los ojos y en los labios. Había en su frente una palidez de flor de lis, y en la negrura de su manto resaltaban juntas, pequeñas, las manos blancas y adorables. Las luces se iban extinguiendo, y a cada momento aumentaba lo obscuro del fondo, y entonces como por un ofuscamiento, me parecía ver aquella faz iluminarse con una luz blanca y misteriosa, como la que debe de haber en la región de los coros prosternados y de los querubines ardientes; luz, alba, polvo de nieve, claridad celeste, onda santa que baña los ramos de lirio de los bienaventurados.

Y aquel pálido rostro de virgen, envuelta ella en el manto y en la noche, en aquel rincón de sombra, habría sido un tema admirable para un estudio al carbón.

PAISAJE

Hay allá, en las orillas de la laguna de la Quinta, un sauce melancólico que moja de continuo su cabellera verde, en el agua que refleja el cielo y los ramajes, como si tuviese en su fondo un país encantado.

Al viejo sauce llegan en parejas los pájaros y los amantes. Allí es donde escuché una tarde, cuando del sol quedaba apenas en el cielo un tinte violeta que se esfumaba por ondas y sobre el gran Andes nevado, un decreciente color de rosa, que era como una tímida caricia de la luz enamorada, un rumor de besos cerca del tronco agobiado y un aleteo en la cumbre.

Estaban los dos, la amada y el amado, en un banco rústico, bajo el toldo del sauce. Al frente se extendía la laguna tranquila, con su puente enarcado y los árboles temblorosos de la ribera; y más allá se alzaba entre el verdor de las hojas la fachada del palacio de la Exposición, con sus cóndores de bronce en actitud de volar.

La dama era hermosa, él un gentil muchacho, que le acariciaba con los dedos y los labios los cabellos rubios y las manos gráciles de ninfa.

Y sobre las dos almas ardientes y sobre los dos cuerpos juntos, cuchicheaban en lengua rítmica y alada las dos aves. Y arriba el cielo con su inmensidad y con su fiesta de nubes, plumas de oro, alas de fuego, vellones de púrpura, fondos azules flordelisados de ópalo, derramaba la magnificencia de su pompa, la soberbia de su grandeza augusta.

Bajo las aguas se agitaban, como en un remolino de sangre viva, los peces veloces de aletas doradas.

Al resplandor crepuscular, todo el paisaje se veía como envuelto en una polvareda de sol tamizado, y eran el alma del cuadro aquellos dos amantes, él moreno, gallardo, vigoroso, con una barba fina y sedosa, de esas que gustan de tocar las mujeres; ella rubia —¡un verso de Goethe!— vestida con un traje gris lustroso, y en el pecho una rosa fresca, como su boca roja que pedía el beso.

CAÍN

(FRAGMENTO DE UNA NOVELA)

Al salir de la rotisserie el general hablaba con entusiasmo de Álvaro Blanco, entre sus camaradas cariñosamente: Caín. Ese entusiasmo, sincero y generoso, ponía como una aureola alrededor de su hermosa cabeza, su gallarda y conocida cabeza sobre la cual inclinaba su sombrero de felpa clara. A cada uno de sus elogios, aprobaba Portel, el novelista, con una convencida inclinación. Todo el mundo había oído hablar del pintor argentino recién llegado y de su cuadro *La manzana* medallado en el último salón de París y al cual Armand Silvestre había dedicado —honra para la América del Sur— uno de los clisés anuales de su *Desnudo*. Y quién no sabía las luchas honrosas y bravas de ese mozo que habia partido de Buenos Aires, nada menos que a París —a la conquista de París! —sin más apoyo que su talento ni más esperanza que la buena voluntad de la suerte. Allá le habían visto muchos de sus compatriotas, padecer tristezas...

—¡Miserias! quiere usted decir —interrumpió la voz delgada de Portel—. Apenas dos amigos tuvo que lo consolaron y alentaron en aquella Babilonia, dos argentinos compañeros de talento, suyos: Fachinosi, ese intelectual, pintor y escritor que tanto hace por el arte entre nosotros y Sorivo, otro noble y franco artista en cuerpo y alma. Ellos asistieron a muchas de sus amargas bregas y también a más de un envidiable triunfo.

—Y a propósito —dijo el general—, no se olvide usted de recordarles, si los ve hoy, el almuerzo en mi casa. Veremos el cuadro premiado de Álvaro Blanco.

Llegaban en esto a la Plaza Victoria. Se despidieron; Rojas marchó a la redacción de su diario. El general se fue acompañado del joven diplomático. Portel, con las manos metidas en los bolsillos del sobretodo, se defendía armado de un invencible silencio, de las preguntas del insoportable Arturito. ¿Y esa parisina? ¿Había visto a la parisina? ¿Parisina era esposa legítima del pintor? Decían que ella era muy bella; una rubia encantadora, una parisiense de París... ¿Cuándo la presentaría? ¿Es celoso Álvaro Blanco? Y con los ojos, con los gestos, con la inflexión de sus palabras, daba a entender cómo él, Arturito, el de la bailarina de marras. El de la escena del hipódromo, era el terrible maligno, un pillín como lo llamaba López del Oso.

Al día siguiente no faltó uno solo de los invitados al almuerzo del general. Un almuerzo digno del anfitrión, el cual, no injustamente, llevaba la fama de ser uno de los más correctos y espléndidos dueños de casa de toda la capital. Ya los habanos encendidos, los concurrentes se habían dividido en diversos grupos. En uno de ellos vibraba la voz de Portel, en discusión con otro escritor: Rojas. Y el arte: el arte, decía, debe ser al mismo tiempo, deleite y enseñanza: *Utile Dulci.* Vea usted de qué sirve hoy el arte. Y señalaba con el dedo un telegrama de Londres en La Nación.

Está ya reducido casi, clarineó más fuertemente, a una mala palabra. Los filisteos de antaño, los antes llamados burgueses, eran una vaga sombra en comparación de los psicófobos furiosos de última hora. ¡Oh!, los sub-lombrosos y los vice-nordans. Miren cómo se han echado a vuelo las campanas del escándalo. Todo momento se aprovecha. Ha bastado la indecente mascarada de ese cabotín inglés indigestado Petronio para que los eternos imbéciles hayan encontrado coyuntura excelente para vaciar sobre la faz del arte sus más abominables secreciones. "El arte puro necesita de Dios mismo —dijo el extranjero—. Se ha apartado de Dios y recibe e artista su pena. ¿Saben, señores, lo que dice en uno de sus libros Ernesto Hello? El arte, en cierta medida y en cierto modo, es la fuerza que hace estallar la tapa del subterráneo en que nos ahogamos. ¿Y bien? Se ha preferido el aplastamiento del subterráneo; y ése ha sido el triunfo de la sombra... Los que tienen la culpa de todo, interrumpió, son esos llamados parnasianos o, lo que es lo mismo, los simbolistas, vamos a decir, los decadentes...

Álvaro Blanco martirizaba sus manos nerviosamente. En esto se adelantó el general: Señores y amigos: el cuadro espera. Se dirigieron al salón contiguo. Silencio primero; luego gestos inteligentes, miradas recíprocas, de aprobación, de concesión. Allá un poco lejos, el extranjero apretaba el brazo de Álvaro Blanco. "¡Esto sí, querido amigo, esto sí que es arte!". Había visto poco a poco, había despertado a una bella visión, había comprendido el cuadro. La Eva de Álvaro Blanco se revestía de la magnificencia de su símbolo; el árbol crecía y se llenaba de supremos encantos; surgía, se transparentaba el alma del artista traducida en la música prodigiosa del color. "Yo soy, decía la mujer en su silencio, su canción de pura y elocuente luz. Yo soy la manzana única del árbol. En mí se encierra la ciencia del bien y del mal, él gozo supremo, la suma dicha. Conozco la palabra de la serpiente, y al salir del costado del primer hombre dejé encantado su corazón. Yo soy reina del corazón del hombre".

Bajo el ramaje verde y frondoso del árbol, entre las recién nacidas manzanas, soy la más dulce y la más tentadora. No hay miel comparable a la de mis labios y mi lengua. Mel et lac sub lingua. No hay perfume como mi perfume, Yo fui la tentadora y la vencedora.

El extranjero penetraba en el símbolo y escuchaba la canción. Imaginábase la gloria paradisíaca en la mañana de la naturaleza, al alba del mundo, en el primer sol; el primer rocío hace temblar su nota de diamante sobre las primeras flores, un aire de sutilísima fragancia pasa sobre el gran buey de ojos misteriosos, sobre los buches cantantes de los amorosos pájaros, sobre el león real, sobre las liras de los árboles, sobre las vírgenes intactas, puras y rosadas rosas. Y hay en el jardín de la Gracia un lugar donde la vida y la luz y el aroma y la armonía parece que se juntasen, en el árbol frondoso, en el sagrado seno del Paraíso. En el árbol sonrosadas como mejillas, rojas como bocas, redondas y firmes como pechos, están en el esplendor de su nacimiento las prohibidas manzanas. En la inocencia de su nacimiento tienen aún como impresa la huella de la mano divina que las modelara, la misma mano que modeló la maravilla femenina. Son de fina y sedosa piel, como la inmaculada piel de Eva, son rosadas como el rostro maravilloso de Eva; con ligero velo de raso, temblantes, culminantes, fascinantes, como los senos impolutos de Eva.

Los apretones de mano se sucedieron. Las exclamaciones, las conclusiones, las epifonemas de pasión americanista..:

—¡Vea usted lo que es América! —y el extranjero sonriendo y mirando al pintor—: Sí, América, la América de don Andrés Bello y de don José Joaquín de Olmedo... —Y las manos de Álvaro Blanco, en el potro. Y el diplomático americano vaciando su saco de banalidades. Felizmente, al estallar una de las tiradas de Caín, la conversación cambió de tema. Álvaro Blanco había quedado en narrar cómo había conocido al modelo de su cuadro. La manzana vive, había dicho el general: todas las diosas de mármol y las mujeres de los lienzos han vivido, como las creaciones de los poetas. El pintor hablaba locuaz. En verdad, había visto en el transcurso de su vida, en el laberinto de sus conocimientos, en sus viajes, aquí, allá, en carne y hueso, muchos tipos y figuras que la imaginación y el ensueño han hecho nacer. No iría su opinión hasta afirmarles que, siguiendo al más escandaloso de los estetas, la Naturaleza copie al Arte; pero había mirado, naturales y vivos, a Hamlet, a Otello, a la Fuente de Ingres, a la Venus de Milo, al Hermafrodita del Louvre, a los Tres Mosqueteros, a Mimi Pinsón, a Salambó, a Cuasimodo, a Ofelia, a Dea.

Recordaba perfectamente que Hamlet vivía en un burgo de Alemania; su inteligencia era lo suficiente para el ayudante de un panadero; pero al ver su faz, gestos y miradas, hubiérase creído, a cada paso, saldría de sus labios la imprecación: "Ángeles y ministros de luz", o el grito: "Un ratón!". A Otello lo había tratado a bordo de un buque francés, entre Nueva York y el Havre; viajaba con una Desdémona obesa y prosaica que solía cantar romanzas en el piano; a la Fuente

Jeune ohl si jeune avec sa blancheur enfatine.
Debout contre le roc la Naiade argentine...

la había visto vestida, era una bella campesina, fresca y rosada, fuertemente virginal, a punto de que en su inocente y cándido marfil se podían estrellar todos los aceros y los oros de las Conquistas.

La Venus de Milo era yanqui y tarareaba trozos del Mikado y Canciones de Norte América, acompañándose con un banjo. El Hermafrodita era la hija de un Pastor Protestante, con su cuerpo andrógino, su faz enigmática, su cabellera tersa y bella.

Athos, Portos y Aramis eran tres estudiantes; no les faltaban ni los mostachos, ni el alma mosquetera. Habían seguido a Mimi Pinsón por las calles de París, la misma Mimi Pinsón del verso, la misma, Lauderirettel, con los mismos cabellos rubios... Salambó era una corista de un teatro de segundo orden, sus ojos, sus brazos se sabían a Flaubert de memoria; y en su aposento, la serpiente que se enrollaba a su cuerpo desnudo, blanco y admirable, era una boa comprada en un almacén de reventa. Cuasimodo era portero de un ministro. Ofelia, prostituta en Buenos Aires. Dea, un número de hospital. Cada uno de esos tipos era tal, que cada artista creador lo habría reconocido. En cuanto a la Manzana, sí, ciertamente, existía en carne y hueso. Habíala conocido en una isla cercana a Buenos Aires, a donde solía él ir a tomar apuntes; lugar de preciosos paisajes, en donde el rio presentaba, como en ninguna parte, la inapreciable gama de sus colores. Era ·La Manzana, una muchacha de padres de Italia, fresca y linda, con sus catorce años, catorce que parecían dieciocho. Había sido para él ¿por qué no confesarlo? una curiosa página de su novela de amor. Un amorcillo sano y puro, casi inexplicable. El Arte entraba por medio y sus jóvenes años y sus ilusiones en flor. Todavía no le había enseñado la Serpiente con sus ásperas lecciones, con los engaños, con las falsías, con las traiciones de la gata de Nietzsche, ni una sola artimaña, ni perversidad. Era bueno y casi niño. Así pudo acariciar entonces la buena y casi primitiva ilusión. Ella también lo amó a su manera. Al mirarle sonreírse trayendo a su imaginación la figura de las Gracielas y Betinas; alegres y discretas tarantelas, delante del ojo aprobador de los viejos, al compás de los cantos y panderetas; citas sin malicia a la orilla del rio, bajo una viña en flor; la moza rústica y sana, que ríe a plenos dientes y guarda intangible su ramito de azahar; la Mascotta, guardadora de pavos, conocida de los carneros y deseada de los mozos de labranza; una rosa, o mejor, una fruta campesina. Una fruta, por eso le había llamado la Manzana, porque era semejante a esa hermosa y sabrosa y olorosa fruta. Manzana brotada al amor de una buena tierra, acariciada tan solamente por los rayos del sol del cielo y las alas al aire, una Manzana intacta, en la cual los pájaros no habían ensayado su pico, ni se habían posado las abejas, ni las mariposas; una fruta doncella, sin vínculo, una fruta, en fin, para que fijase en ella sus ojos la Tentadora e hiciese brotar el agua de la gula en la boca de Adán. Íbala a ver todos los días; plantaba el caballete en el mismo puesto que ella alegraba. Al acercarse a la casita, sentía su risa, como una música silvestre. Comparáis a menudo la risa de las damas galantes a perlas que caen en copas o ánforas de plata, oro o cristal; de la risa de la Manzana hubiera podido decirse que era como si en los siete carrillos de la flauta de Pan se divirtiesen siete céfiros distintos, produciendo amores locos, cada cual su nota melodiosa; o que era una risa de fuente; o una risa como si fuese la risa de Cidalisa, Galatea o Cloe.

Reía cortando flores, como en los versos, u ordeñando su vaca predilecta, una gran vaca roja cuyos cuernos simétricos y enormes formaban en el fondo de azul del cielo los dos brazos de una antigua lira. Ordeñaba cantando; pasaba sobre ella un soplo perfumado de bucólica; la leche espumaba bajo sus dedos rosados que apretaban, ágil y vigorosamente, las ubres; u ordeñaba silenciosamente, mirando al pintor de tanto en tanto, y cuando el vaso estaba ya lleno de leche, llevábaselo clavando en los suyos sus dos grandes y amantes y puros ojos pueriles. En cambio, él cortaba las mejores flores, hacía un ramo y se lo ofrecía a la vaquera de la Finojosa, como si lo hubiera ofrecido a la más gentil princesa del mundo. Pasaba un día y otro y como él no renovase su ramillete, ella no se quitaba del corpiño las flores secas. Aquel rostro... Díjole un día que iba a hacer su retrato. Accedió con el consentimiento de los padres. Vistió su mejor saya y recogióse el cabello, tal como había visto a la maestra de escuela del pueblo. Hízola el pintor que se deshiciese tocado semejante, a lo que accedió ella entre confusa y enojada. Rosada estaba la Manzana y con el cabello en desorden la pintó así. A medida que iba él pintando quería ella ver la pintura. Costábale que se estuviese quieta: a sus fingidas impaciencias y enojos contestaba ella con las fugas de la flauta de sus risas. Cuando concluyó el boceto, su contento fue grande, llegó toda la familia, miraban la pintura, miraban la Manzana. Esa noche fue cuando fiel a la tradición romántica, un ruiseñor cantó cerca de la niña virgen un aria divina y sencilla, un suave *ritornello,* de amor. El Romeo artista habló a la Julieta campesina el idiema de un pasable flirt lirico; Julieta conservó su papel de Manzana y Romeo fue Tántalo. Mas, ¡oh! Manzana llena de savia de la tierra, su olor era despertador de ardientes ansias; Manzana del jardín de las Hespérides; Manzana de las que solicita la Sulamita; tentadora y misteriosa y sublime fruta que impregna la Biblia con su perfume.

Al salir el Extranjero iba meditando en una página de Ruisbroek, el Admirable. Recordaba la traducción de Otello en el capítulo VII de los siete dones: *Au milieu du paradis Dieu a planté l'arbre de la vie, et de la science du bien et du mal...,* etc., y la explicación del simbolismo. Subió la escalera del hotel y antes de dirigirse a su departamento, recordó la consulta cuasi teológica que le había hecho Caín y tocó la puerta de Parisina.

—¿Parisina?

—¡Adelante!

Se oyó la argentina y dulce voz.

PALIMPSESTO (I)

Cuando Longinos salió huyendo con la lanza en la mano, después de haber herido el costado de Nuestro Señor Jesús, era la triste hora del Calvario, la hora en que empezaba la sagrada agonía.

Sobre el árido monte las tres cruces proyectaban su sombra. La muchedumbre que había concurrido a presenciar el sacrificio iba camino de la ciudad. Cristo, sublime y solitario, martirizado lirio de divino amor, estaba pálido y sangriento en su madero.

Cerca de los pies atravesados, Magdalena, desmelenada y amante, se apretaba la cabeza con las manos. María daba su gemido maternal. *Stabat mater dolorosa!*

Después, la tarde fugitiva anunciaba la llegada del negro carro de la noche. Jerusalén temblaba en la luz al suave soplo crepuscular.

La carrera de Longinos era rápida, y en la punta de la lanza que llevaba en su diestra brillaba algo como la sangre luminosa de un astro.

El ciego había recobrado el goce del sol.

El agua santa de la santa herida había lavado en esta alma toda la tiniebla que impedía el triunfo de la luz.

A la puerta de la casa del que había sido ciego, un grande arcángel estaba con las alas abiertas y los brazos en alto.

¡Oh, Longinos, Longinos! Tu lanza desde aquel día será un inmenso bien humano. El alma que ella hiera sufrirá el celeste contagio de la fe.

Por ella oirá el trueno Saulo y será casto Parsifal.

En la misma hora en que en Haceldama se ahorcó Judas, floreció idealmente la lanza de Longinos.

Ambas figuras han quedado eternas a los ojos de los hombres.

¿ Quién preferirá la cuerda del traidor al arma de la gracia?

PALIMPSESTO (II)

Ciento veintinueve años habían pasado después de que Valeriano y Decio, crueles emperadores, mostraron la bárbara furia de sus persecuciones sacrificando a los hijos de Cristo; y sucedió que un día de claro azul, cerca de un arroyo en la Tebaida, se encontraron frente a frente un sátiro y un centauro.

(La existencia de estos dos seres está comprobada con testimonios de santos y sabios).

Ambos iban sedientos bajo el claro del cielo, y apagaron su sed: el centauro cogiendo el agua en el hueco de la mano; el sátiro, inclinándose sobre la linfa hasta sorberla.

Después hablaron de esta manera:

—No ha mucho — dijo el primero—, viniendo por el lado del Norte, he visto a un ser divino, quizá Júpiter mismo, bajo el disfraz de un bello anciano.

Sus ojos eran penetrantes y poderosos, su gran barba blanca le caía a la cintura; caminaba despaciosamente, apoyado en un tosco bordón. Al verme, se dirigió hacia mí, hizo un signo extraño con la diestra y sentíle tan grande como si pudiese enviar a voluntad el rayo del Olimpo. No de otro modo quedé que si tuviese ante la mirada mía al padre de los dioses. Hablóme en una lengua extraña, que, no obstante, comprendí. Buscaba una senda por mí ignorada, pero que sin saber cómo pude indicarle, obedeciendo a raro o desconocido poder.

Tal miedo sentí, que antes de que Júpiter siguiera su camino, corrí locamente por la vasta llanura, vientre a tierra y cabellera al aire.

—¡Ah! —exclamó el sátiro—. ¿Tú ignoras acaso que una aurora nueva abre ya las puertas del Oriente, y que los dioses todos han caído delante de otro Dios más fuerte y más grande? El anciano que tú has visto no era Júpiter, no es ningún ser olímpico. Es un enviado del Dios nuevo.

Esta mañana al salir el sol, estábamos en el monte cercano de los que aún quedan del antes inmenso ejército caprípedo.

Hemos clamado a los cuatro vientos llamando a Pan, y apenas el eco ha respondido a nuestra voz. Nuestras zampoñas no suenan ya como en los pasados días; y a través de las hojas y ramajes no hemos visto una sola ninfa de rosa y mármol vivos como las que eran antes nuestro encanto. La muerte nos persigue. Todos hemos tendido nuestros brazos velludos y hemos inclinado nuestras pobres testas cornudas pidiendo amparo al que se anuncia como único Dios inmortal.

Yo también he visto a ese anciano de la barba blanca, delante del cual has sentido el influjo de un desconocido poder. Ha pocas horas, en el vecino valle, encontréle apoyado de un bordón murmurando plegarias, vestido de una áspera tela, ceñidos los riñones con una cuerda. Te juro que era más hermoso que Homero, que hablaba con los dioses y tenía también larga barba de nieve.

Yo tenía en mis manos a la sazón miel y dátiles. Ofrecíle y gustó de ellos como un mortal. Hablóme, y le comprendí sin saber su lenguaje. Quiso saber quién era yo, y díjele que enviado de mis compañeros en busca del gran Dios, y rogábale intercediese por nosotros.

Lloró de gozo el anciano, y sobre todas sus palabras y gemidos resonaba en mis oídos con armonía arcana esta palabra: |Cristo! Después levantó sus imprecaciones sobre Alejandría; y yo también como tú, temeroso, hui tan rápidamente como pueden ayudarme mis patas de cabra.

Entonces el centauro sintió caer por su rostro lágrimas copiosas. Lloró por el viejo paganismo muerto; pero también, lleno de una fe recién nacida, lloró conmovido al aparecimiento de una nueva luz.

Y mientras sus lágrimas caían sobre la tierra negra y fecunda, en la cueva de Pablo el ermitaño se saludaban en Cristo dos cabelleras blancas, dos barbas canas, dos almas señaladas por el Señor. Y como Antonio refiriese al solitario su encuentro con los dos monstruos, y de qué manera llegase a su retiro del yermo, díjole el primero de los eremitas:

—En verdad, hermano, que ambos tendrán su premio; la mitad de ellos pertenece a las bestias, de las cuales cuida Dios solo; la otra mitad es del hombre, y la justicia eterna la premia o la castiga.

He aquí que la siringa, la flauta pagana, crecerá y aparecerá más tarde en los tubos de los órganos de las basílicas, por premio al sátiro que buscó a Dios; pues el centauro ha llorado mitad por los dioses antiguos de Grecia y mitad por la nueva fe, sentenciado será a correr mientras viva sobre el haz de la tierra, hasta que dé un salto portentoso y, en virtud de sus lágrimas, ascienda al cielo azul para quedar para siempre luminoso en la maravilla de las constelaciones.

THANATHOPIA

—Mi padre fue el célebre doctor John Leen, miembro de la Real Sociedad de Investigaciones Psíquicas, de Londres, y muy conocido en el mundo científico por sus estudios sobre el hipnotismo y su célebre Memoria sobre el Old. Ha muerto no hace mucho tiempo. Dios lo tenga en gloria.

(James Leen vació en su estómago gran parte de su cerveza y continuó):

—Os habéis reído de mí y de lo que llamáis mis preocupaciones y ridiculeces. Os perdono, porque, francamente, no sospecháis ninguna de las cosas que no comprende nuestra filosofía en el cielo y en la tierra, como dice nuestro maravilloso William.

No sabéis que he sufrido macho, que sufro mucho, aun las más amargas torturas, a causa de vuestras risas... Sí, os repito: no puedo dormir sin luz, no puedo soportar la soledad de una casa abandonada; tiemblo al ruido misterioso que en horas crepusculares brota de los boscajes en un camino; no me agrada ver revolar un mochuelo o un murciélago; no visito, en ninguna ciudad adonde llego, los cementerios; me martirizan las conversaciones sobre asuntos macabros, y cuando las tengo, mis ojos aguardan para cerrarse, al amor del sueño, que la luz aparezca.

Tengo el horror de la que ¡oh, Dios! tendré que nombrar: de la muerte. Jamás me harías permanecer en una casa donde hubiese un cadáver, así fuese el de mi más amado amigo. Mirad: esa palabra es la más fatídica de las que existen en cualquier idioma: cadáver... Os habéis reído, os reís de mí: sea. Pero permitidme que os diga la verdad de mi secreto. Yo he llegado a la República Argentina, prófugo, después de haber estado cinco años preso, secuestrado miserablemente por el doctor Leen, mi padre; el cual, si era un gran sabio, sospecho que era un gran bandido. Por orden suya fui llevado a la casa de salud; por orden suya, pues, temía quizás que algún día me revelase lo que él pretendía tener oculto... Lo que vais a saber, porque ya me es imposible resistir el silencio por más tiempo.

Os advierto que no estoy borracho. No he sido loco. Él ordenó mi secuestro, porque... Poned atención.

(Delgado, rubio, nervioso, agitado por un frecuente estremecimiento, levantaba su busto James Leen, en la mesa de la cervecería en que, rodeado de amigos, nos decía esos conceptos. ¿Quién no le conoce en Buenos Aires? No es un excéntrico en su vida cotidiana. De cuando en cuando suele tener esos raros arranques. Como profesor, es uno de los más estimables en uno de nuestros principales colegios, y, como hombre de mundo, aunque un tanto silencioso, es uno de los mejores elementos jóvenes de los famosos *cinderellas dance*. Así prosiguió esa noche su extraña narración, que no nos atrevimos a calificar de *fumisterie*, dado el carácter de nuestro amigo. Dejamos al lector la apreciación de los hechos).

Desde muy joven perdí a mi madre, y fui enviado por orden paternal a un colegio de Oxford. Mi padre, que nunca se manifestó cariñoso conmigo, me iba a visitar de Londres una vez al año al establecimiento de educación en donde yo crecía, solitario en mi espíritu, sin afectos, sin halagos.

Allí aprendí a ser triste. Físicamente era el retrato de mi madre, según me han dicho, y supongo que por esto el doctor procuraba mirarme lo menos que podía. No os diré más sobre esto. Son ideas que me vienen. Excusad la manera de mi narración.

Cuando he tocado ese tópico me he sentido conmovido por una reconocida fuerza. Procurad comprenderme. Digo, pues, que vivía yo solitario en mi espíritu, aprendiendo tristeza en aquel colegio de muros negros, que veo aún en mi imaginación en noches de luna... ¡Oh, cómo aprendí entonces a ser triste! Veo aún, por una ventana de mi cuarto, bañados de una pálida y maleficiosa luz lunar, los álamos, los cipreses… ¿Por qué había cipreses en el colegio?, y a lo largo del parque, viejos Términos carcomidos, leprosos de tiempo, en donde solían posar las lechuzas que criaba el abominable septuagenario y encorvado rector..., ¿para qué criaba lechuzas el rector?... Y oigo, en lo más silencioso de la noche, el vuelo de los animales nocturnos y los crujidos de las mesas y una media noche, os lo juro, una voz: James…¡Oh, voz!

Al cumplir los veinte años se me anunció un día la visita de mi padre. Alegréme, a pesar de que instintivamente sentía repulsión por él; alegréme, porque necesitaba en aquellos momentos desahogarme con alguien, aunque fuese con él.

Llegó más amable que otras veces; y aunque no me miraba frente a frente, su voz sonaba grave, con cierta amabilidad para conmigo. Yo le manifesté que deseaba, por fin, volver a Londres, que había concluido mis estudios; que si permanecía más tiempo en aquella casa, me moriría de tristeza. Su voz resonó grave, con cierta amabilidad para conmigo:

—He pensado, cabalmente, James, llevarte hoy mismo. El rector me ha comunicado que no estás bien de salud, que padeces de insomnios, que comes poco. El exceso de estudios es malo, como todos los excesos. Además —quería decirte—, tengo otro motivo para llevarte a Londres. Mi edad necesitaba un apoyo y lo he buscado. Tienes una madrastra, a quien he de presentarte y que desea ardientemente conocerte. Hoy mismo vendrás, pues, conmigo.

¡Una madrastra! Y de pronto se me vino a la memoria mi dulce y blanca y rubia madrecita, que de niño me amó tanto, me mimó tanto, abandonada casi por mi padre, que se pasaba noches y días en su horrible laboratorio, mientras aquella pobre y delicada flor se consumía... ¡Una madrastra! Iría yo, pues, a soportar la tiranía de la nueva esposa del doctor Leen, quizá una espantable blue-stocking, o una cruel sabionda, o una bruja... Perdonad las palabras. A veces no sé ciertamente lo que digo, o quizá lo sé demasiado...

No contesté una sola palabra a mi padre, y, conforme con su disposición, tomamos el tren que nos condujo a nuestra mansión de Londres.

Desde que llegamos, desde que penetré por la gran puerta antigua, a la que seguía una escalera obscura que daba al piso principal, me sorprendí desagradablemente: no había en casa uno solo de los antiguos sirvientes.

Cuatro o cinco viejos enclenques, con grandes libreas flojas y negras, se inclinaban a nuestro paso, con genuflexiones tardas, mudos. Penetramos al gran salón. Todo estaba cambiado: los muebles de antes estaban sustituidos por otros de un gusto seco y frío. Tan solamente quedaba en el fondo del salón un gran retrato de mi madre, obra de Dante Gaboriel Rossetti, cubierto de un largo velo de crespón.

Mi padre me condujo a mis habitaciones, que no quedaban lejos de su laboratorio. Me dio las buenas noches. Por una inexplicable cortesía, preguntéle por mi madrastra. Me contestó despaciosamente, recalcando las silabas con una voz entre cariñosa y temerosa que entonces yo no comprendía.

—La verás luego... Que la has de ver es seguro... James; mi hijito James, adiós. Te digo que la verás luego...

Ángeles del Señor, ¿por qué no me llevasteis con vosotros? Y tú, madre, madrecita mía, my sweet Lily, ¿por qué no me llevaste contigo en aquellos instantes? Hubiera preferido ser tragado por un abismo o pulverizado por una roca, o reducido a ceniza por la llama de un relámpago...

Fue esa misma noche, sí. Con una extraña fatiga de cuerpo y de espíritu, me había echado en el lecho, vestido con el mismo traje de viaje. Como en un ensueño, recuerdo haber oído acercarse a mi cuarto a uno de los viejos de la servidumbre, mascullando no sé qué palabras y mirándome vagamente con un par de ojillos estrábicos que me hacían el efecto de un mal sueño. Luego vi que prendió un candelabro con tres velen de cera. Cuando desperté a eso de los nueve, les velas ardían en la habitación,

Lavéme, mudéme. Luego sentí pasos: apareció mi padre. Por primera vez, ¡por primera vez!, vi sus ojos clavados en los míos. Unos indescriptibles ojos, lo aseguro; unos ojos como no habéis visto jamás, ni veréis jamás, unos ojos con una retina casi roja, como ojos de conejo, unos ojos que os harían temblar por la manera especial con que miraban.

—Vamos, hijo mío, te espera tu madrastra. Está allá, en el salón. Vamos.

Allá, en un sillón de alto respaldo, como una silla de coro, estaba sentada una mujer.

Ella...

Y mi padres

—¡Acércate, mi pequeño James, acércate!

Me acerqué maquinalmente. La mujer me tendía la mano. Oí entonces, como si viniese del gran retrato, del gran retrato envuelto en crespón, aquella voz del colegio de Oxford, pero muy triste, muche más triste: ¡James!.

Tendí mi mano. El contacto de aquella mano me heló, me horrorizó. Sentí hielo en mis huesos. Aquella mano rígida, fría, fría... Y la mujer no me miraba. Balbuceé un saludo, un cumplimiento.

Y mi padres

—Esposa mía, aquí tienes a tu hijastro, a nuestro muy amado James. Mírale; aquí le tienes; ya es tu hijo también.

Y mi madrastra me miró. Mis mandíbulas se afianzaron una contra otra. Me poseyó el espanto: aquellos ojos no tenían brillo alguno, Una idea comenzó, enloquecedora, horrible, horrible, a aparecer clara en mi cerebro. De pronto, un olor, olor... ese olor, ¡Madre mía! ¡Dios mío! Ese olor... No os lo quiero decir... Porque ya lo sabéis, y os protesto: lo discuto aún; me eriza los cabellos.

Y luego brotó de aquellos labios blancos, de aquella mujer pálida, pálida, pálida, una voz, una voz como si saliese de un cántaro gemebundo o de un subterráneo;

—James, nuestro querido James, hijito mío, acércate; quiero darte un beso en la frente, otro beso en los ojos, Giro beso en la boca..

No pude más. Grite:

—¡Madre, socorro! ¡Ángeles de Dios, socorro! ¡Potestades celestes, todas, socorro! ¡Quiero partir de aquí pronto, pronto; que me saquen de aquí!

Oí la voz de mi padre:

—¡Cálmate, James! |Cálmate, hijo mío! Silencio, hijo mío.

—No —grité más alto, ya en lucha con los viejos de la servidumbre—.Yo saldré de aquí y diré a todo el mundo que el doctor Leen es un cruel asesino; que su mujer es un vampiro; ¡que está casado mi padre con una muerta!

CUENTO DE PASCUAS

Un noche deliciosa, en verdad... El *réveillon* en ese hotel lujoso y elegante, donde tanta belleza y fealdad cosmopolita se junta, en la competencia de las libras, los dólares, los rublos, los pesos y los francos. Y con la alegría del champagne y la visión de blancores rosados, de brillos, de gemas. La música luego, discreta, a lo lejos. . .

No recuerdo bien quién fue el que me condujo a aquel grupo de damas, donde florecían la yanqui, la italiana, la argentina. . . Y mi asombro encantado ante aquella otra seductora y extraña mujer, que llevaba al cuello, por todo adorno, un estrecho galón rojo... Luego, un diplomático que llevaba un nombre ilustre me presentó al joven alemán políglota, fino, de un admirable don de palabra, que iba, de belleza en belleza, diciendo las cosas agradables y ligeras que placen a las mundanas.

—M.Wolfhart —me había dicho el ministro—. Un hombre amenísimo.

Conversé largo rato con el alemán, que se empeñó que hablásemos en castellano y, por cierto, jamás he encontrado un extranjero de su nacionalidad que lo hablase tan bien. Me refirió algo de sus viajes por España y la América del Sur. Me habló de amigos comunes y de sus aficiones ocultistas. En Buenos Aires había tratado a un gran poeta y a un mi antiguo compañero, en una oficina pública, el excelente amigo Patricio...180 En Madrid... Al poco rato teníamos las más cordiales relaciones. En la atmósfera de elegancia del hotel llamó mi atención la señora que apareció un poco tarde, y cuyo aspecto evocaba en mí algo de regio y de elegante a la vez. Como yo hiciese notar a mi interlocutor mi admiración y mi entusiasmo, Wolfhart me dijo por lo bajo, sonriendo de cierto modo:

—¡Fíjese usted! ¡Una cabeza histórica! ¡Una cabeza histórica!

Me fijé bien. Aquella mujer tenía por el perfil, por el peinado, si no con la exageración de la época, muy semejante a las *coiffures à la Cléo-pâtre,* por el aire, por la manera y, sobre todo, después que me intrigara tanto un galón rojo que llevaba por único adorno en el cuello, tenia, digo, un parecido tan exacto con los retratos de la reina María Antonieta, que por largo rato permanecí contemplándola en silencio. ¿En realidad, era una cabeza histórica? Y tan histórica por la vecindad... A dos pasos de allí, en la plaza de la Concordia... Sí, aquella cabeza que se peinara a la circasiana, *à la Belle-Poule,* al casco inglés, al gorro de candor, *à la queue en flambeau d'amour, à la chien couchant, à la Diane,* a la tantas cosas más, aquella cabeza...

Se sentó la dama a un extremo del hall, y la única persona con quien hablara fue Wolfhart, y hablaron, según me pareció, en alemán. Los vinos habían puesto en mi imaginación su movimiento de brumas de oro, y alrededor de la figura de encanto y de misterio hice brotar un vuelo de suposiciones exquisitas. La orquesta, con las oportunidades de la casualidad, tocaba una pavana. Cabelleras empolvadas, moscas asesinas, trianones de realizados ensueños, galantería pomposa y libertinaje encintado de poesía, tantas imágenes adorables, tanta gracia sutil o pimentada, de página de memoria, de anécdotas, de correspondencia, de panfleto... Me venían al recuerdo versos de los más lindos escritos con tales temas, versos de Montesquiou-Fezensac, de Régnier, los preciosos poemas italianos de Lucini... Y con la fantasía dispuesta, los cuentos milagrosos, las materializaciones estudiadas por los sabios de los libros arcanos, las posibilidades de la ciencia, que no son sino las concesiones a un enigma cada día más hondo, a pesar de todo... La fácil excitabilidad de mi cerebro estuvo pronto en acción. Y, cuando después de salir de mis cogitaciones, pregunté al alemán el nombre de aquella dama, y él me embrolló la respuesta, repitiendo tan sólo lo de lo histórico de la cabeza, no quedé ciertamente satisfecho. No creí correcto insistir; pero, como siguiendo en la charla yo felicitase a mi flamante amigo por haber en Alemania tan admirables ejemplares de hermosura, me dijo vagamente:

—No es de Alemania. Es de Austria.

Era una belleza austríaca... Y yo buscaba la distinta semejanza de detalle con los retratos de Kurcharsky, de Riotti, de Boizot, y hasta con las figuras de cera de los sótanos de museo Grevin...

—Es temprano aún —me dijo Wolfhart, al dejarle en la puerta del hotel en que habitaba—. Pase usted un momento, charlaremos algo más antes de mi partida. Mañana me voy de París, y quién sabe cuándo nos volveremos a encontrar. Entre usted. Tomaremos, a la inglesa, un whisky-and-soda y le mostraré algo interesante.

Subimos a su cuarto por el ascensor. Un valet nos hizo llevar el bebedizo británico, y el alemán sacó un cartapacio lleno de viejos papeles. Había allí un retrato antiguo, grabado en madera.

—He aquí —me dijo—, el retrato de un antecesor mío, Theobald Wolfhart, profesor de la Universidad de Heidelberg. Este abuelo mío fue posiblemente un poco brujo, pero de cierto, bastante sabio. Rehízo la obra de Julius Obsequens sobre los prodigios, impresa por Aldo Manucio, y publicó un libro famoso, el *Prodigiorum ac ostentorum chroni,* con un infolio editado en Basilea, en 1557.182 Mi antepasado no lo publicó con su nombre, sino bajo el pseudónimo de Conrad Lycosthenes. Theobald Wolfhart era un filósofo sano de corazón, que, a mi entender, practicaba la magia blanca. Su tiempo fue terrible, lleno de crímenes y desastres. Aquel moralista empleó la revelación para combatir las crueldades y perfidias, y expuso a las gentes, con ejemplos extraordinarios, cómo se manifiestan las amenazas de lo invisible por medio de signos de espanto y de incomprensibles fenómenos. Un ejemplo será la aparición del cometa de 1557, que no duró sino un cuarto de hora, y que anunció sucesos terribles. Signos en el cielo, desgracias en la tierra. Mi abuelo habla de ese cometa que él vio en su infancia y que era enorme, de un color sangriento, que en su extremidad se tornaba del color del azafrán. Vea usted esta estampa que lo representa, y su explicación por Lycos-thenes. Vea usted los prodigios que vieron sus ojos. Arriba hay un brazo armado de una colosal espada amenazante, tres estrellas brillan en la extremidad, pero la que está en la punta es la mayor y más resplandeciente. A los lados hay espadas y puñales, todo entre un círculo de nubes, y entre esas armas hay unas cuantas cabezas de hombres. Más tarde escribía sobre tales fantásticas maravillas Simon Goulard, refiriéndose al cometa: *"Le regard d'icelle donna telle frayeur a plusieurs qu'aucuns en moururent; autres tombèrent malades".* Y Petrus Greusserus, discípulo de Lichtenberg —el astrólogo— dice un autor, que, habiendo sometido el fenómeno terrible a las reglas de su arte, sacó las consecuencias naturales, y tales fueron los pronósticos, que los espíritus más juiciosos padecieron perturbación durante más de medio siglo. Si Lycosthenes señala los desastres de Hungría y de Roma, Simon Goulard habla de las terribles asolaciones de los turcos en tierra húngara, el hambre en Suabia, Lombardía y Venecia, la guerra en Suiza, el sitio de Viena en Austria, sequía en Inglaterra, desborde del océano en Holanda y Zelanda y un terremoto que duró ocho días en Portugal. Lycosthenes sabia muchas cosas maravillosas. Los peregrinos que retornaban de Oriente contaban visiones celestes. ¿No se vio en 1480 un cometa en Arabia, de apariencia amenazante y con los atributos del Tiempo y de la Muerte? A los fatales presagios sucedieron las devastaciones de Corintia, la guerra en Polonia. Se aliaron Ladislao y Matías el Huniada. Vea usted este rasgo de un comentador: "Las nubes tienen sus flotas como el aire sus ejércitos"; pero Lycosthenes, que vivía en el centro de Alemania, no se asienta sobre tal hecho. Dice que en el año 114 de nuestra era, simulacros de navíos se vieron entre las nubes. San Agobardo, obispo de Lyon, está más informado. Él sabe a maravilla a qué región fantástica se dirigen esas ligeras naves. Van al país de Magonia, y sólo por reserva el santo prelado no dice su itinerario. Esos barcos iban dirigidos por los hechiceros llamados tempestarii. Mucho más podría referirle, pero vamos a lo principal. Mi antecesor llegó a descubrir que el cielo y toda la atmósfera que nos envuelve están siempre llenos de esas visiones misteriosas, y con ayuda de un su amigo alquimista llegó a fabricar un elixir que permite percibir de ordinario lo que únicamente por excepción se presenta a la mirada de los hombres. Yo he encontrado ese secreto —concluyó Wolfhart—, y aquí, agregó sonriendo, tiene usted el milagro en estas pastillas comprimidas. ¿Un poquito más de whisky?

No había duda de que ef alemán era hombre de buen humor y aficionado, no solamente al alcohol inglés, sino a todos los paraísos artificiales. Así me parecía ver en la caja de pastillas que me mostraba, algún compuesto de opio o de cáñamo indiano.

—Gracias —le dije—, no he probado nunca, ni quiero probar el influjo de la droga sagrada. Ni hachís, ni el veneno de Quincey...

—Ni una cosa, ni otra. Es algo vigorizante, admirable hasta para los. menos nerviosos.

Ante la insistencia y con el último sorbo de whisky, tomé la pastilla, y me despedí. Ya en la calle, aunque hacía frío, noté que circulaba por mis venas un calor agradable. Y olvidando la pastilla, pensé en el efecto de las repetidas libaciones. Al llegar a la plaza de la Concordia, por el lado de los Campos Elíseos, noté que no lejos de mí caminaba una mujer. Me acerqué un tanto a ella y me asombré al verla a aquellas horas, a pie y soberbiamente trajeada, sobre todo cuando a la luz de un reverbero vi su gran hermosura y reconocí en ella a la dama cuyo aspecto me intrigase en el *réveillon:* la que tenía por todo adorno en el cuello blanquísimo un fino galón rojo, rojo como una herida. Oí un lejano reloj dar unas horas. Oí la trompa de un automóvil. Me sentía como poseído de extraña embriaguez. Y, apartando de mí toda idea de suceso sobrenatural, avancé hacia la dama que había pasado ya el obelisco y se dirigía del lado de las Tullerías.

—Madame —le dije—, madame...

Había comenzado a caer como una vaga bruma, llena de humedad y de frio, y el fulgor de las luces de la plaza aparecía como diluido y fantasmal. La dama me miró al llegar a un punto de la plaza; de pronto, me apareció como el escenario de un cinematógrafo. Había como apariencias de muchas gentes en un ambiente como el de los sueños, y yo no sabía decir la manera con que me sentí como en una existencia a un propio tiempo real y cerebral... Alcé los ojos y vi en el fondo opaco del cielo las mismas figuras que en la estampa del libro de Lycosthenes, el brazo enorme, la espada enorme, rodeados de cabezas. La dama, que me había mirado, tenía un aspecto tristemente fatídico, y, cual por la obra de un ensalmo, había cambiado de vestiduras, y estaba con una especie de fichú cuyas largas puntas le caían por delante; en su cabeza ya no había el peinado *à la Clèopâtre,* sino una pobre cofia bajo cuyos bordes se veían los cabellos emblanquecidos. Y luego, cuando iba a acercarme más, percibí a un lado como una carreta, y unas desdibujadas figuras de hombres con tricornios y espadas y otras con picas. A otro lado un hombre a caballo, y luego una especie de tablado... ¡Oh, Dios, naturalmente!: he aquí la reproducción de lo ya visto... ¿En mí hay reflexión aun en este instante? Sí, pero siento que lo invisible, entonces visible, me rodea. Sí, es la guillotina. Y, tal en las pesadillas, como si sucediese, veo desarrollarse —¿he hablado ya de cinematógrafo?— la tragedia... Aunque por no sé cuál motivo no puedo darme cuenta de los detalles, vi que la dama me miró de nuevo, y bajo el fulgor color de azafrán que brotaba de la visión celeste y profética, brazo, espadas, nubes y cabezas, vi cómo caía, bajo el hacha mecánica, la cabeza de aquella que poco antes, en el salón del hotel, me admiraba con su encanto galante y real, con su aire soberbio, con su cuello muy blanco, adornado con un único galón color de sangre.

¿Cuánto tiempo duró aquel misterioso espectáculo? No lo sabría decir, puesto que ello fue bajo el imperio desconocido en que la ciencia anda a tientas; el tiempo en que el ensueño no existe, y mil años, según observaciones experimentales, pueden pasar en un segundo. Todo aquello había desaparecido, y, dándome cuenta del lugar en donde me encontraba, avancé siempre hacia el lado de las Tullerías. Avancé y me vi entre el jardín, y no dejé de pensar rapidísimamente cómo era que las puertas estaban aún abiertas. Siempre bajo la bruma pálida de aquellas nocturnas horas, seguí adelante. Saldré, me dije, por la primera puerta del lado de la calle Rivoli, que quizás esté también abierta. .. ¿Cómo no ha de estar abierta?... ¿Pero era o no era aquel jardín el de las Tullerías? Árboles, árboles de obscuros ramajes en medio del invierno... Tropecé al dar un paso con algo semejante a una piedra, y me llené, en medio de mi casi inconsciencia, de una sorpresa pavorosa, cuando escuché un ¡ay! semejante a una queja, parecido a una palabra entrecortada y ahogada; una voz que salía de aquello que mi pie había herido, y que era, no una piedra, sino una cabeza. Y alzando hacia el cielo la mirada vi la faz de la luna en el lugar en que antes la espada formidable, y allí estaban las cabezas de la estampa de Lycosthenes. Y aquel jardín, que se extendía vasto cual una selva, me llenó del encanto grave que había en su recinto de prodigio. Ya través de velos de ahumado oro refulgía tristemente en lo alto la cabeza de la luna. Después me sentí como en una certeza de poema y de libro santo, y, como por un motivo incoherente, resonaban en la caja de mi cerebro las palabras: "¡Última hora!¡Trípoli! ¡La toma de Pekín!", leídas en los diarios del día. Conforme con mis anhelos de lo divino, experimentando una inexpresable angustia, pensé: "¡Oh, Dios! ¡Oh, Señor! ¡Padre nuestro!

Volví la vista y vi a un lado, en una claridad dulce y dorada, una forma de lira, y sobre la lira una cabeza igual a la del Orfeo de Gustave Moreau, del Luxemburgo. La faz expresaba pesadumbre, y alrededor había como un movimiento de seres, de los que se llaman animados porque sus almas se manifiestan por el movimiento, y de los que se llaman inanimados porque su movimiento es íntimo y latente. Y oí que decía, según me ayuda mi recuerdo, aquella cabeza: "¡Vendrá, vendrá el día de la concordia, y la lira será entonces consagrada en la pacificación! Y cerca de la cabeza de Orfeo vi una rosa milagrosa, y una hierba marina, y que iba avanzando hacia ella una tortuga de oro.

Pero oí un gran grito al otro lado. Y el grito, como el de un coro, de muchas voces. Y a la luz que os he dicho, vi que quien gritaba era un árbol, uno de los árboles coposos, llenos de cabezas por frutos, y pensé que era el árbol de que habla el libro sagrado de los musulmanes. Oí palabras en loor de la grandeza y omnipotencia de Alá. Y bajo el árbol había sangre.

Haciendo un esfuerzo, quise ya no avanzar, sino retroceder a la salida del jardín, y vi que por todas partes salían murmullos, voces, palabras de innumerables cabezas que se destacaban en la sombra como aureoladas, o que surgían entre los troncos de los árboles. Como acontece en los instantes dolorosos de algunas pesadillas, pensé que todo lo que me pasaba era un sueño, para disminuir un tanto mi pavor. Y en tanto, pude reconocer una temerosa y abominable cabeza asida por la mano blanca de un héroe, asida de su movible e infernal toisón de serpientes: la tantas veces maldecida cabeza de Medusa. Y de un brazo, como de carne de oro de mujer, pendía otra cabeza, una cabeza con barba ensortijada y oscura, y era la cabeza del guerrero Holofernes. Y la cabeza de Juan el Bautista; y luego, como viva, de una vida singular, la cabeza del Apóstol que en Roma hiciera brotar el agua de la tierra; y otra cabeza que Rodrigo Díaz de Vivar arrojó, en la cena de la venganza, sobre la mesa de su padre.

Y otras que eran la del rey Carlos de Inglaterra, y la de la reina María Estuardo... Y las cabezas aumentaban, en grupos, en amontonamientos macabros, y por el espacio pasaban relentes de sangre y de sepulcro; y eran las cabezas hirsutas de los dos mil halconeros de Bayaceto; y las de las odaliscas degolladas en los palacios de los reyes y potentados asiáticos; y las de los innumerables decapitados por su fe, por el odio, por la ley de los hombres; las de los decapitados de las hordas bárbaras, de las prisiones y de las torres reales, las de los Gengis-kanes, Abdulhamides y Behanzines...

Dije para mí: ¡Oh, mal triunfante! ¿Siempre seguirás sobre la faz de la tierra? ¿Y tú, París, cabeza del mundo, serás también cortada con hacha, arrancada de tu cuerpo inmenso?

Cual si hubiesen sido escuchadas mis interiores palabras, de un grupo en que se veía la cabeza de Luis XVI, la cabeza de la princesa de Lamballe, cabezas de nobles y cabezas de revolucionarios, cabezas de santos y cabezas de asesinos, avanzó una figura episcopal que llevaba en sus manos su cabeza, y la cabeza del mártir Dionisio, el de las Galias, exclamó:

—¡En verdad os digo, que Cristo ha de resucitar!

Y al lado del apostólico decapitado vi a la dama del hall del hotel, a la dama austríaca con el cuello desnudo; pero en el cual se veía, como un galón rojo, una herida purpúrea, y María Antonieta dijo:

—¡Cristo ha de resucitar!

Y la cabeza de Orfeo, la cabeza de Medusa, la cabeza de Holofernes, la cabeza de Juan y la de Pablo, el árbol de cabezas, el bosque de cabezas, la muchedumbre fabulosa de cabezas, en el hondo grito, clamó:

—¡Cristo ha de resucitar! ¡Cristo ha de resucitar!

—Nunca es bueno dormir inmediatamente después de comer —concluyó mi buen amigo el doctor.